CANDY & CIGARETTES

Tomonori Inoue

1

INHALT

PULP 1

Der alte Mann und die Sünde 3

PULP 2

Die kleine Auftragskillerin 51

PULP 3

Wie die Tragödie begann 97

PULP 4

Rache schmeckt nach Regen 139

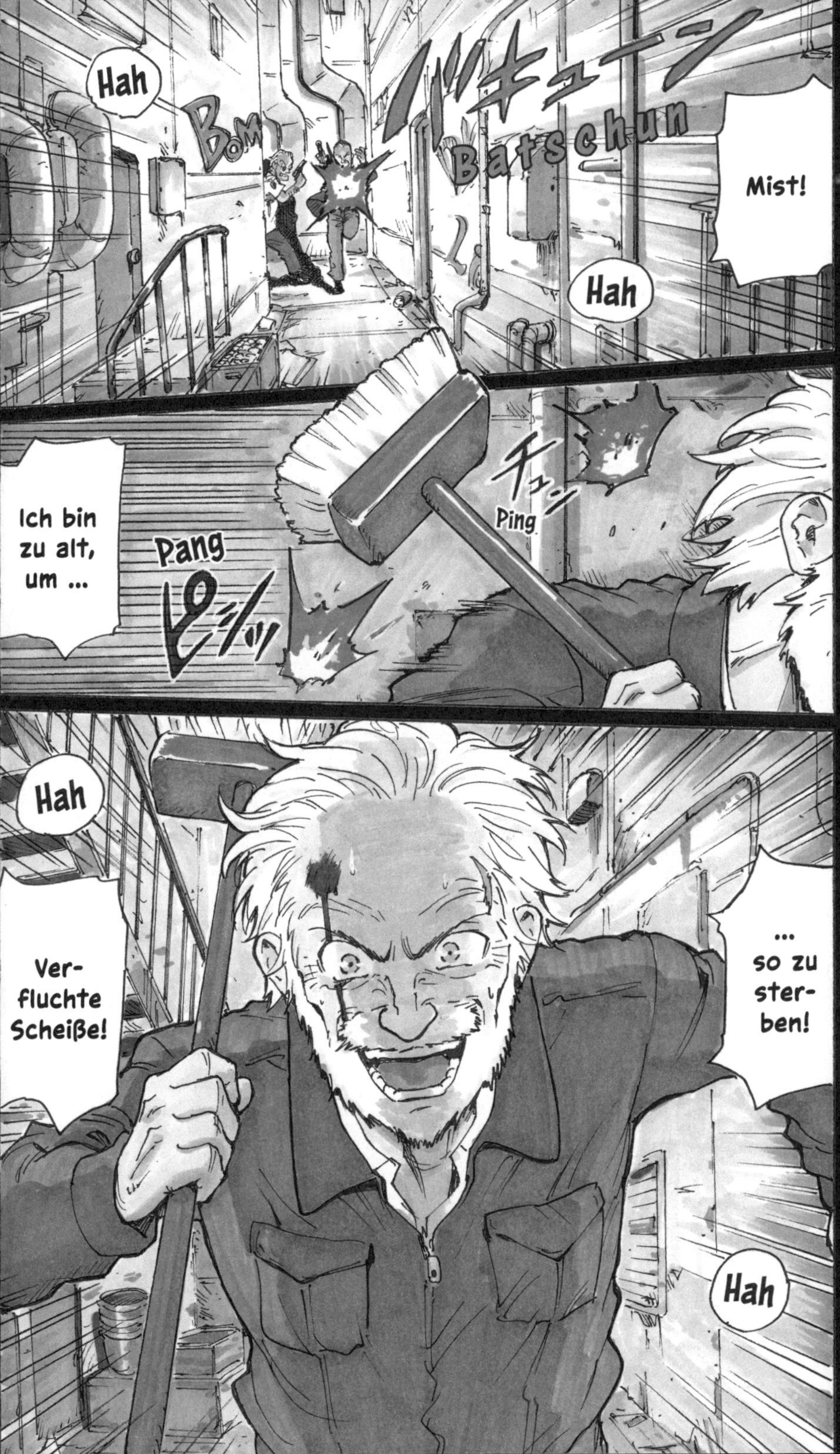

Mist!
Batschun
Hah
Bom
Hah
Ping
Pang
Ich bin zu alt, um ...
... so zu ster-ben!
Hah
Ver-fluchte Scheiße!
Hah

PULP 1 Der alte Mann und die Sünde

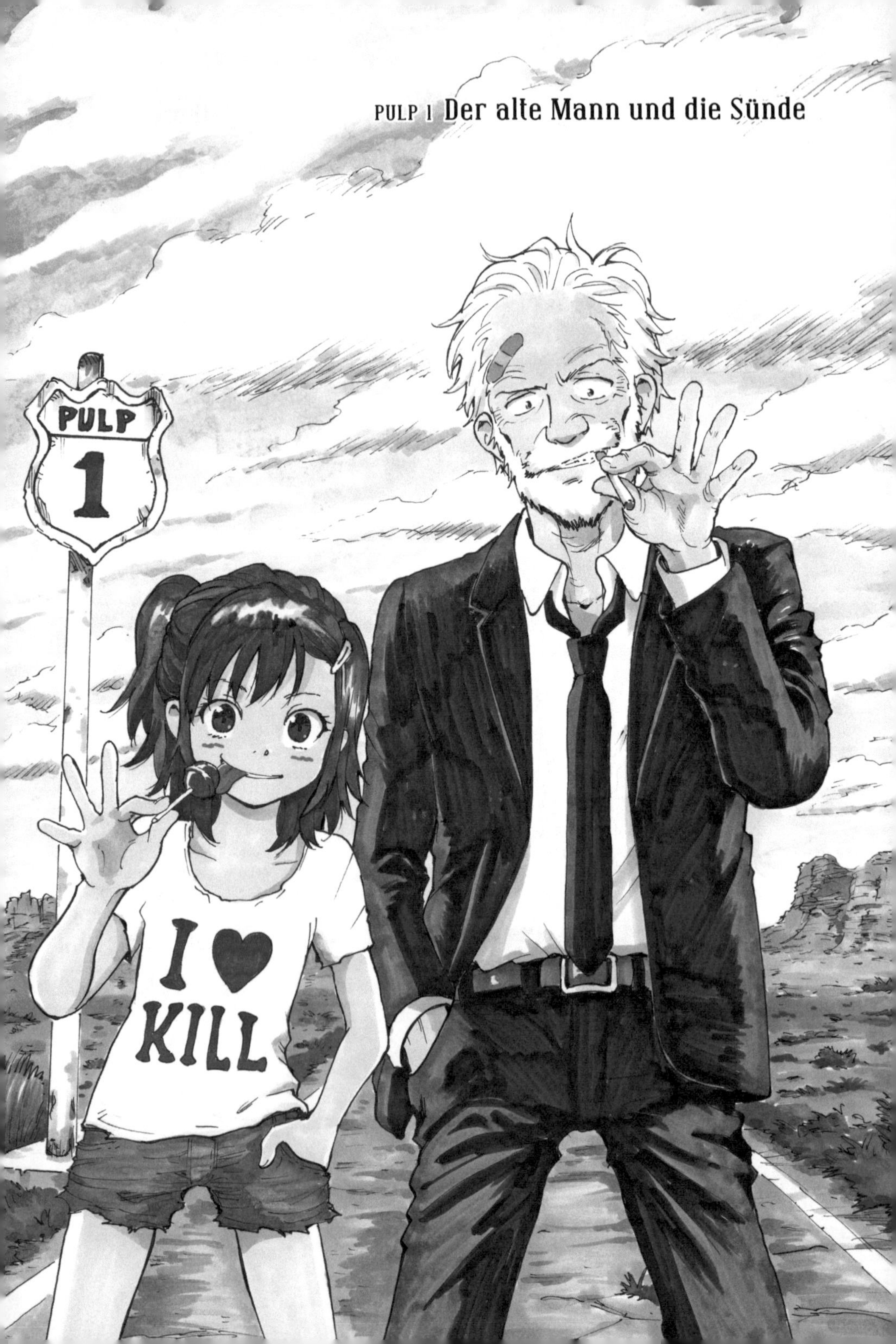

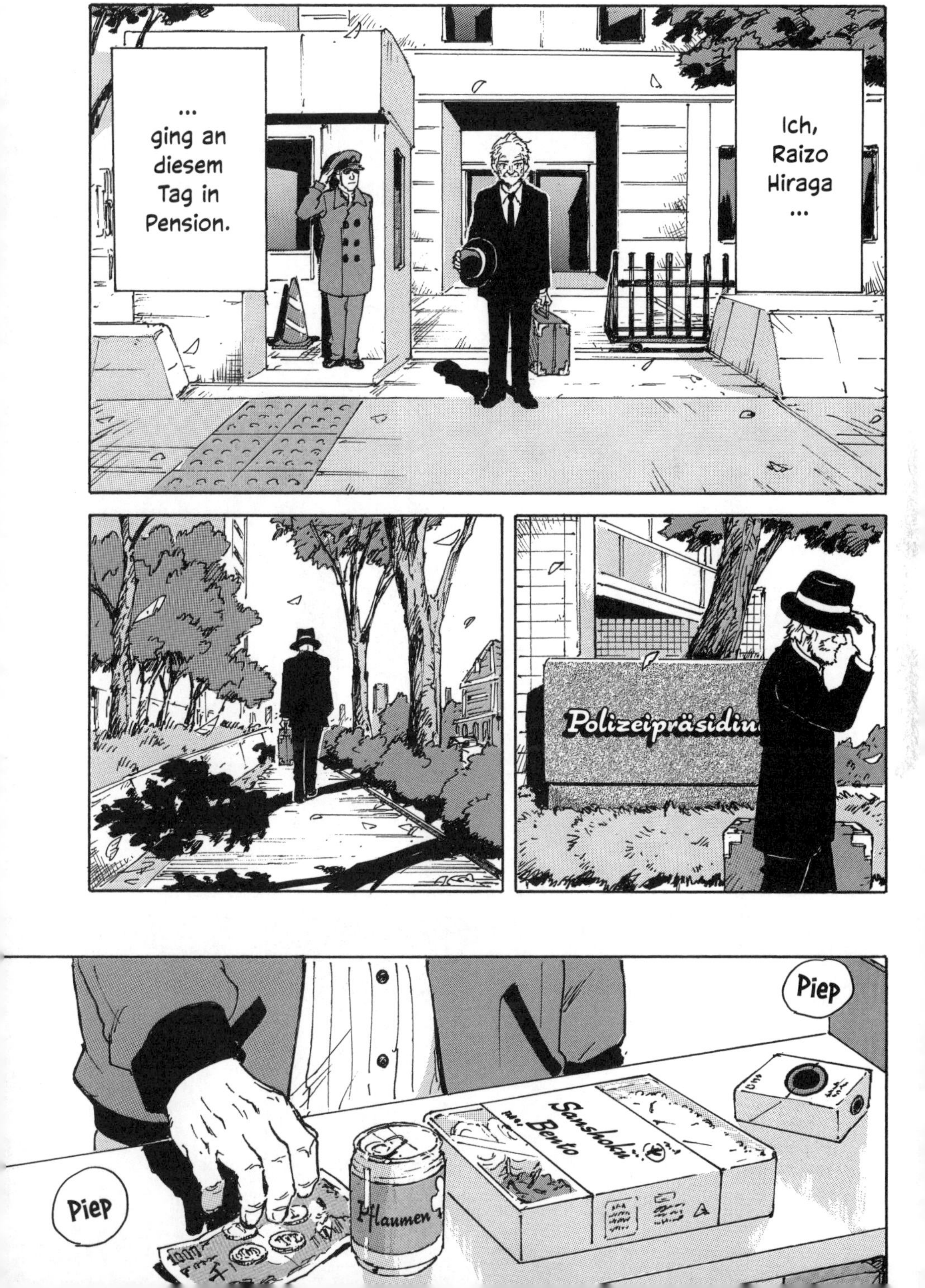
Ich, Raizo Hiraga ...
... ging an diesem Tag in Pension.
Polizeipräsidiu
Piep
Sanshoku Bento
Pflaumen
Piep

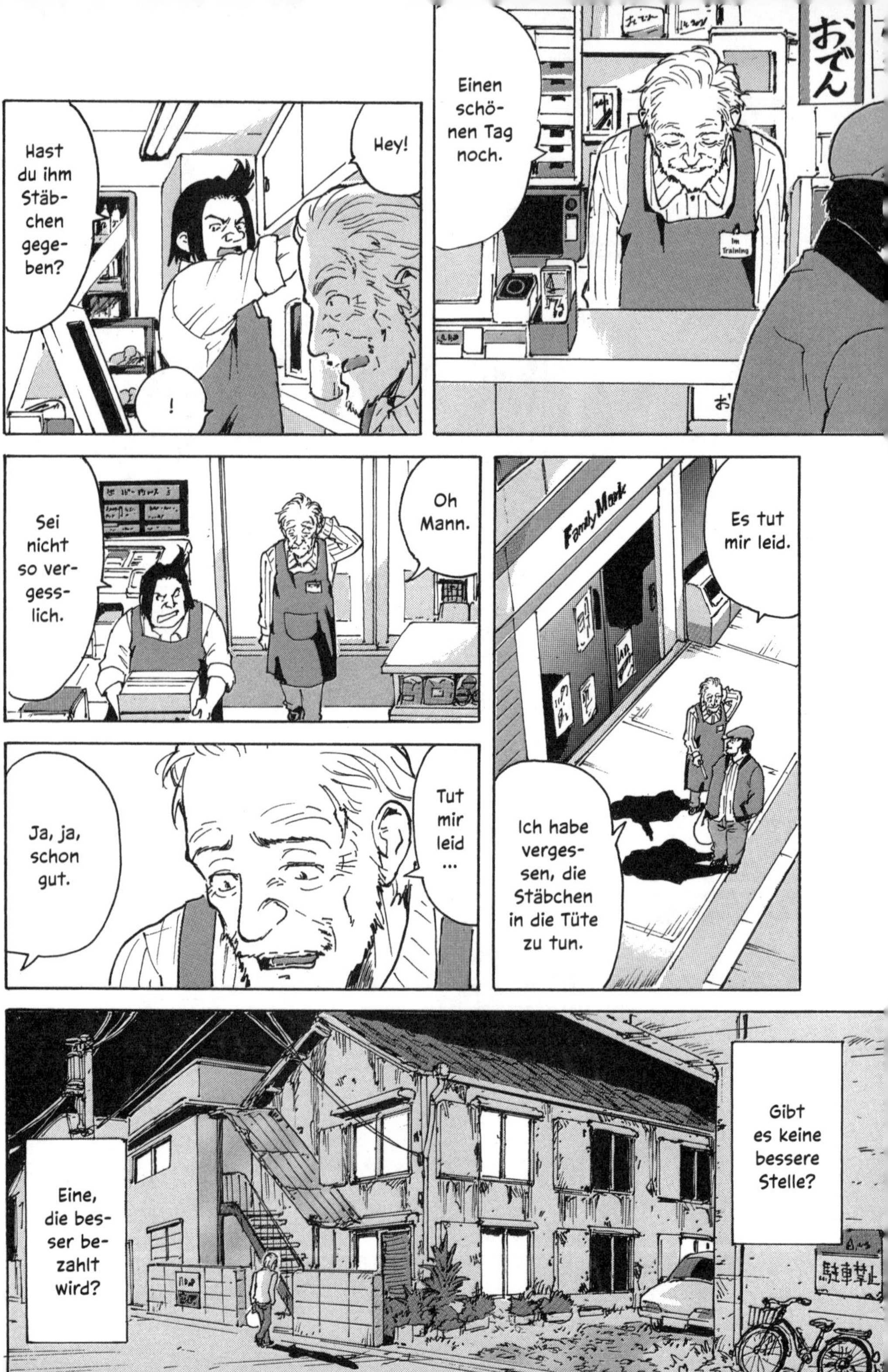
Einen schönen Tag noch.
Hey!
Hast du ihm Stäbchen gegeben?
!
Es tut mir leid.
Ich habe vergessen, die Stäbchen in die Tüte zu tun.
Oh Mann.
Sei nicht so vergesslich.
Tut mir leid ...
Ja, ja, schon gut.
Gibt es keine bessere Stelle?
Eine, die besser bezahlt wird?

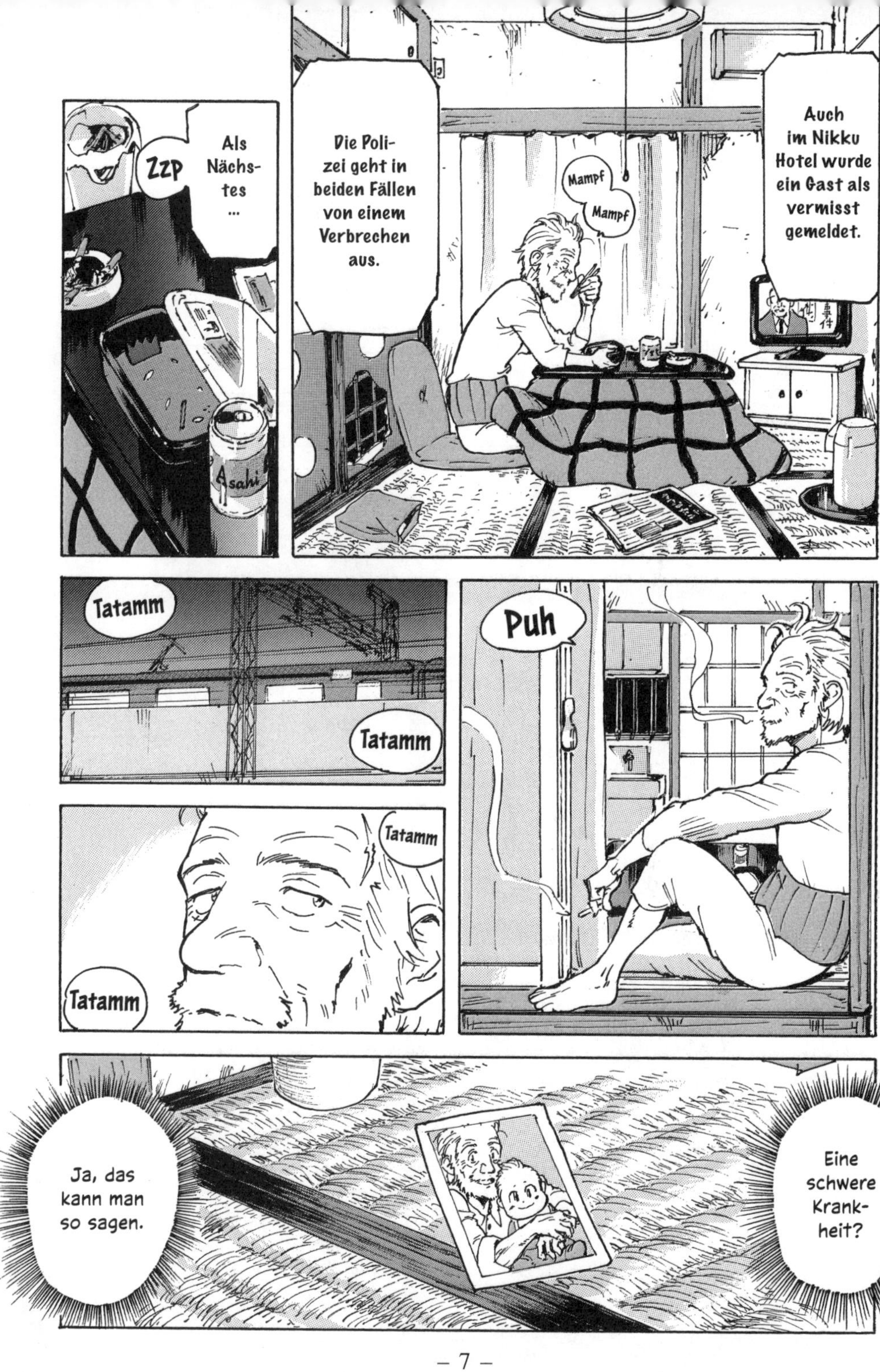
Auch im Nikku Hotel wurde ein Gast als vermisst gemeldet.
Mampf
Mampf
Die Polizei geht in beiden Fällen von einem Verbrechen aus.
Als Nächstes ...
Zzp
Asahi
Puh
Tatamm
Tatamm
Tatamm
Tatamm
Eine schwere Krankheit?
Ja, das kann man so sagen.

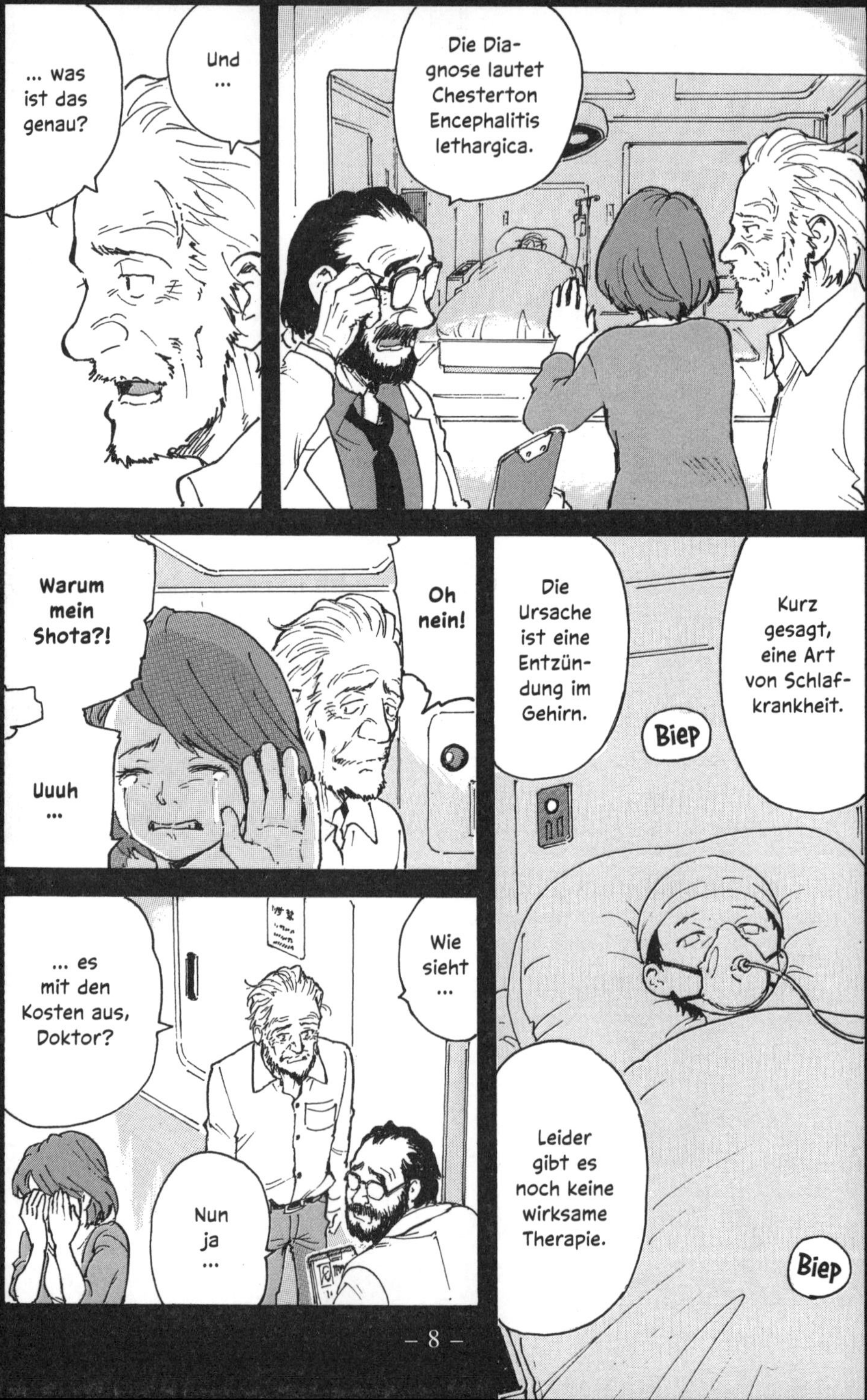

Die Diagnose lautet Chesterton Encephalitis lethargica.
Und ...
... was ist das genau?
Kurz gesagt, eine Art von Schlafkrankheit.
Die Ursache ist eine Entzündung im Gehirn.
Biep
Leider gibt es noch keine wirksame Therapie.
Biep
Oh nein!
Warum mein Shota?!
Uuuh ...
Wie sieht ...
... es mit den Kosten aus, Doktor?
Nun ja ...

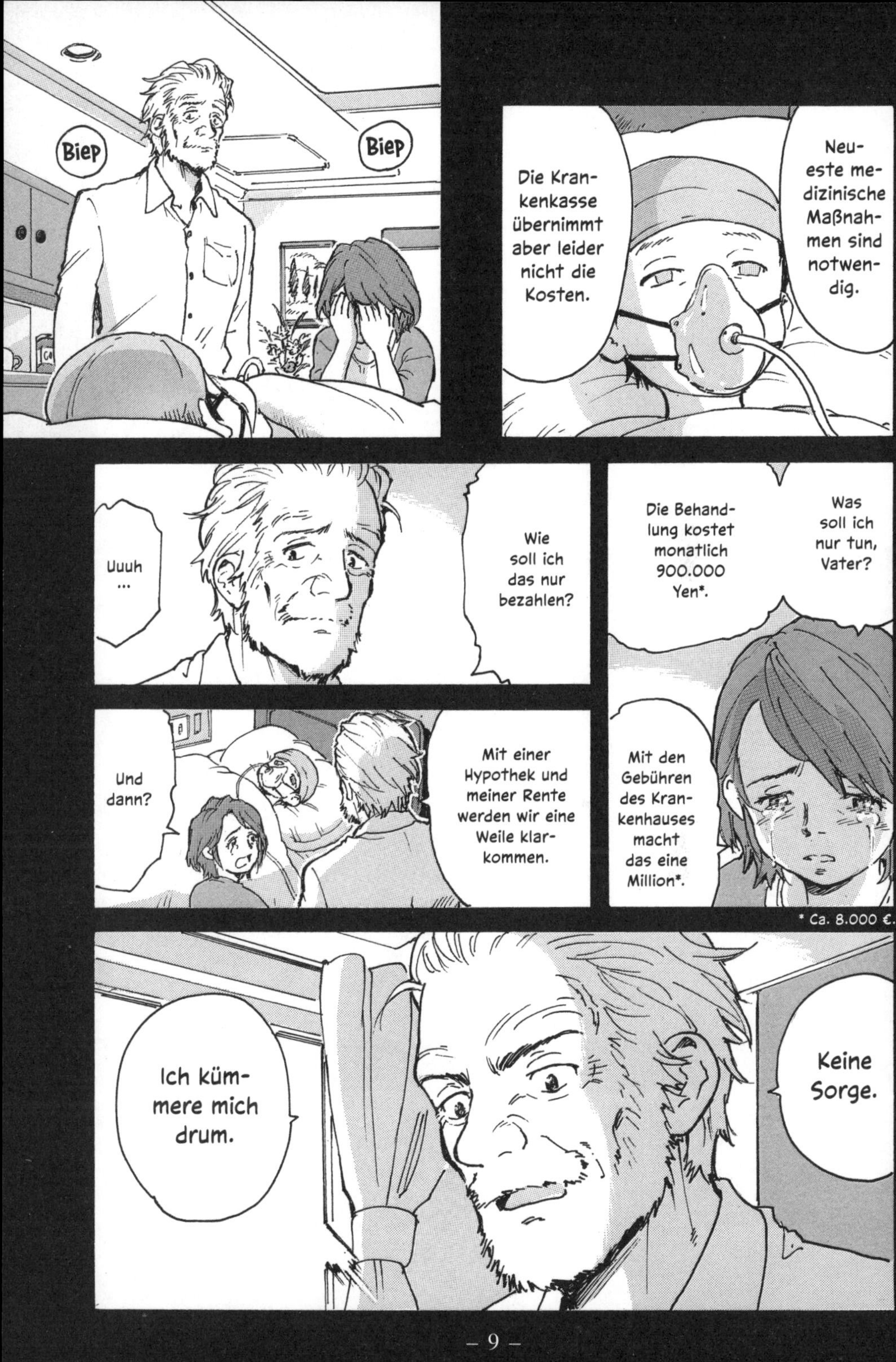
Biep
Biep
Neueste medizinische Maßnahmen sind notwendig.
Die Krankenkasse übernimmt aber leider nicht die Kosten.
Was soll ich nur tun, Vater?
Die Behandlung kostet monatlich 900.000 Yen*.
Mit den Gebühren des Krankenhauses macht das eine Million*.
Wie soll ich das nur bezahlen?
Uuuh …
Mit einer Hypothek und meiner Rente werden wir eine Weile klarkommen.
Und dann?
Keine Sorge.
Ich kümmere mich drum.

* Ca. 8.000 €.

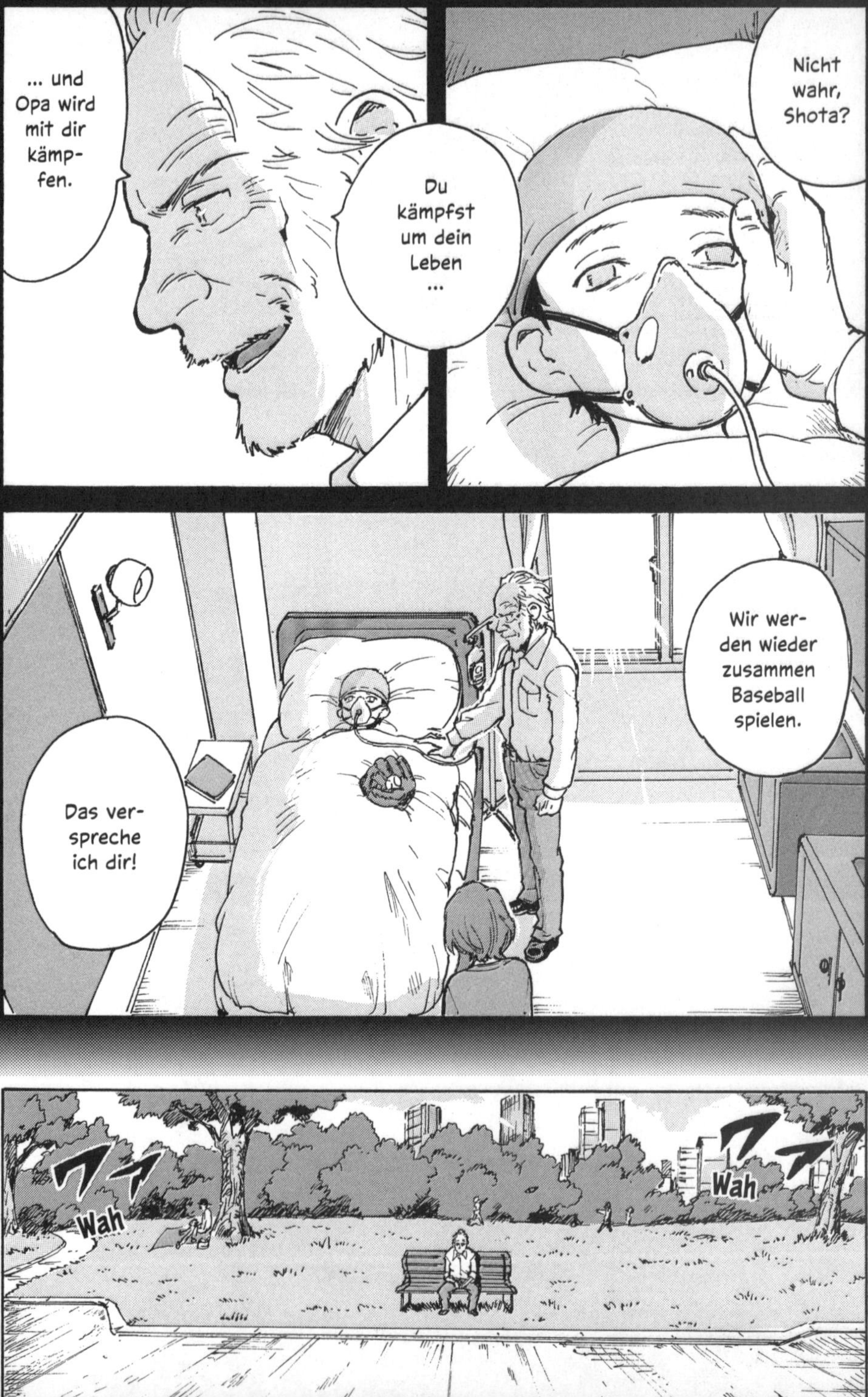

Du kämpfst um dein Leben ...
... und Opa wird mit dir kämpfen.
Nicht wahr, Shota?
Wir werden wieder zusammen Baseball spielen.
Das verspreche ich dir!
Wah
Wah

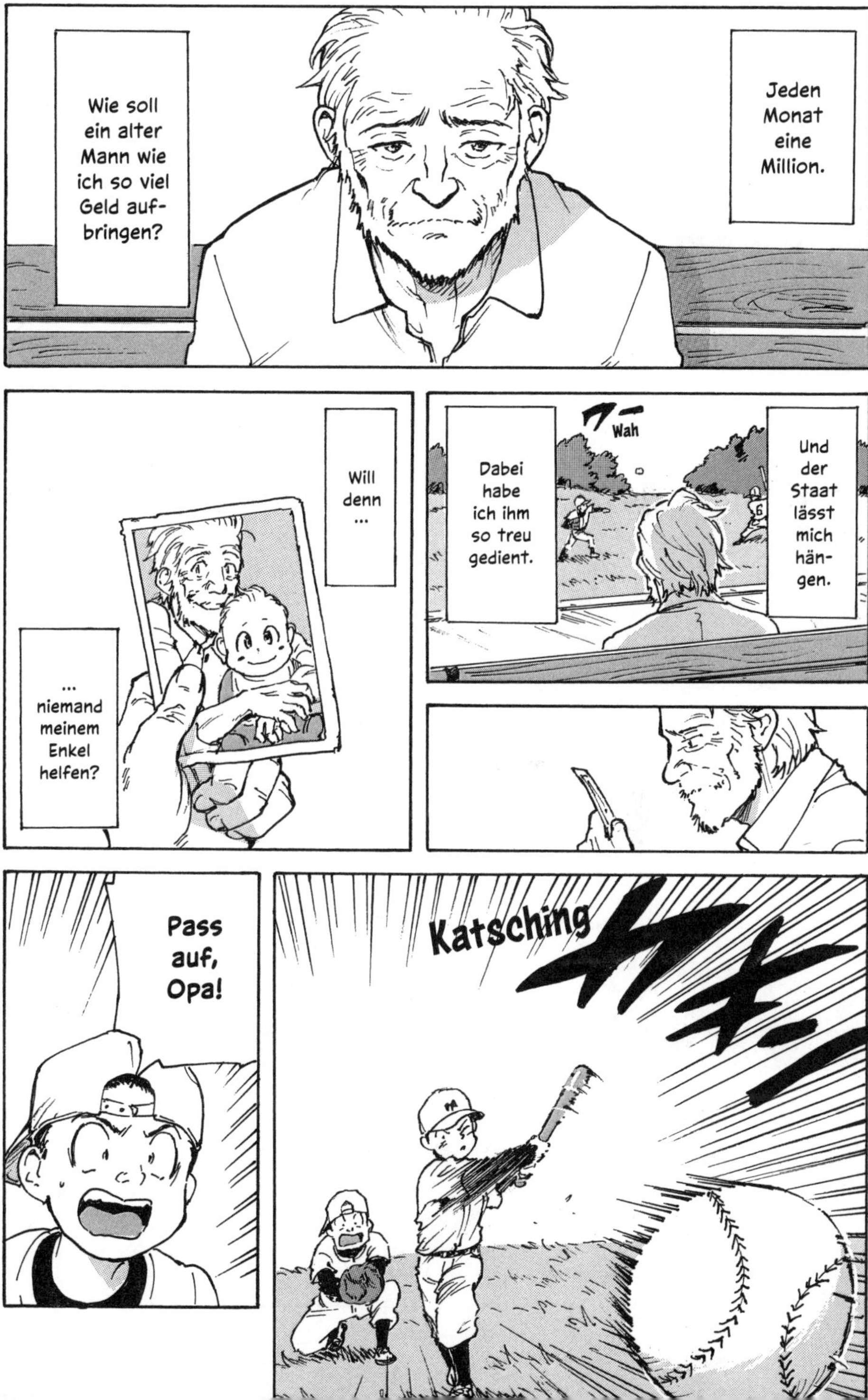
Jeden Monat eine Million.
Wie soll ein alter Mann wie ich so viel Geld aufbringen?
Und der Staat lässt mich hängen.
Wah
Dabei habe ich ihm so treu gedient.
Will denn ...
... niemand meinem Enkel helfen?
Katsching
Pass auf, Opa!

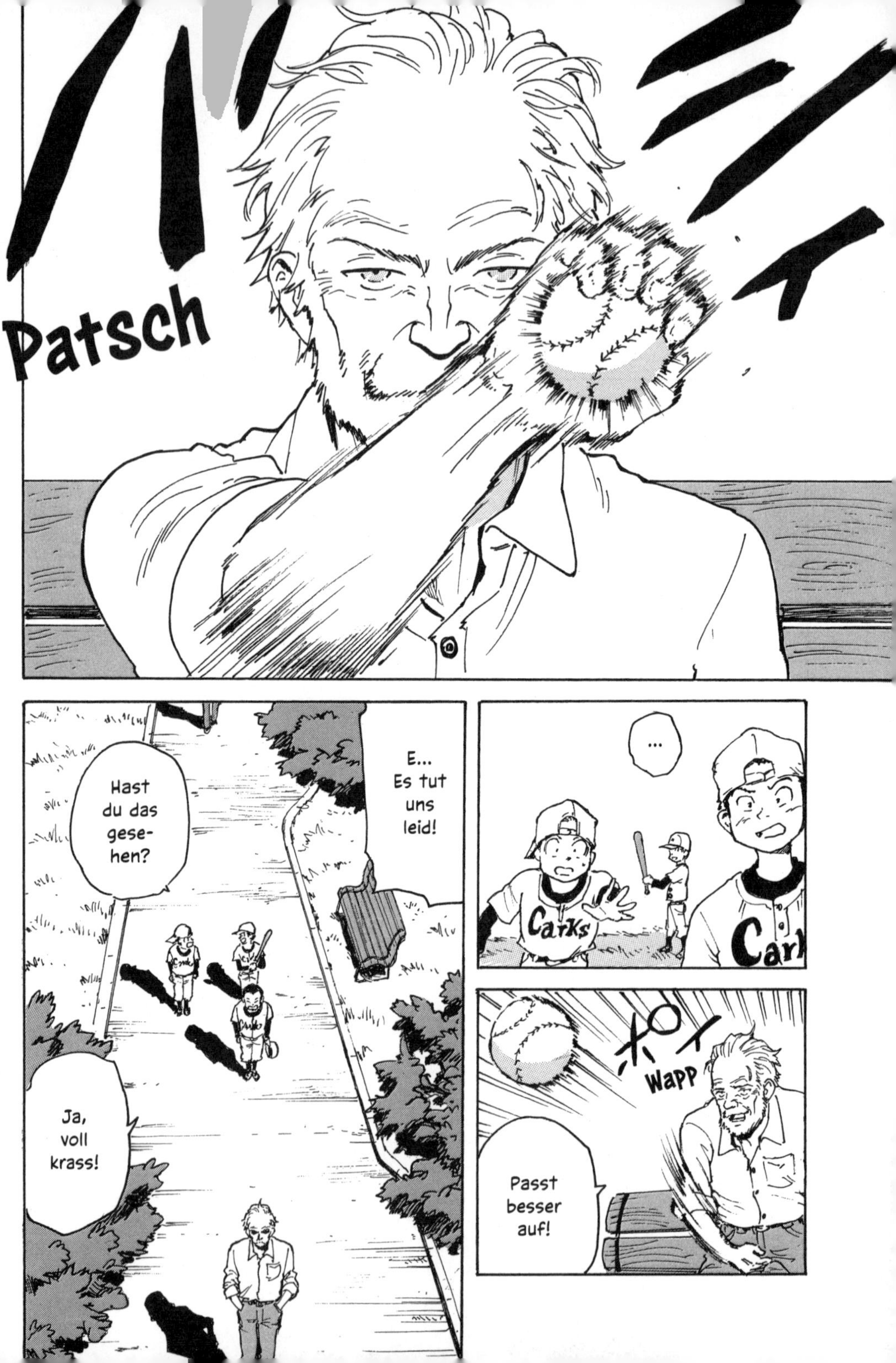
Patsch
...
Wapp
Passt besser auf!
E...
Es tut uns leid!
Hast du das gesehen?
Ja, voll krass!

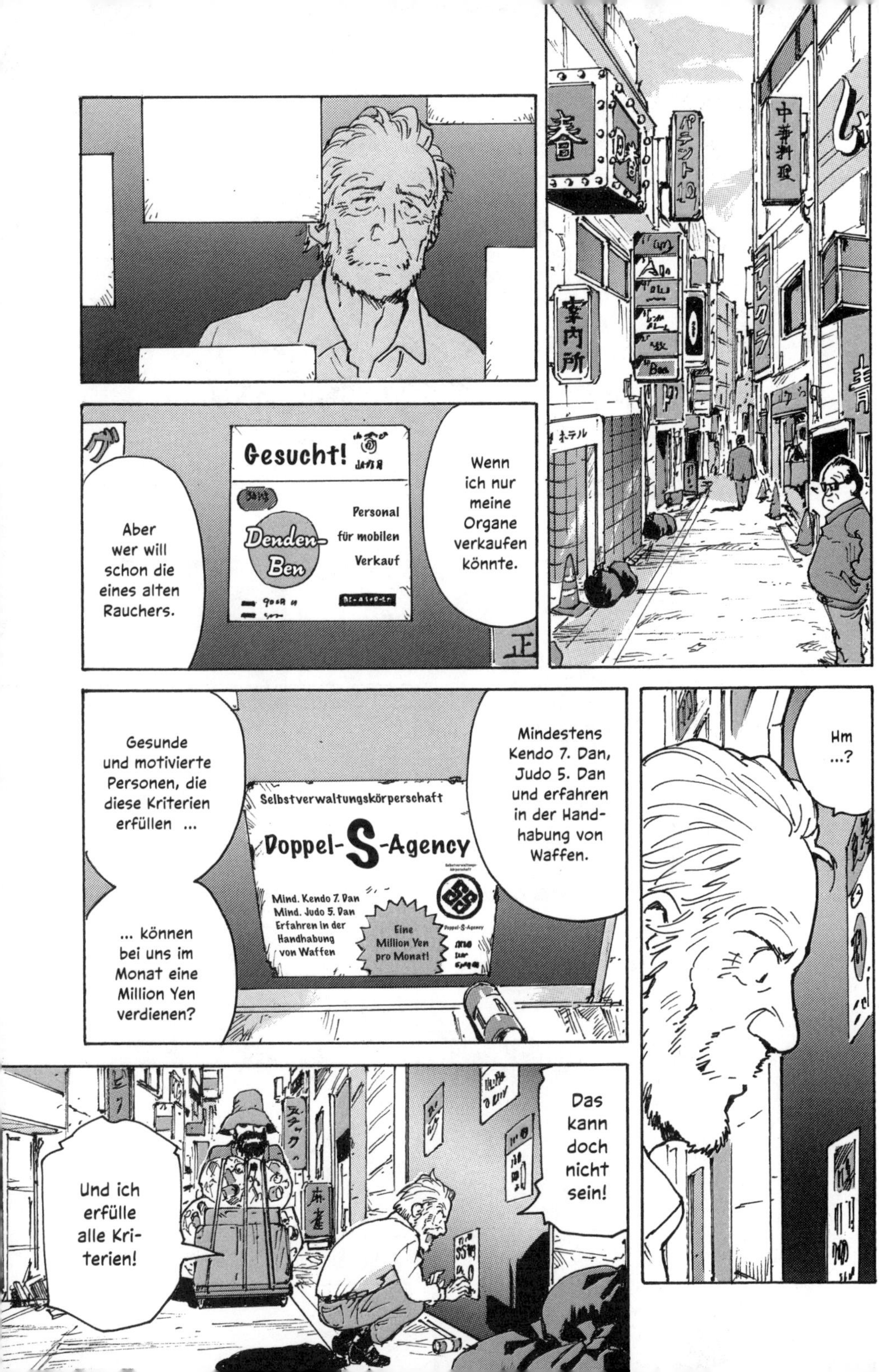
Gesucht!
Denden-Ben
Personal für mobilen Verkauf
Wenn ich nur meine Organe verkaufen könnte.
Aber wer will schon die eines alten Rauchers.
Hm ...?
Selbstverwaltungskörperschaft
Doppel-S-Agency
Mind. Kendo 7. Dan
Mind. Judo 5. Dan
Erfahren in der Handhabung von Waffen
Eine Million Yen pro Monat!
Doppel-S-Agency
Mindestens Kendo 7. Dan, Judo 5. Dan und erfahren in der Handhabung von Waffen.
Gesunde und motivierte Personen, die diese Kriterien erfüllen ...
... können bei uns im Monat eine Million Yen verdienen?
Das kann doch nicht sein!
Und ich erfülle alle Kriterien!

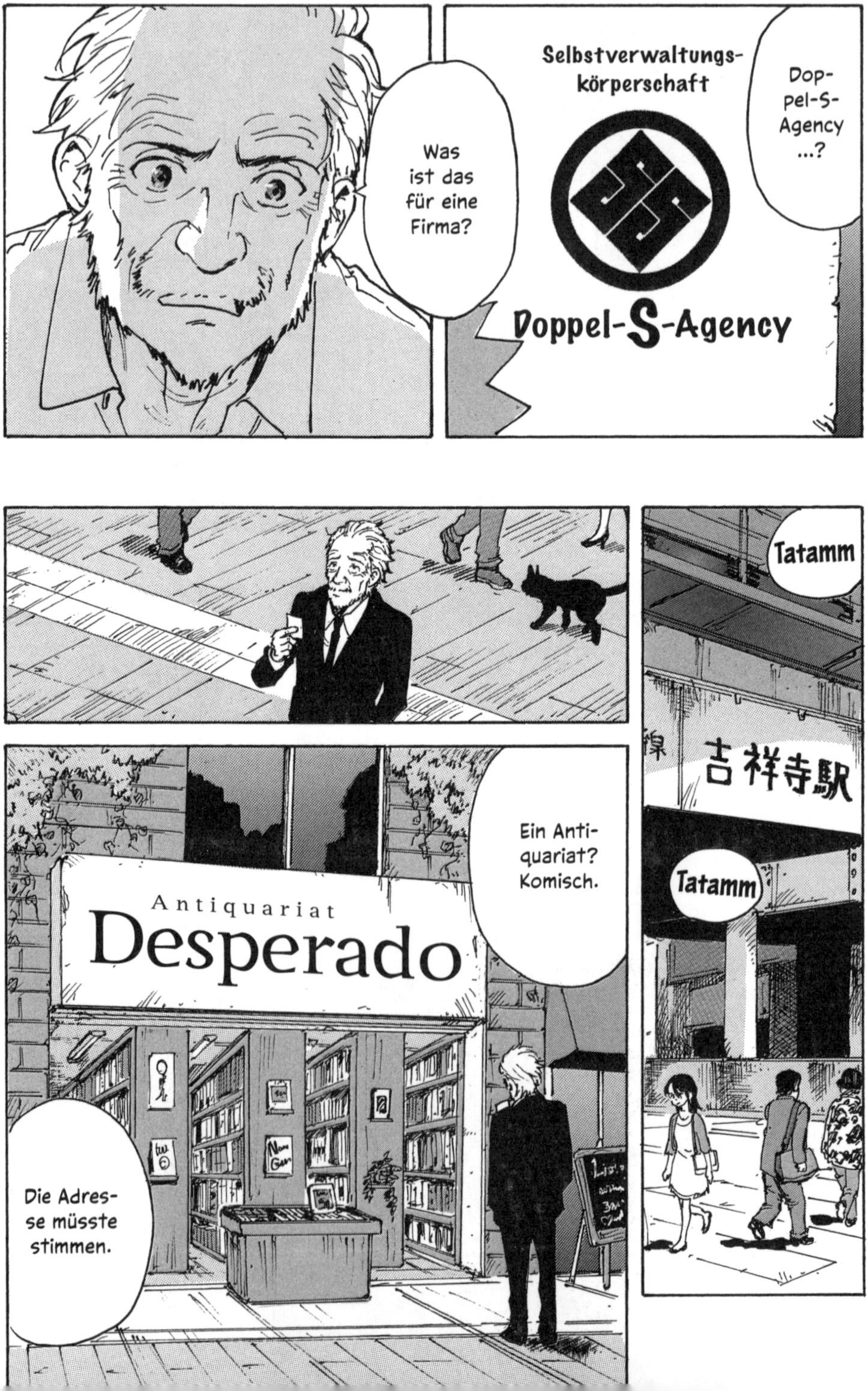
Selbstverwaltungs-körperschaft
Doppel-S-Agency
Dop-pel-S-Agency ...?
Was ist das für eine Firma?
Tatamm
吉祥寺駅
Tatamm
Ein Anti-quariat? Komisch.
Antiquariat
Desperado
Die Adres-se müsste stimmen.

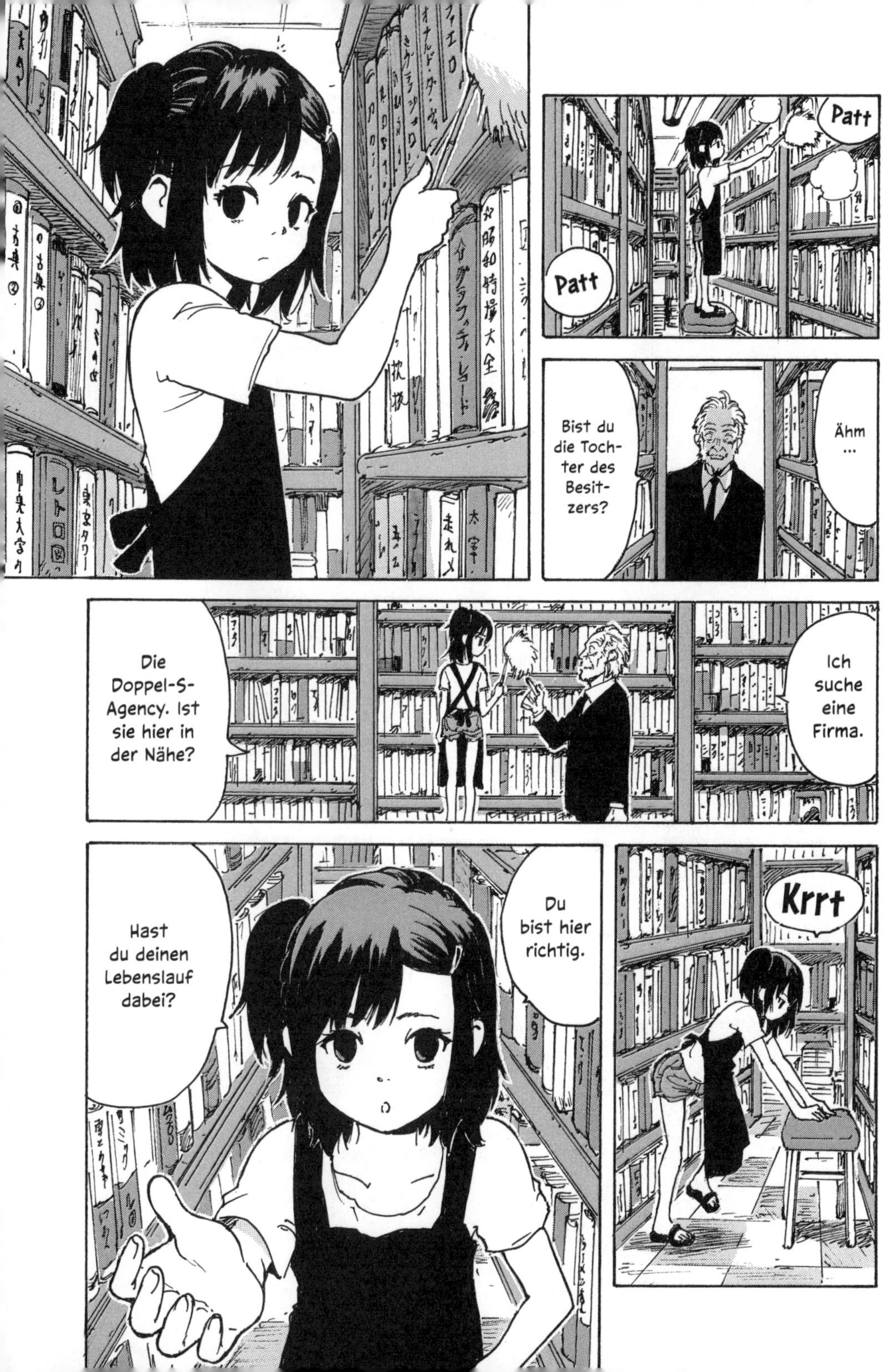
Patt
Patt
Ähm ...
Bist du die Tochter des Besitzers?
Ich suche eine Firma.
Die Doppel-S-Agency. Ist sie hier in der Nähe?
Krrt
Du bist hier richtig.
Hast du deinen Lebenslauf dabei?

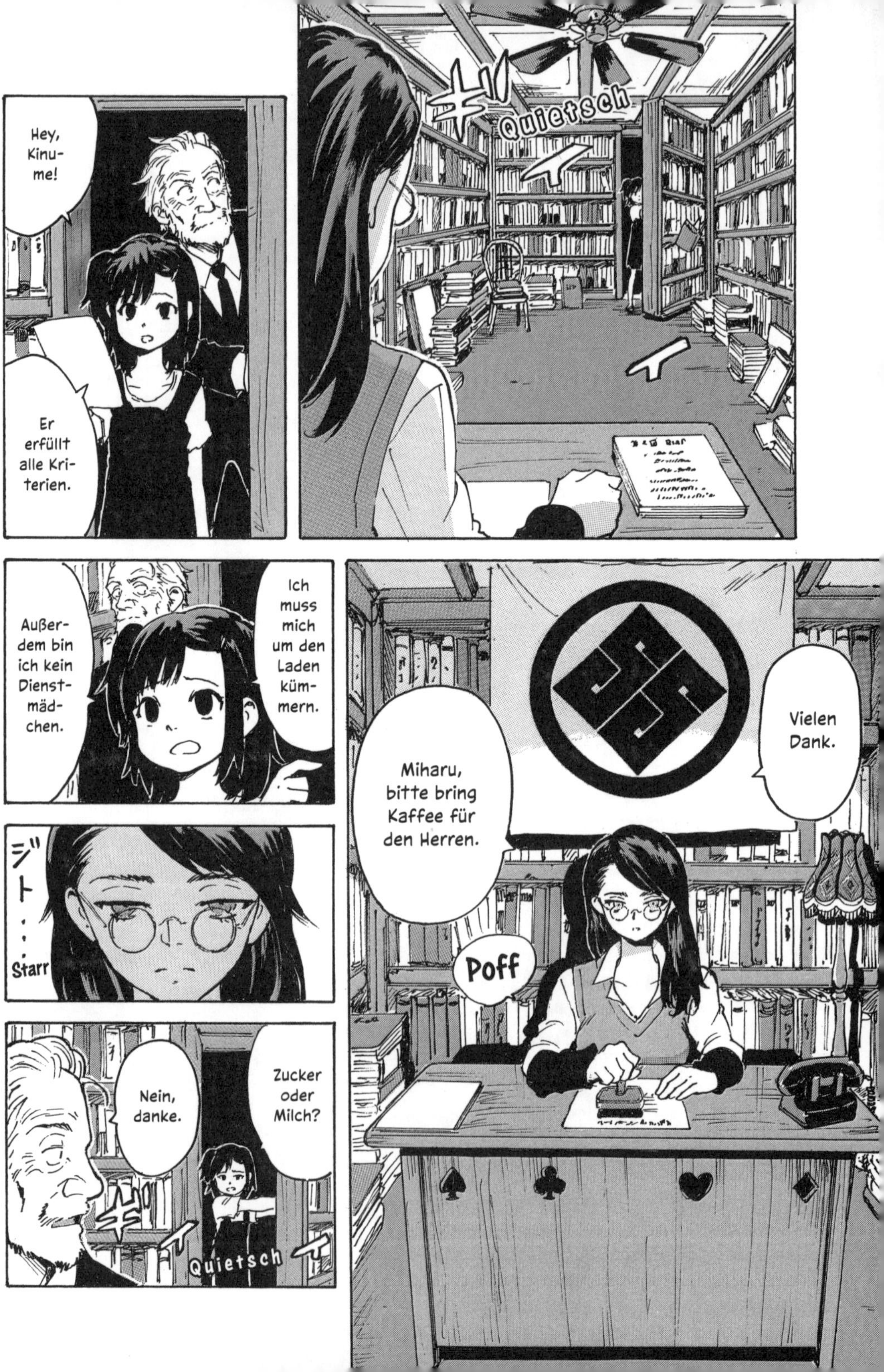
Quietsch
Hey, Kinume!
Er erfüllt alle Kriterien.
Vielen Dank.
Miharu, bitte bring Kaffee für den Herren.
Poff
Ich muss mich um den Laden kümmern.
Außerdem bin ich kein Dienstmädchen.
Starr
Zucker oder Milch?
Nein, danke.
Quietsch

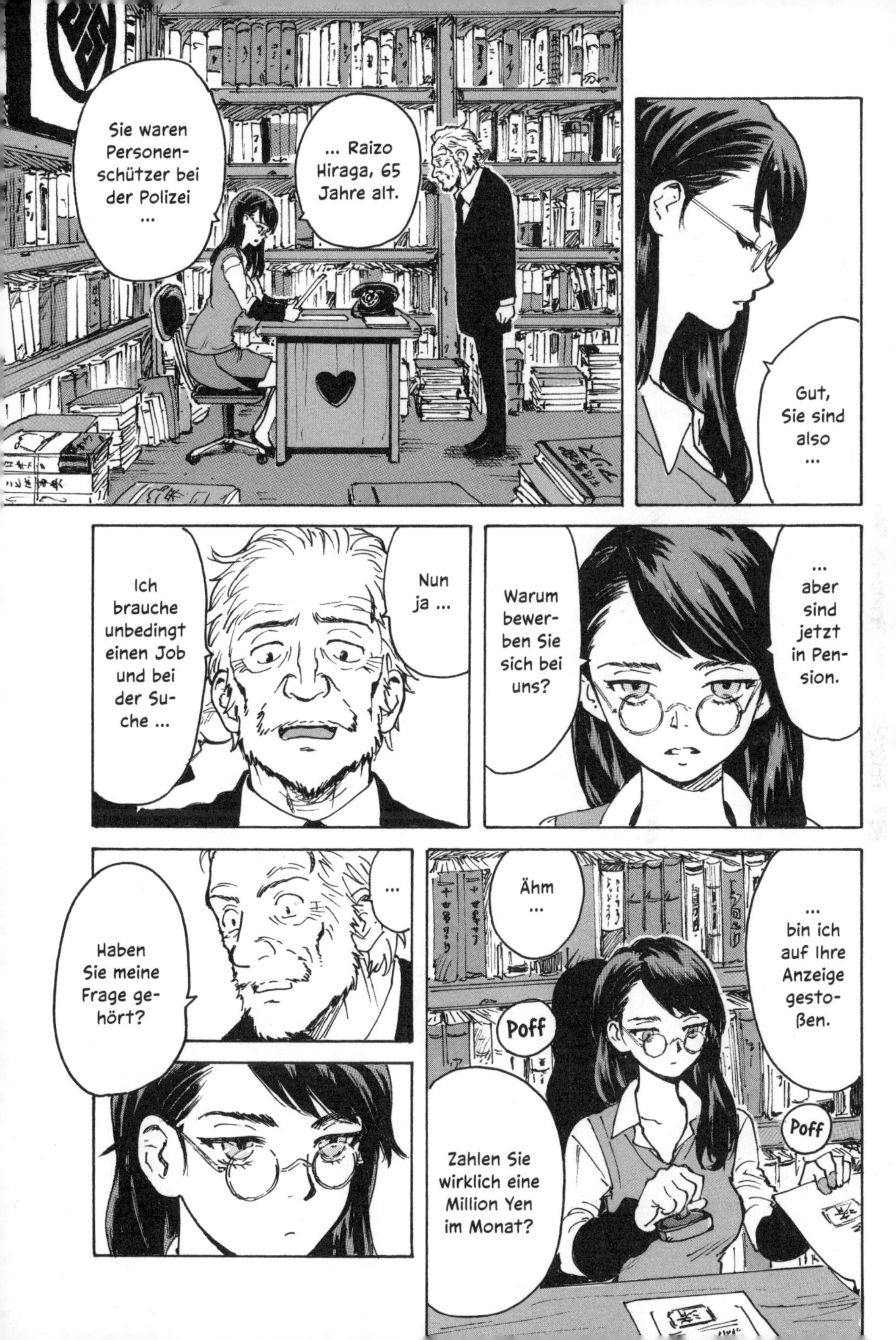

Gut, Sie sind also ...
... Raizo Hiraga, 65 Jahre alt.
Sie waren Personenschützer bei der Polizei ...
... aber sind jetzt in Pension.
Warum bewerben Sie sich bei uns?
Nun ja ...
Ich brauche unbedingt einen Job und bei der Suche ...
... bin ich auf Ihre Anzeige gestoßen.
Ähm ...
Poff
Poff
Zahlen Sie wirklich eine Million Yen im Monat?
...
Haben Sie meine Frage gehört?

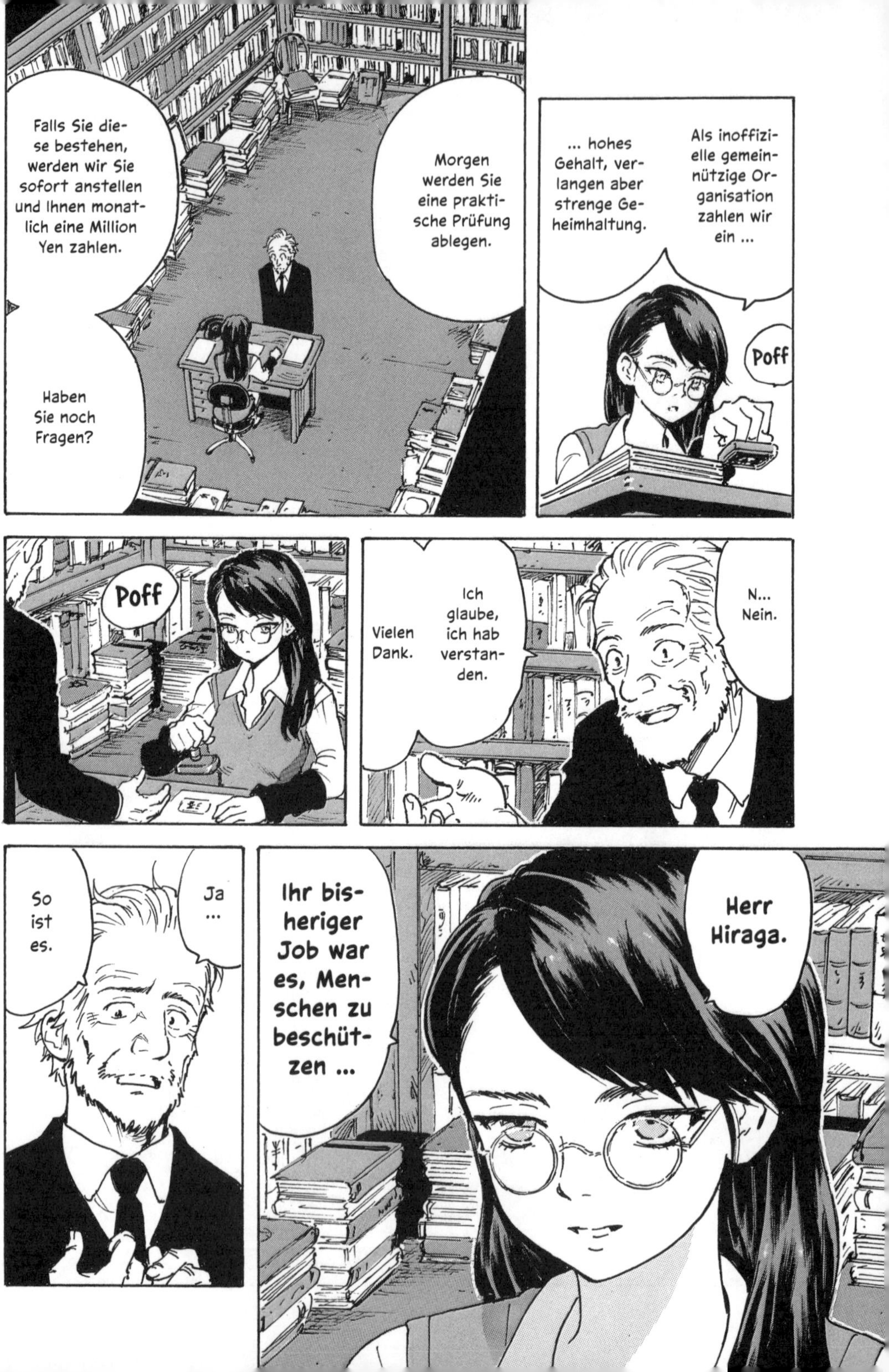
Als inoffizielle gemeinnützige Organisation zahlen wir ein ...
... hohes Gehalt, verlangen aber strenge Geheimhaltung.
Poff
Morgen werden Sie eine praktische Prüfung ablegen.
Falls Sie diese bestehen, werden wir Sie sofort anstellen und Ihnen monatlich eine Million Yen zahlen.
Haben Sie noch Fragen?
N... Nein.
Ich glaube, ich hab verstanden.
Vielen Dank.
Poff
Herr Hiraga.
Ihr bisheriger Job war es, Menschen zu beschützen ...
Ja ...
So ist es.

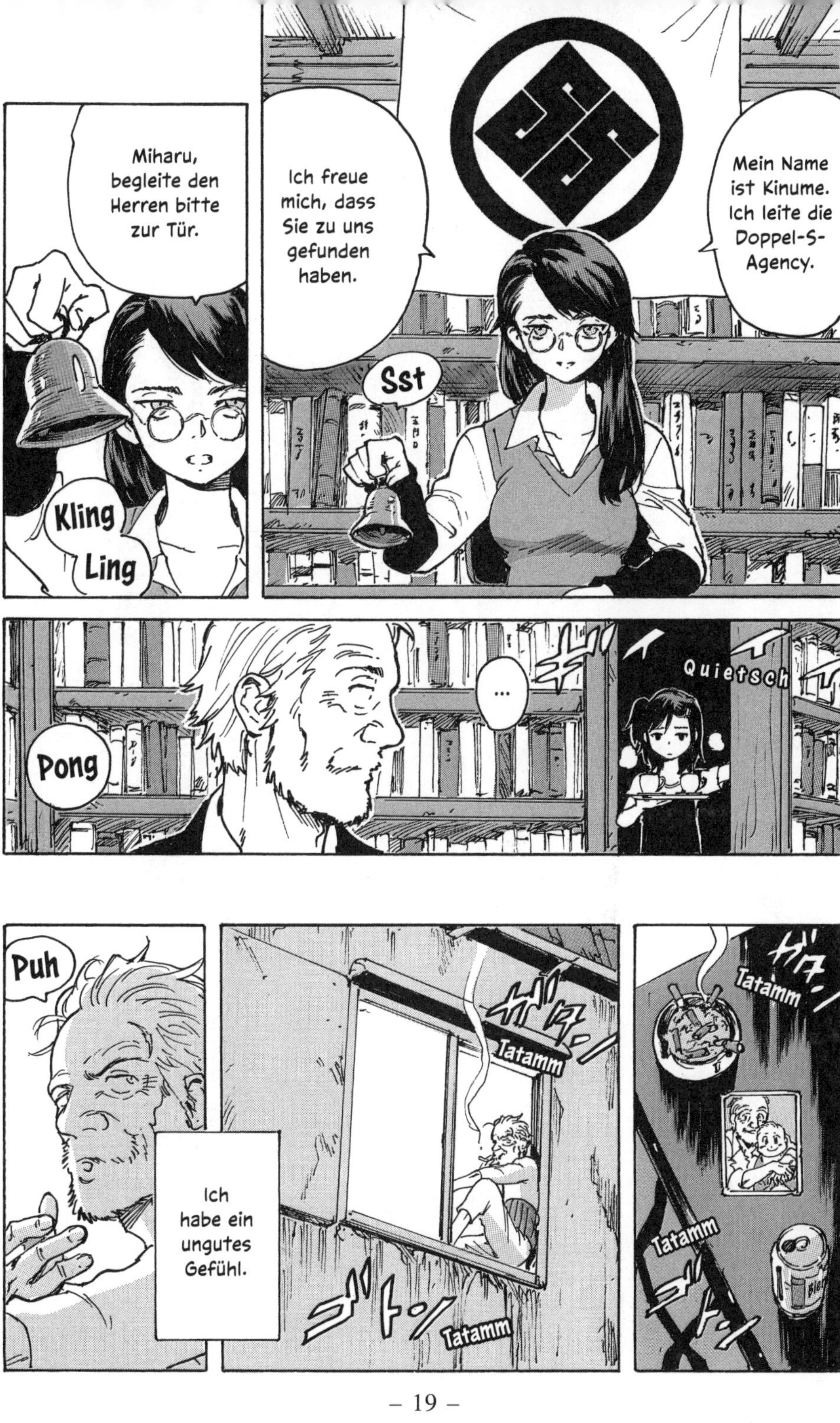
Mein Name ist Kinume. Ich leite die Doppel-S-Agency.
Ich freue mich, dass Sie zu uns gefunden haben.
Sst
Miharu, begleite den Herren bitte zur Tür.
Kling
Ling
Quietsch
...
Pong
Tatamm
Tatamm
Tatamm
Tatamm
Puh
Ich habe ein ungutes Gefühl.

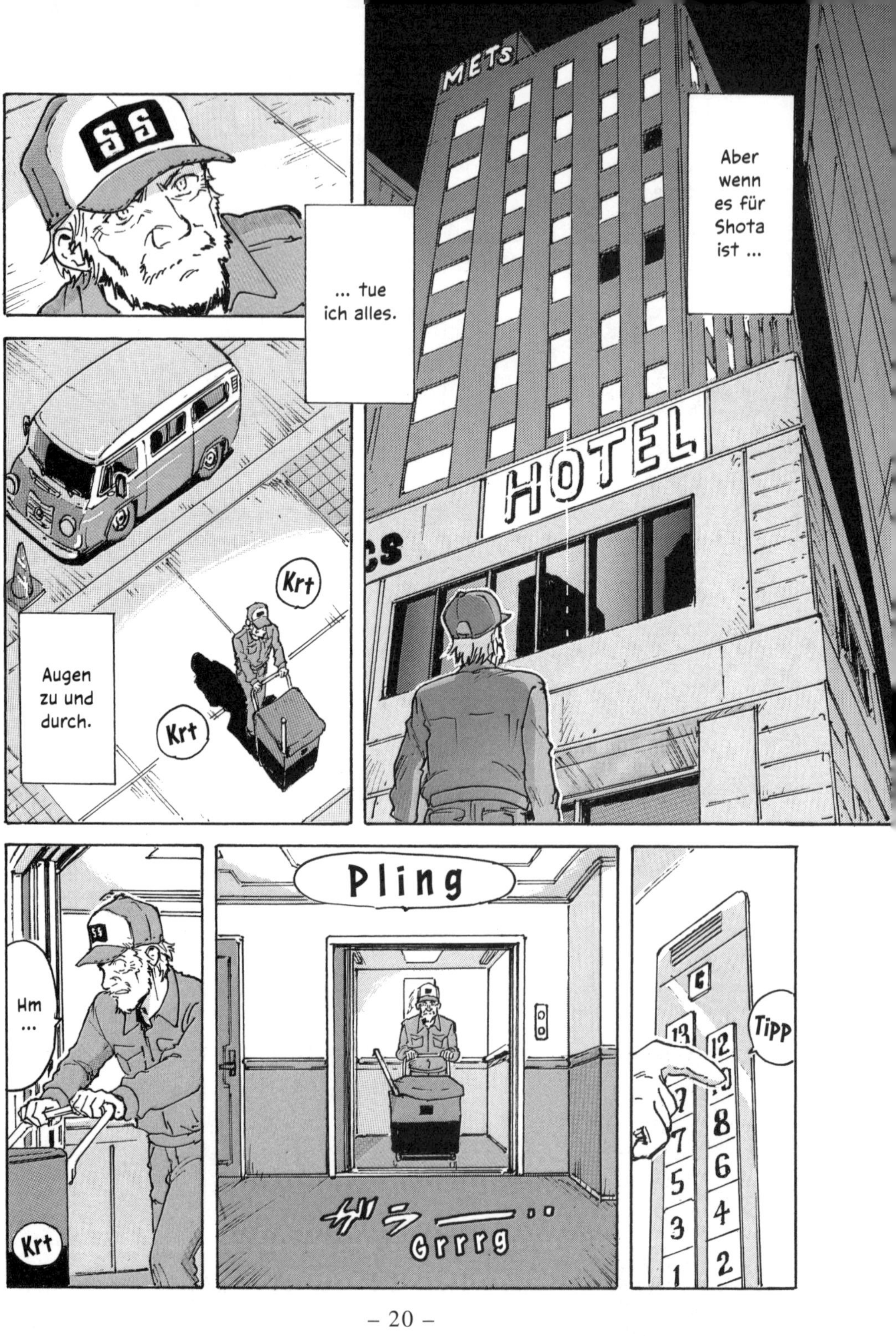
METS
HOTEL
Aber wenn es für Shota ist ...
... tue ich alles.
Krt
Krt
Augen zu und durch.
Tipp
Pling
Grrrg
Hm ...
Krt

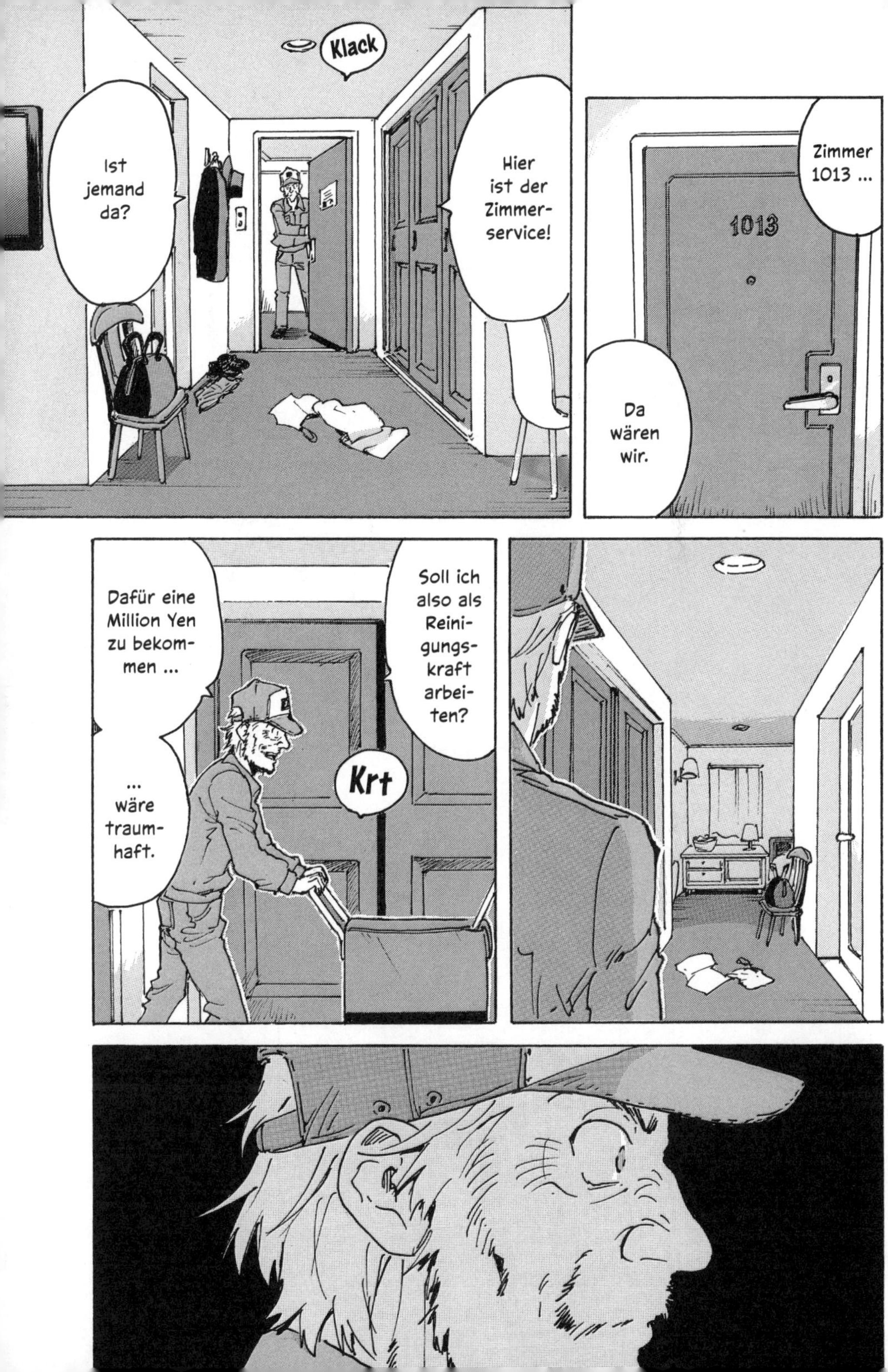
Zimmer 1013 ...
Da wären wir.
Klack
Hier ist der Zimmerservice!
Ist jemand da?
Soll ich also als Reinigungskraft arbeiten?
Krt
Dafür eine Million Yen zu bekommen ...
... wäre traumhaft.

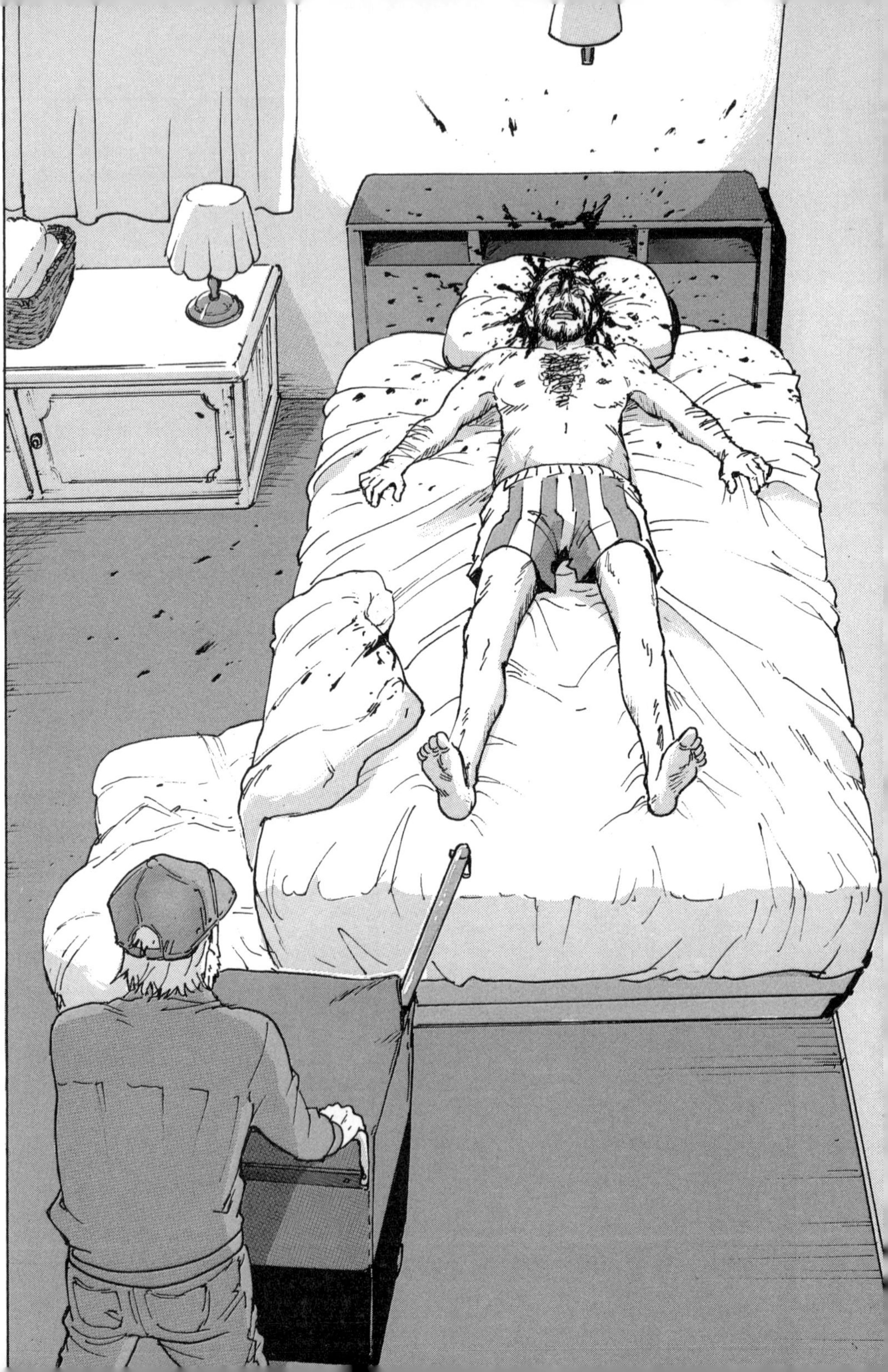

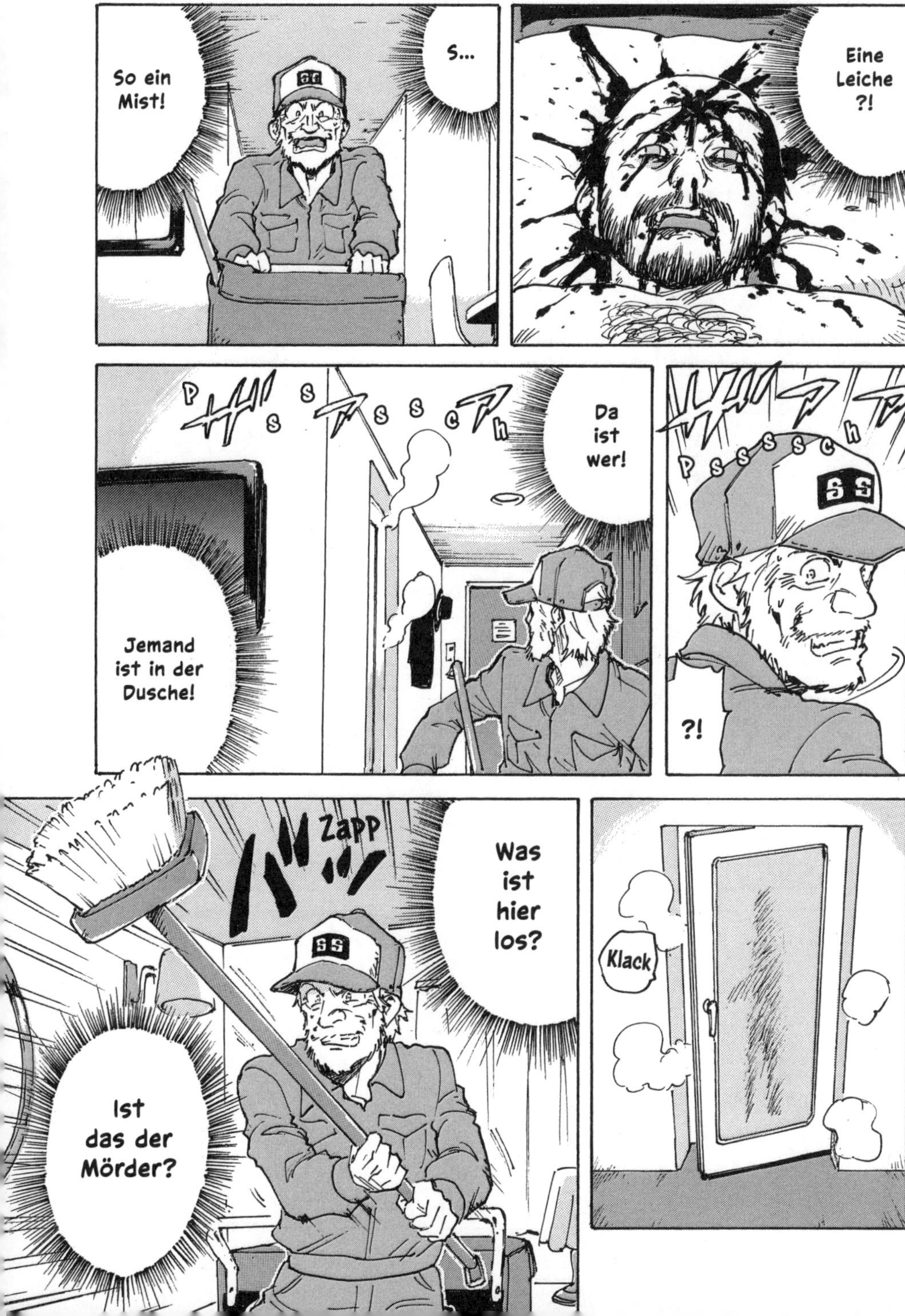

S...
So ein Mist!
Eine Leiche ?!
Psssch
Da ist wer!
Jemand ist in der Dusche!
Pssssch
?!
Klack
Zapp
Was ist hier los?
Ist das der Mörder?

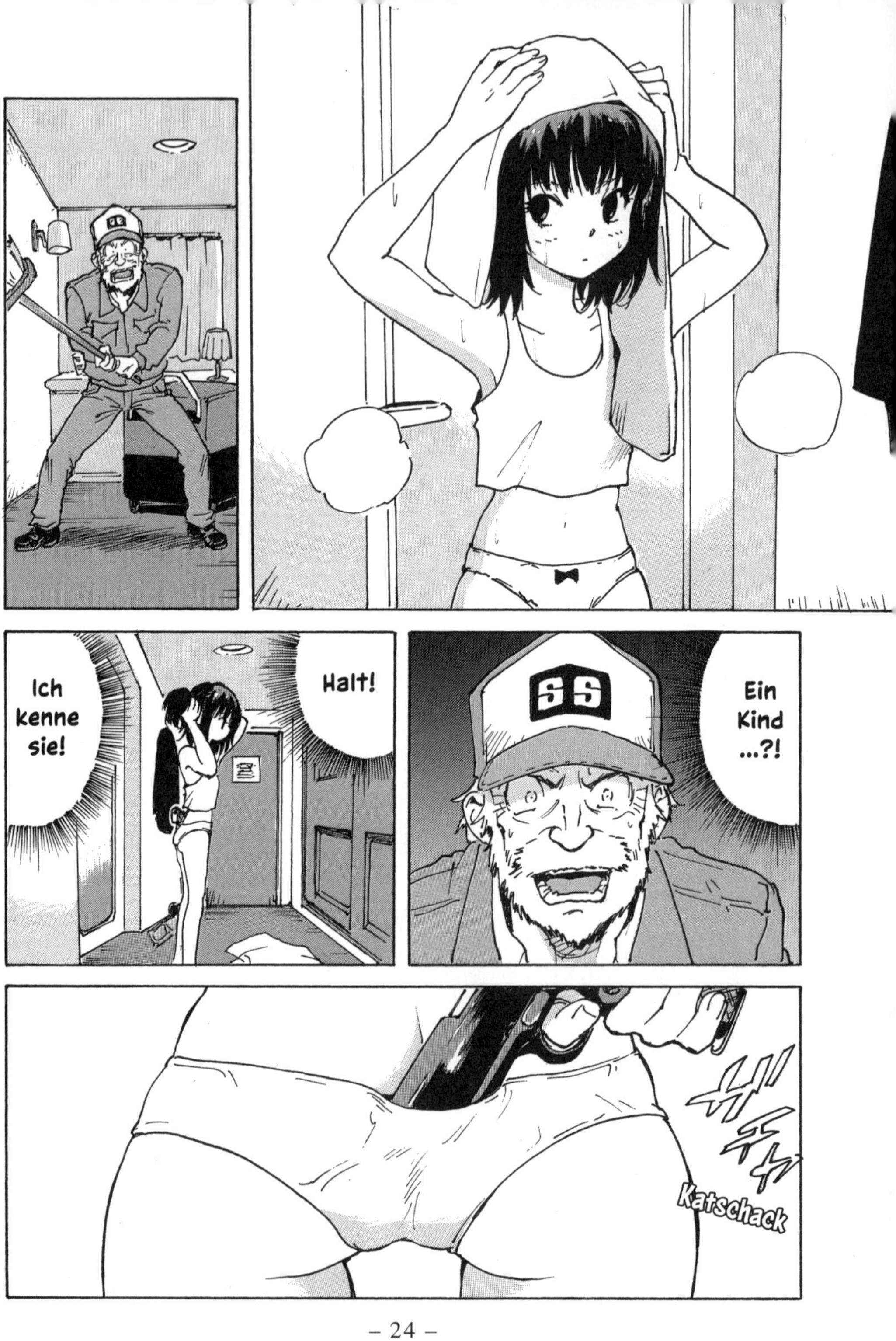
Ein Kind ...?!
Halt!
Ich kenne sie!
Katschack

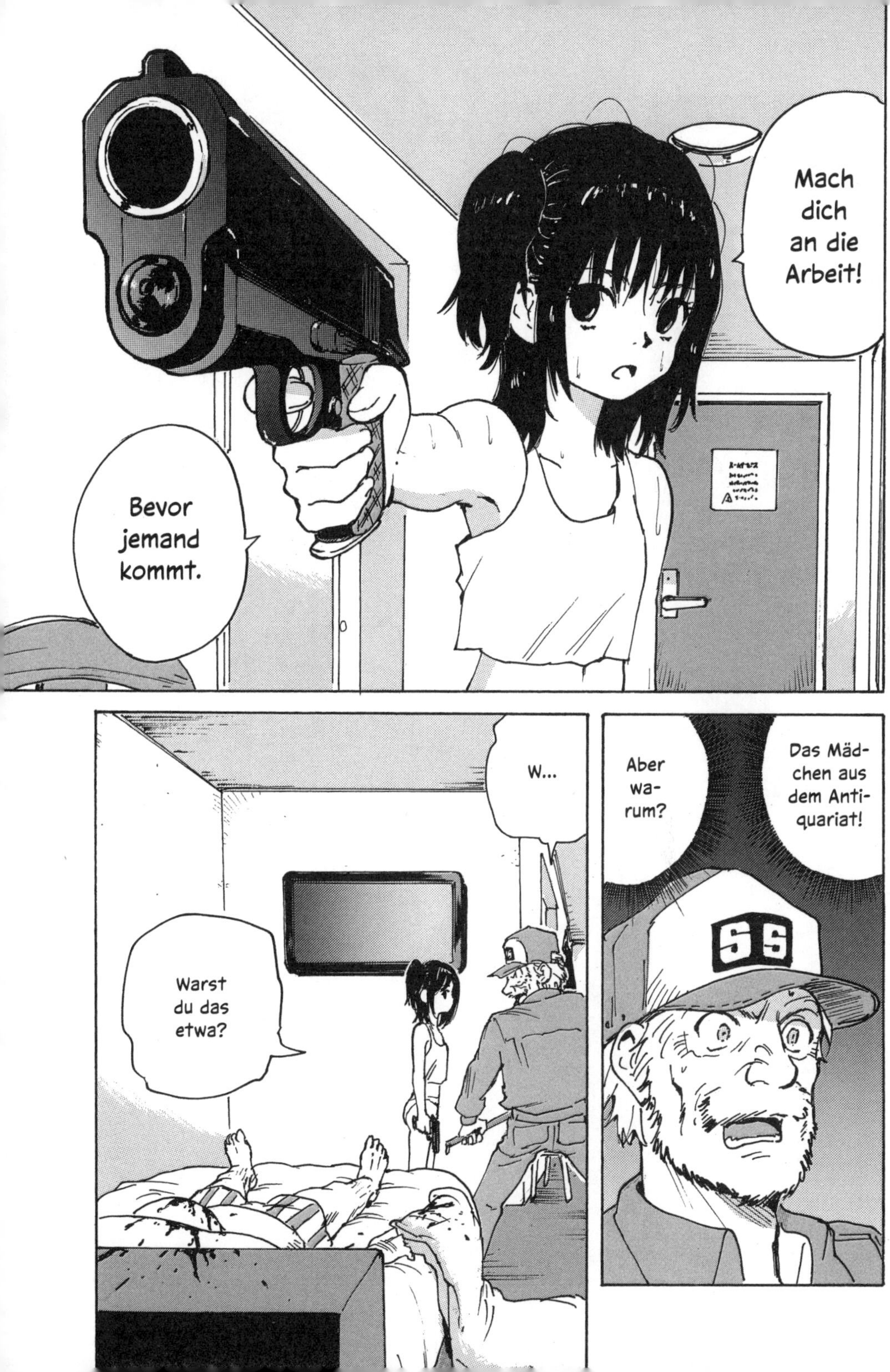
Mach dich an die Arbeit!
Bevor jemand kommt.
Das Mädchen aus dem Antiquariat!
Aber warum?
W...
Warst du das etwa?

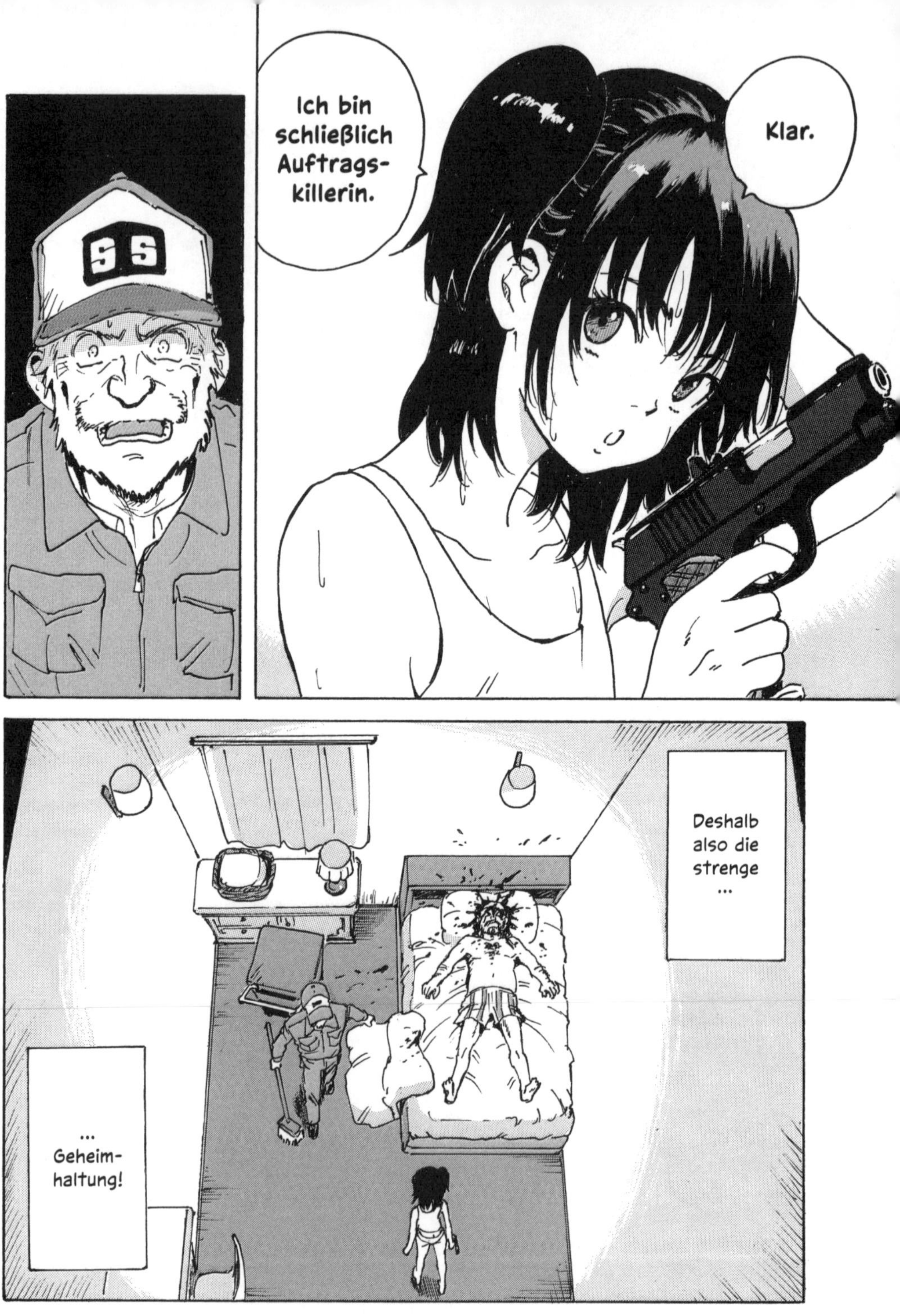
Klar.
Ich bin schließlich Auftrags-killerin.
Deshalb also die strenge ...
... Geheim-haltung!

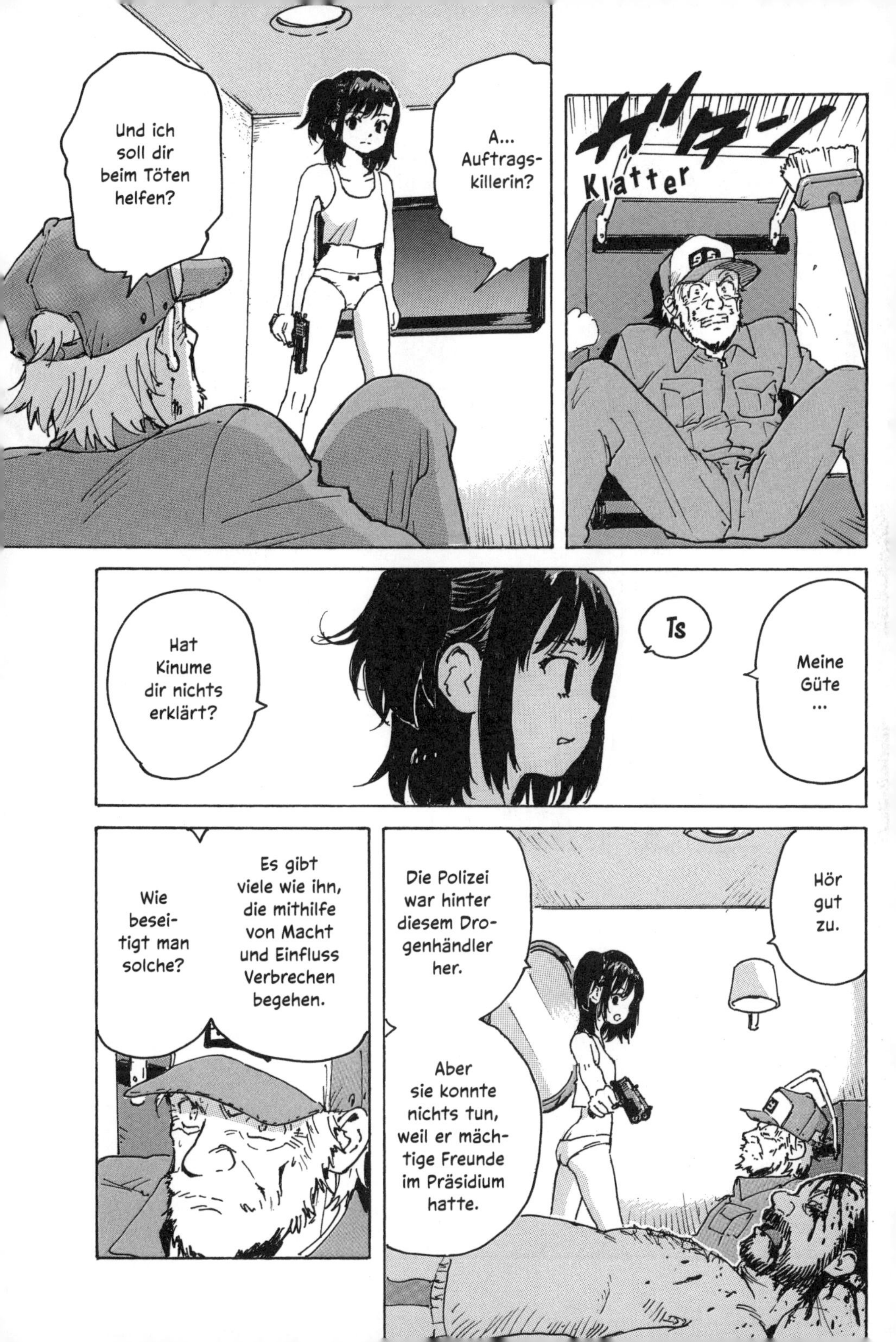
Klatter
A... Auftrags-killerin?
Und ich soll dir beim Töten helfen?
Meine Güte ...
Ts
Hat Kinume dir nichts erklärt?
Hör gut zu.
Die Polizei war hinter diesem Drogenhändler her.
Aber sie konnte nichts tun, weil er mächtige Freunde im Präsidium hatte.
Es gibt viele wie ihn, die mithilfe von Macht und Einfluss Verbrechen begehen.
Wie beseitigt man solche?

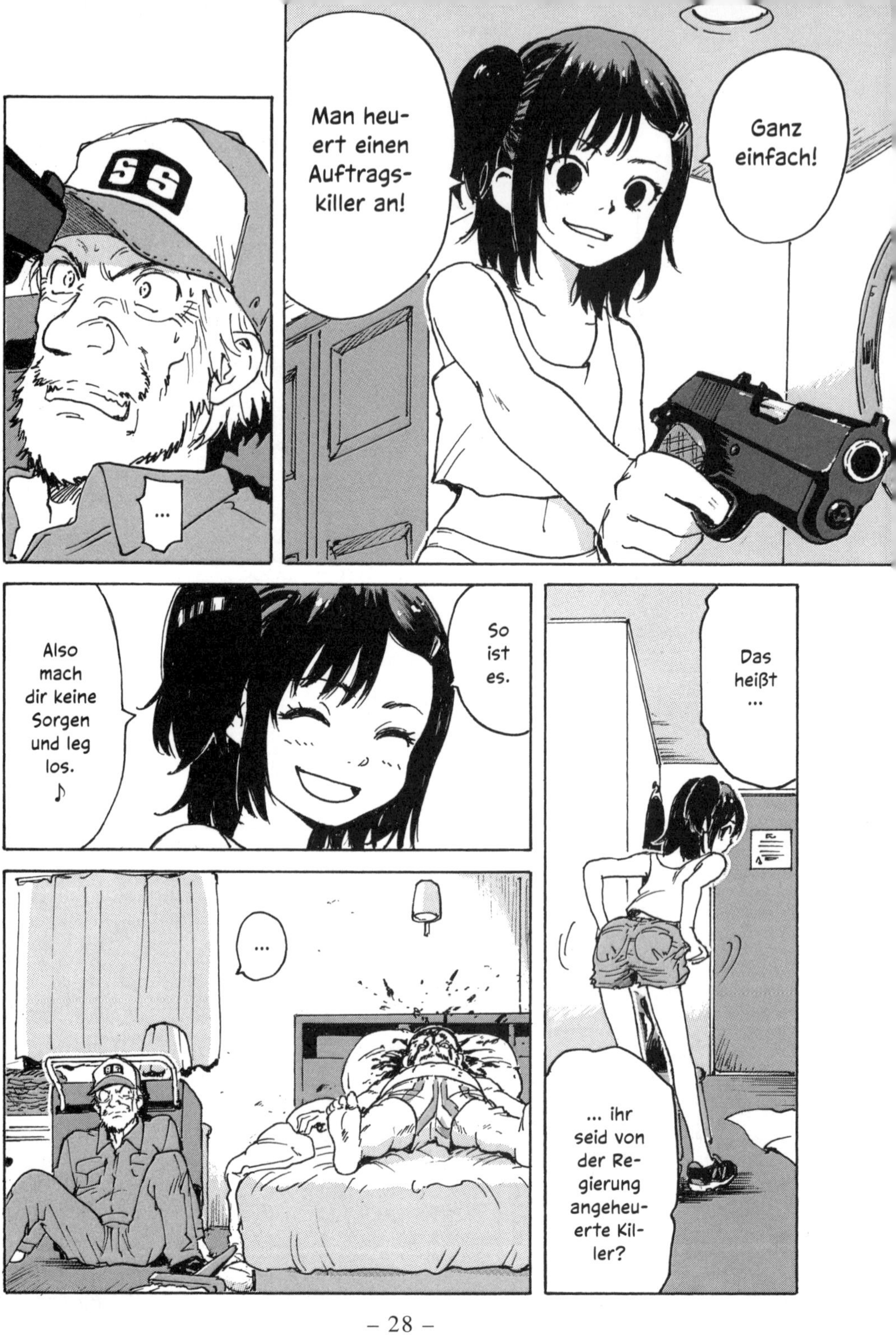
Ganz einfach!
Man heuert einen Auftragskiller an!
...
Das heißt ...
... ihr seid von der Regierung angeheuerte Killer?
So ist es.
Also mach dir keine Sorgen und leg los. ♪
...

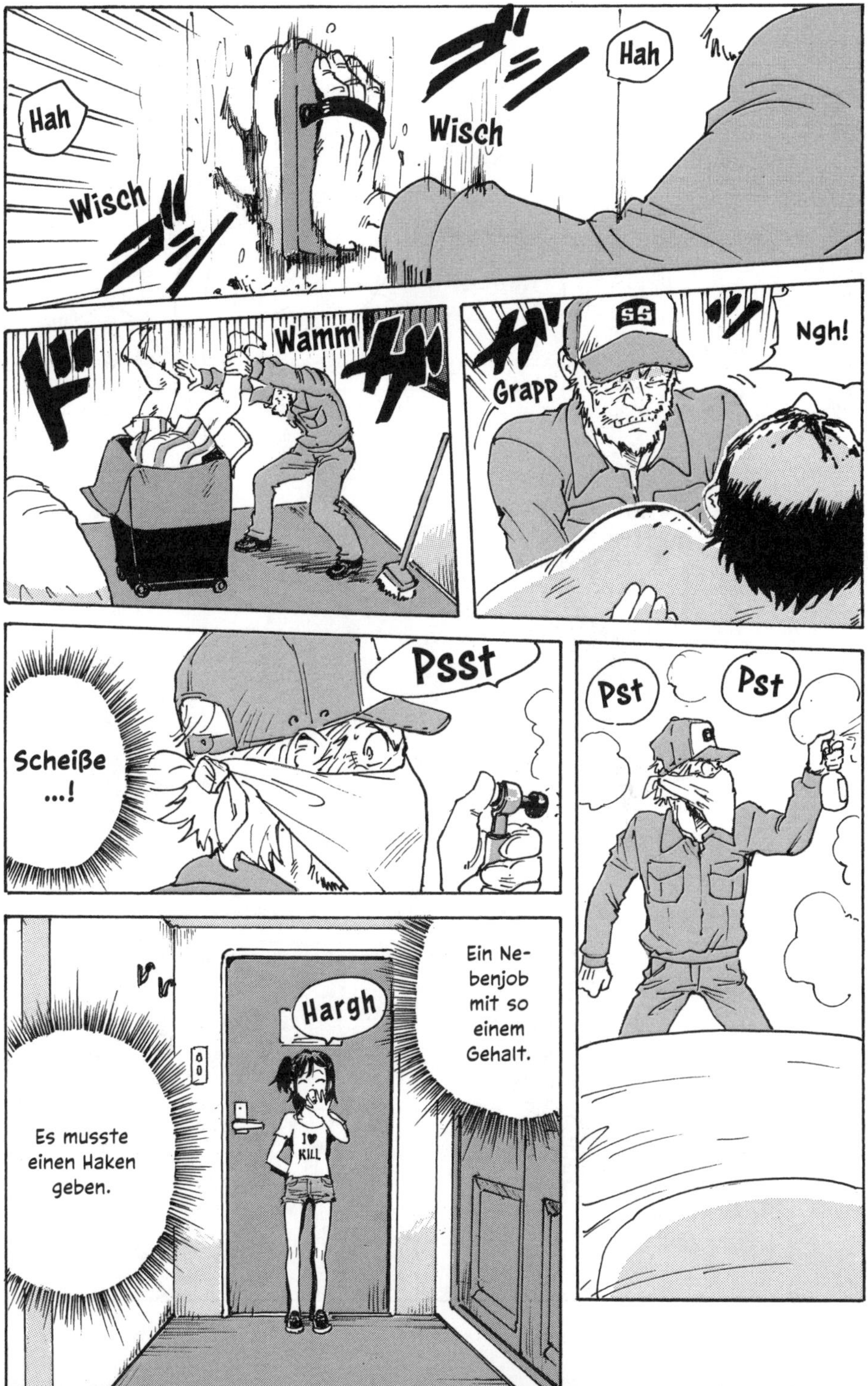
Hah
Wisch
Hah
Wisch
Ngh!
Grapp
Wamm
Pst
Pst
Psst
Scheiße ...!
Ein Nebenjob mit so einem Gehalt.
Hargh
I ♥ KILL
Es musste einen Haken geben.

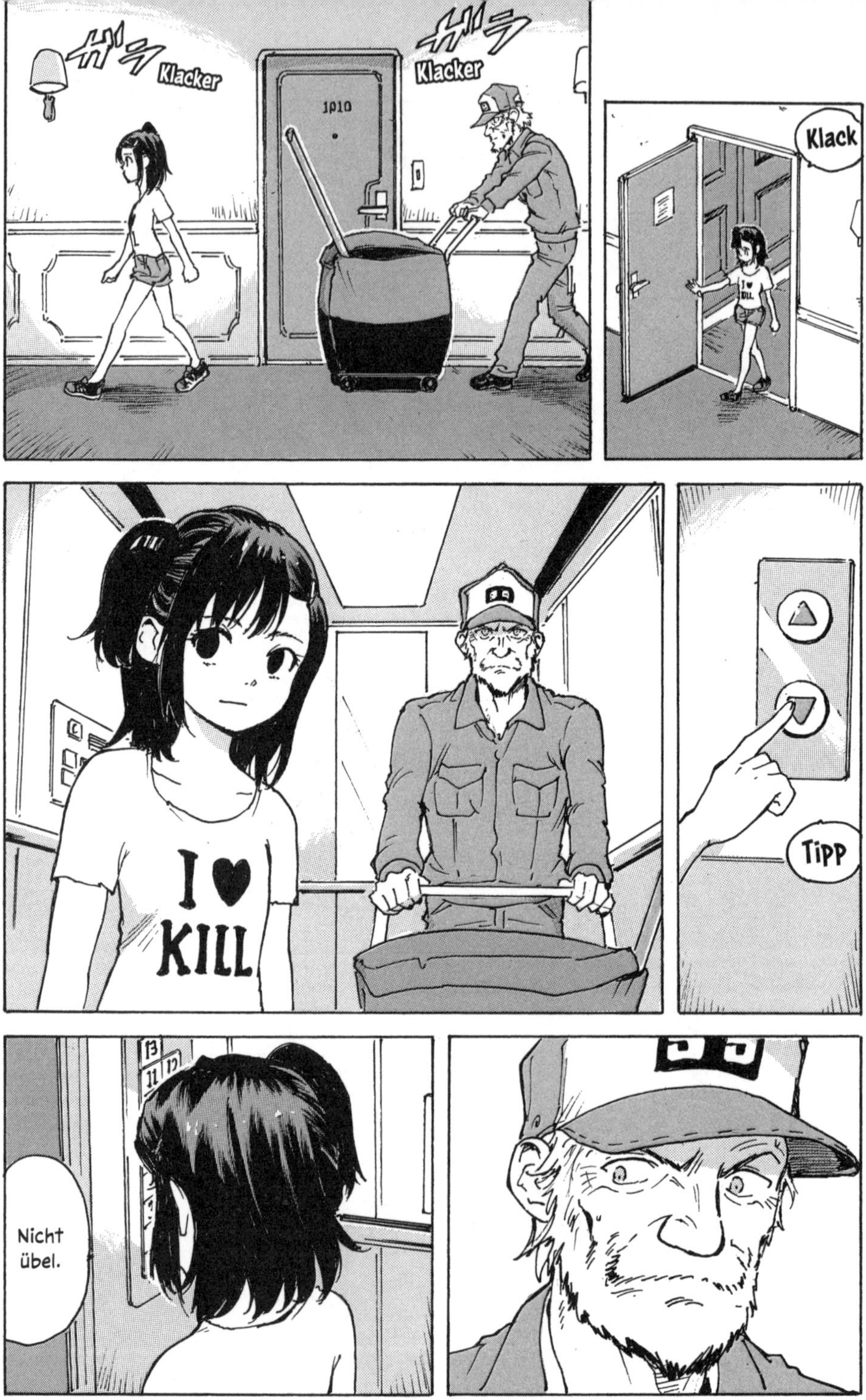
ガラ
Klacker
ガラ
Klacker
1010
Klack
I ♥ KILL
Tipp
Nicht übel.

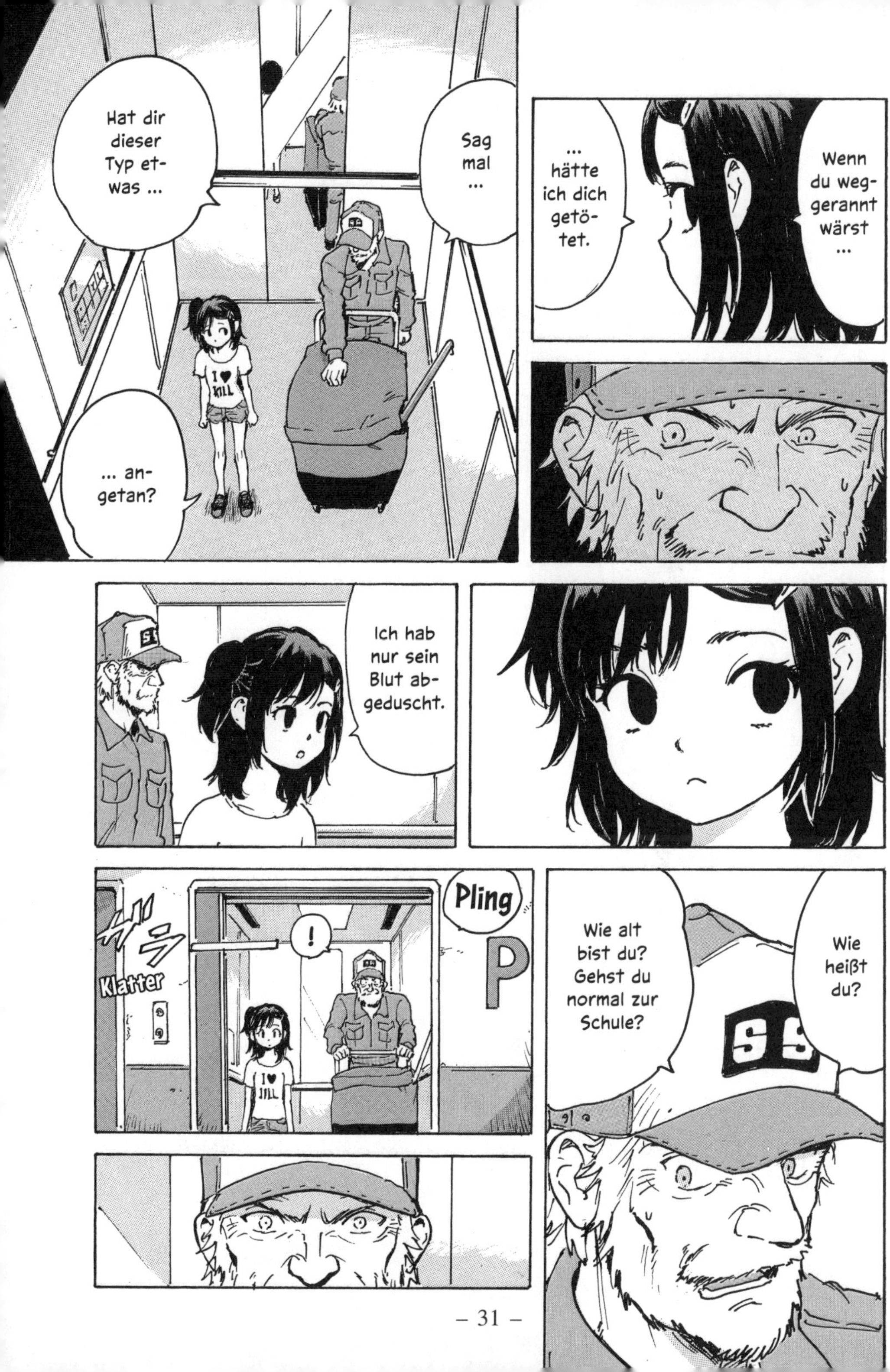
Sag mal …
Hat dir dieser Typ etwas …
… angetan?
Wenn du weggerannt wärst …
… hätte ich dich getötet.
Ich hab nur sein Blut abgeduscht.
Pling
!
Klatter
Wie heißt du?
Wie alt bist du? Gehst du normal zur Schule?

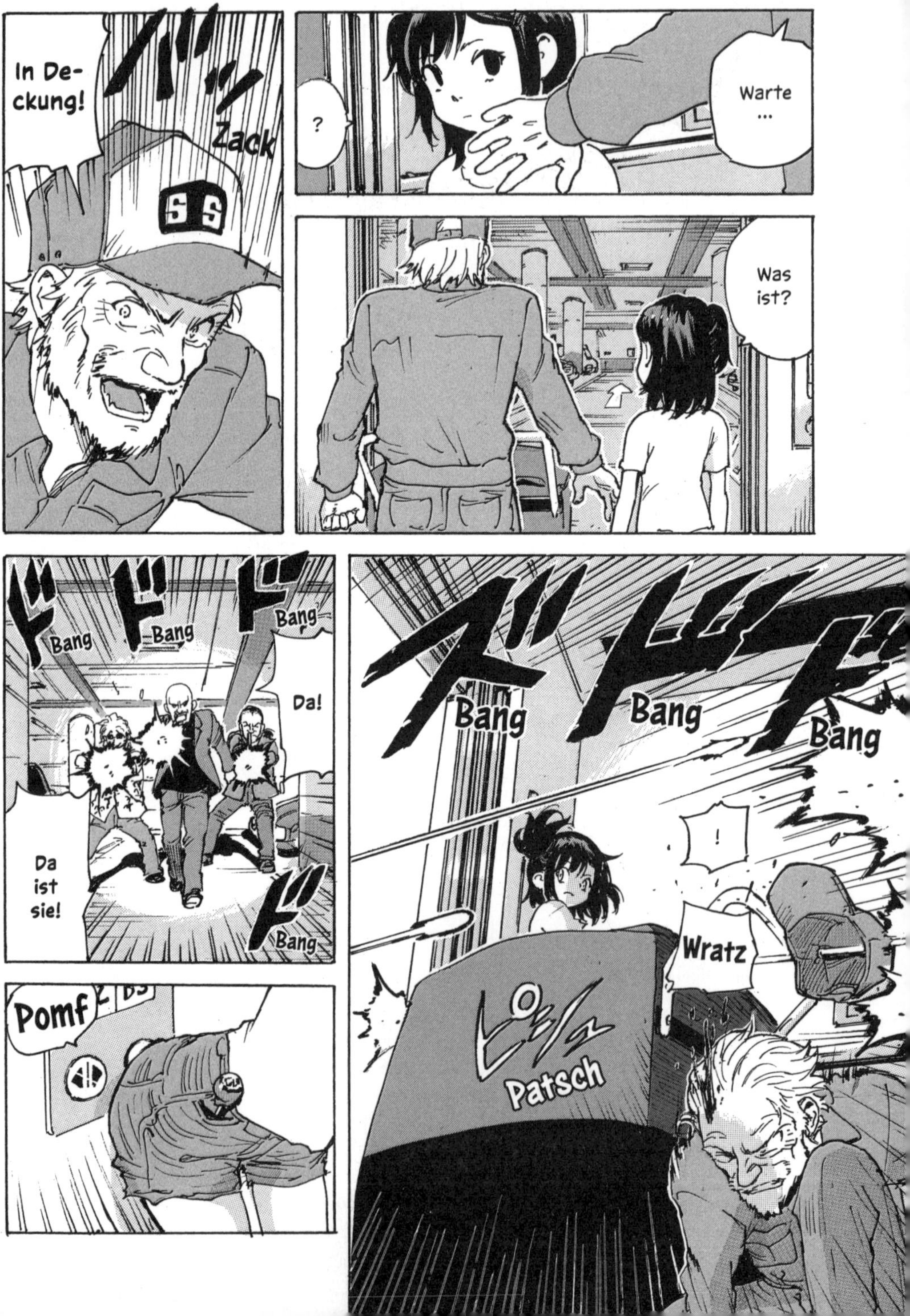
Warte ...
?
Was ist?
In Deckung!
Zack
Bang
Bang
Bang
!
Wratz
Patsch
Bang
Bang
Bang
Da!
Da ist sie!
Bang
Pomf

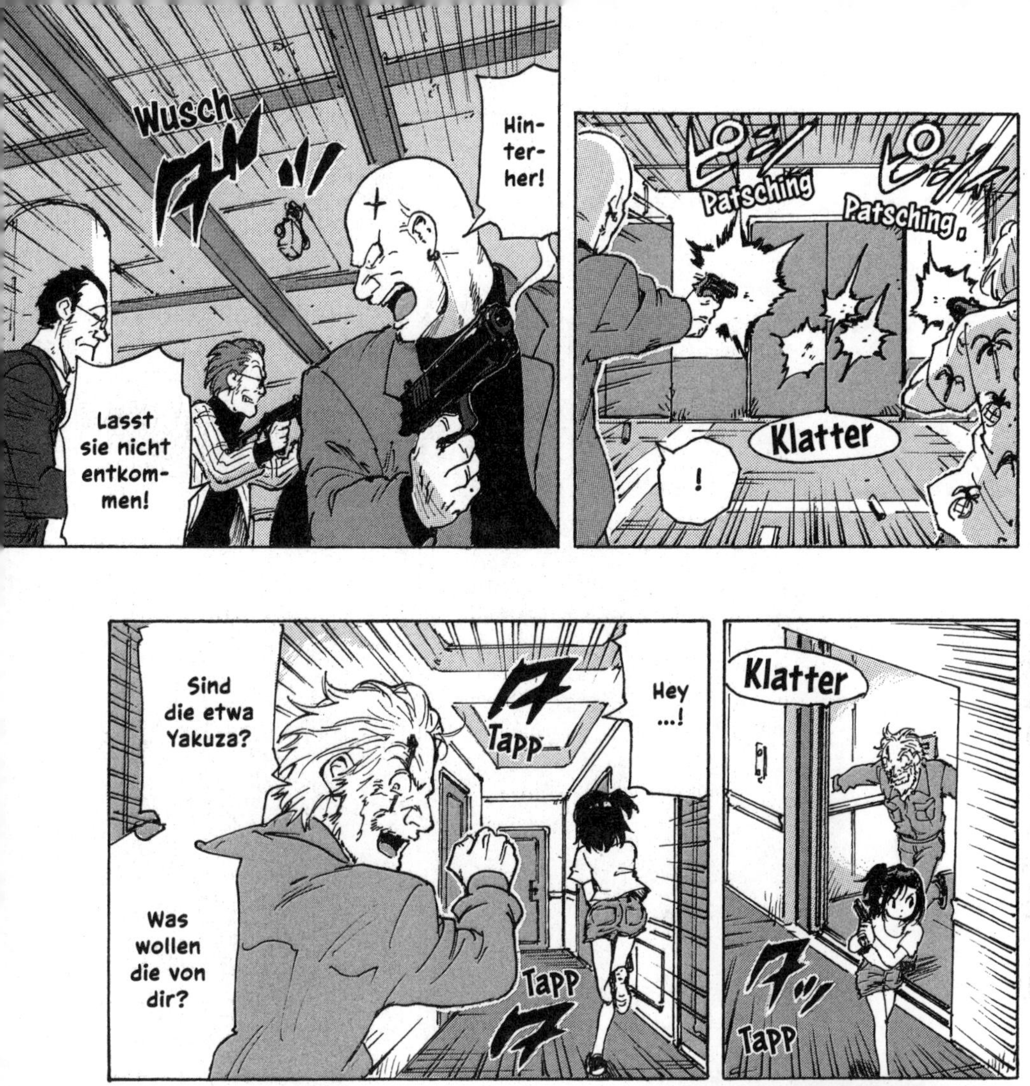

Patsching
Patsching
Klatter
!
Wusch
Hinter-
her!
Lasst
sie nicht
entkom-
men!
Klatter
Tapp
Hey
...!
Tapp
Sind
die etwa
Yakuza?
Was
wollen
die von
dir?
Tapp
Wahr-
schein-
lich das
hier!
Das
hab ich
von der
Leiche!
Sind
das
Dro-
gen?
Wirf den
Scheiß
weg!

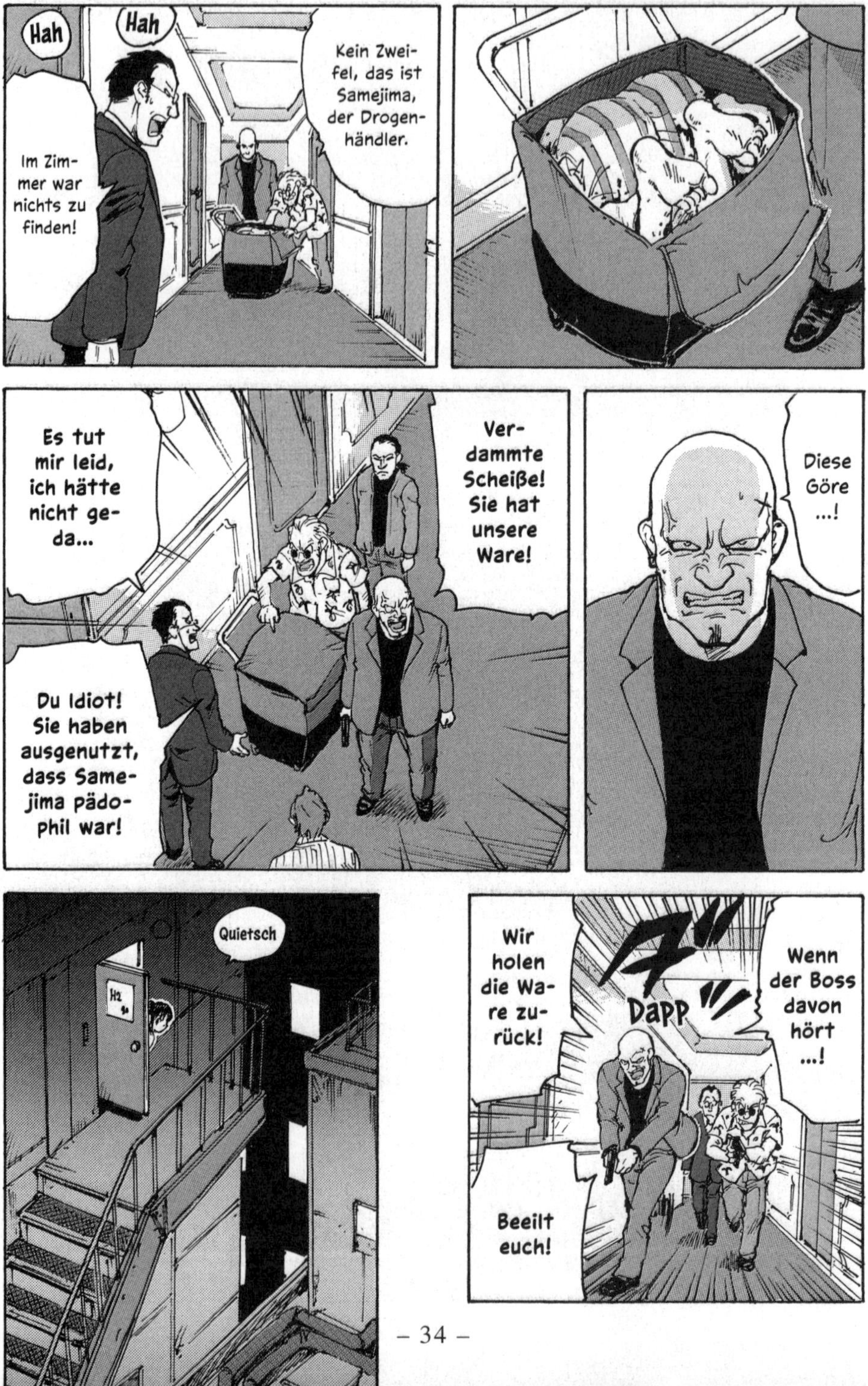
Hah
Hah
Im Zimmer war nichts zu finden!
Kein Zweifel, das ist Samejima, der Drogenhändler.
Es tut mir leid, ich hätte nicht geda...
Du Idiot! Sie haben ausgenutzt, dass Samejima pädophil war!
Verdammte Scheiße! Sie hat unsere Ware!
Diese Göre ...!
Quietsch
Wir holen die Ware zurück!
Dapp
Wenn der Boss davon hört ...!
Beeilt euch!

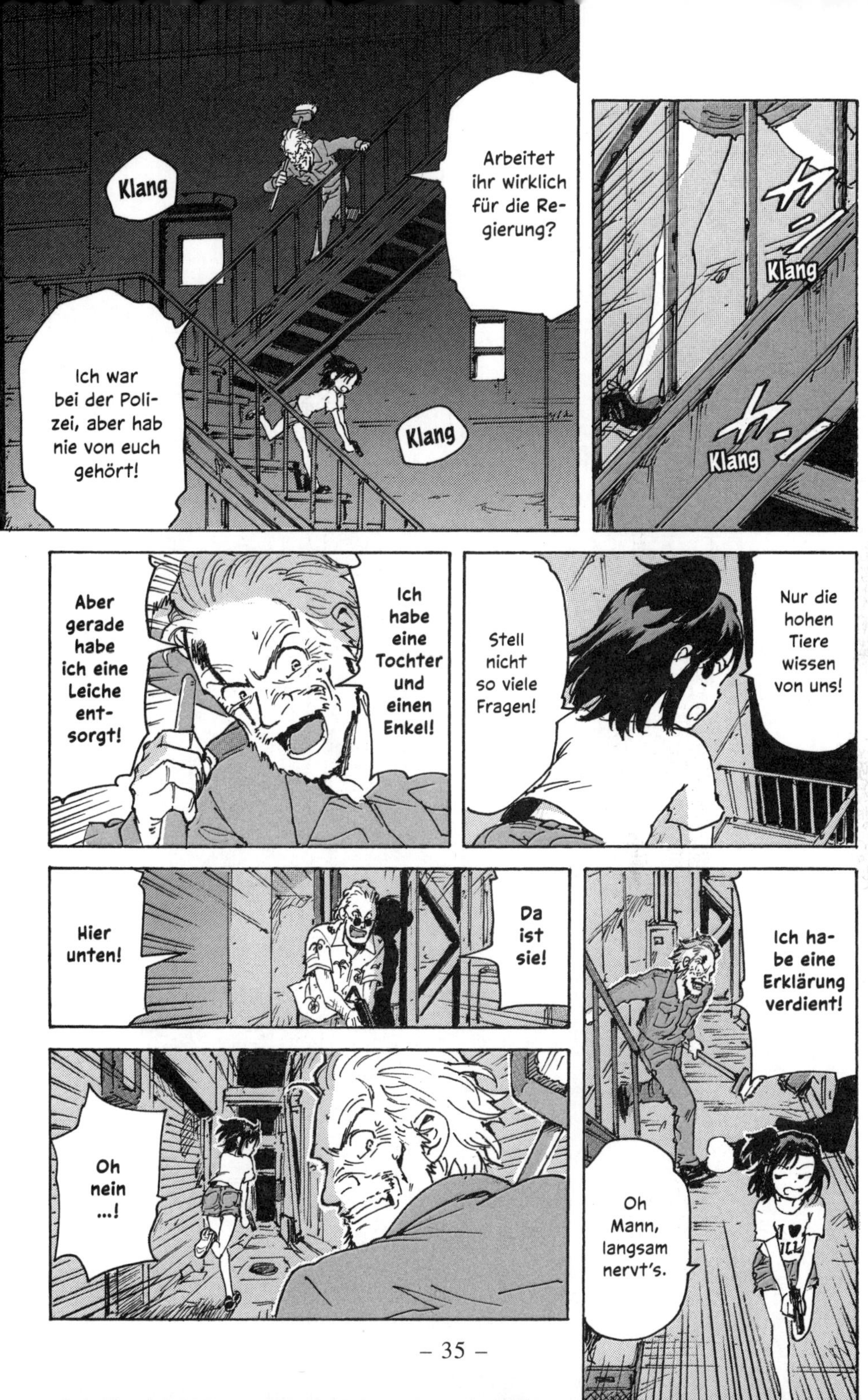
Klang
Klang
Arbeitet ihr wirklich für die Regierung?
Klang
Klang
Ich war bei der Polizei, aber hab nie von euch gehört!
Nur die hohen Tiere wissen von uns!
Stell nicht so viele Fragen!
Ich habe eine Tochter und einen Enkel!
Aber gerade habe ich eine Leiche entsorgt!
Ich habe eine Erklärung verdient!
Oh Mann, langsam nervt's.
Da ist sie!
Hier unten!
Oh nein ...!

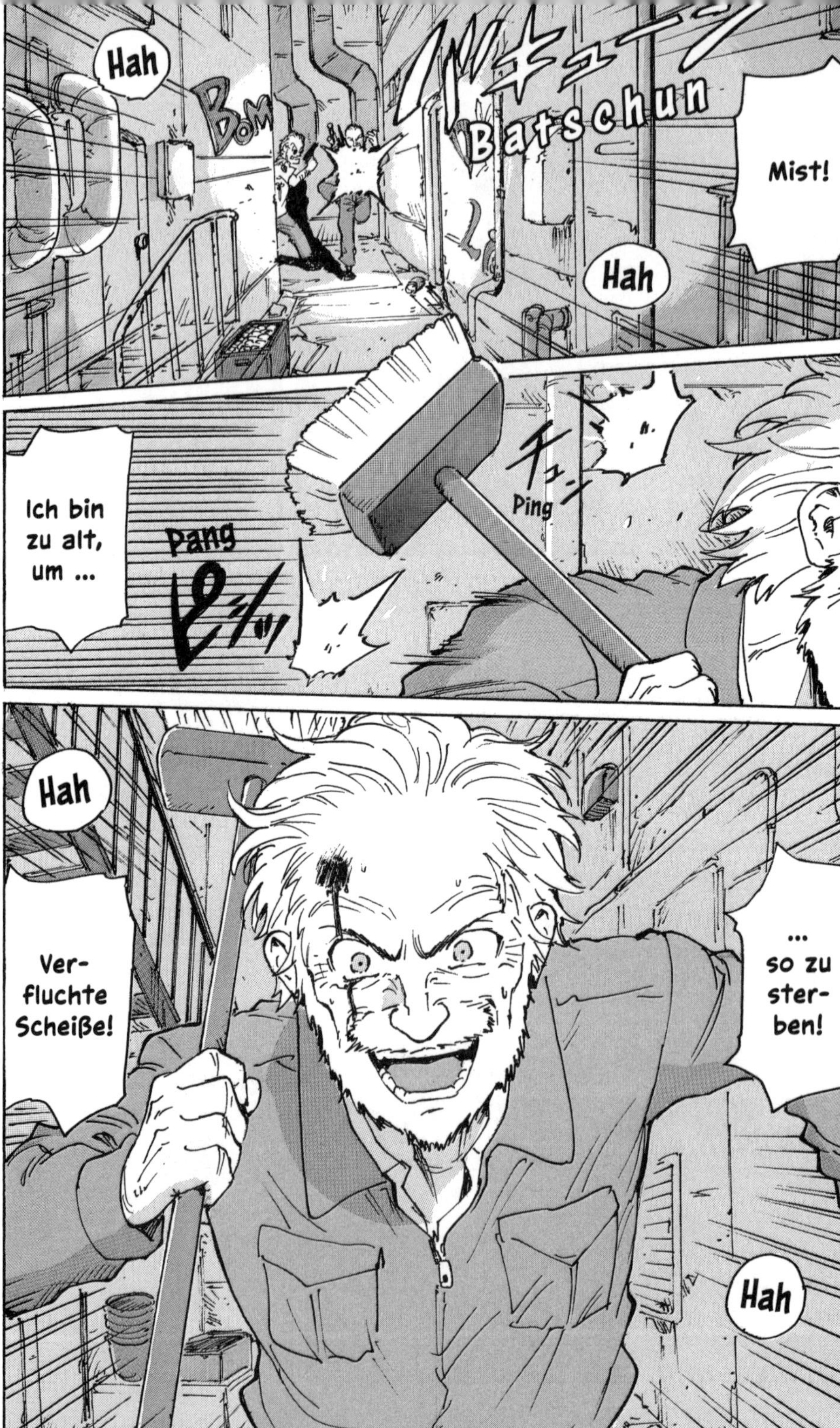
Hah
Bom
Batschun
Mist!
Hah
Ich bin zu alt, um ...
Pang
Ping
Hah
Verfluchte Scheiße!
... so zu sterben!
Hah

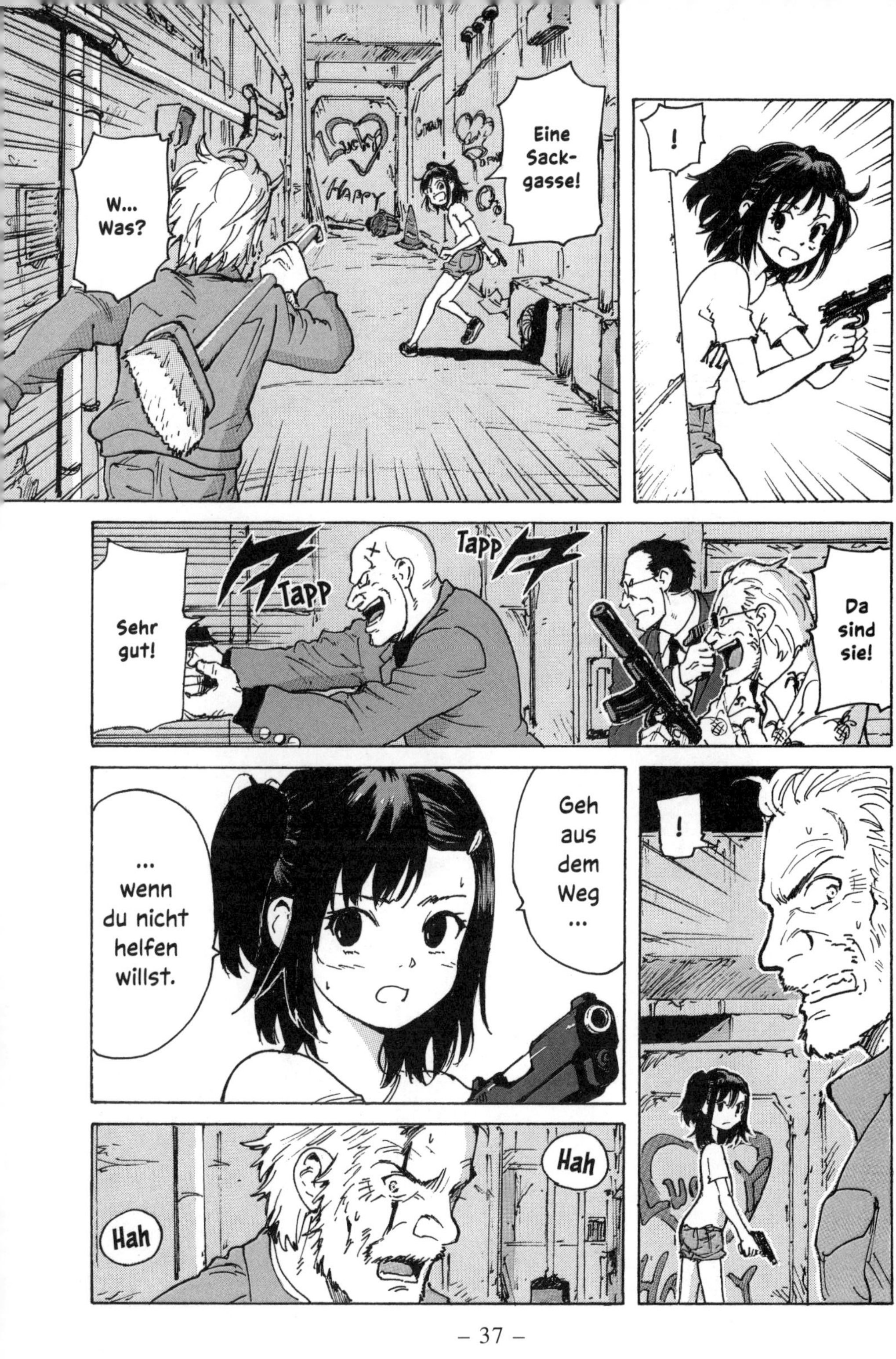
Eine Sack-gasse!
W... Was?
!
Da sind sie!
Tapp
Tapp
Sehr gut!
!
Geh aus dem Weg ...
... wenn du nicht helfen willst.
Hah
Hah

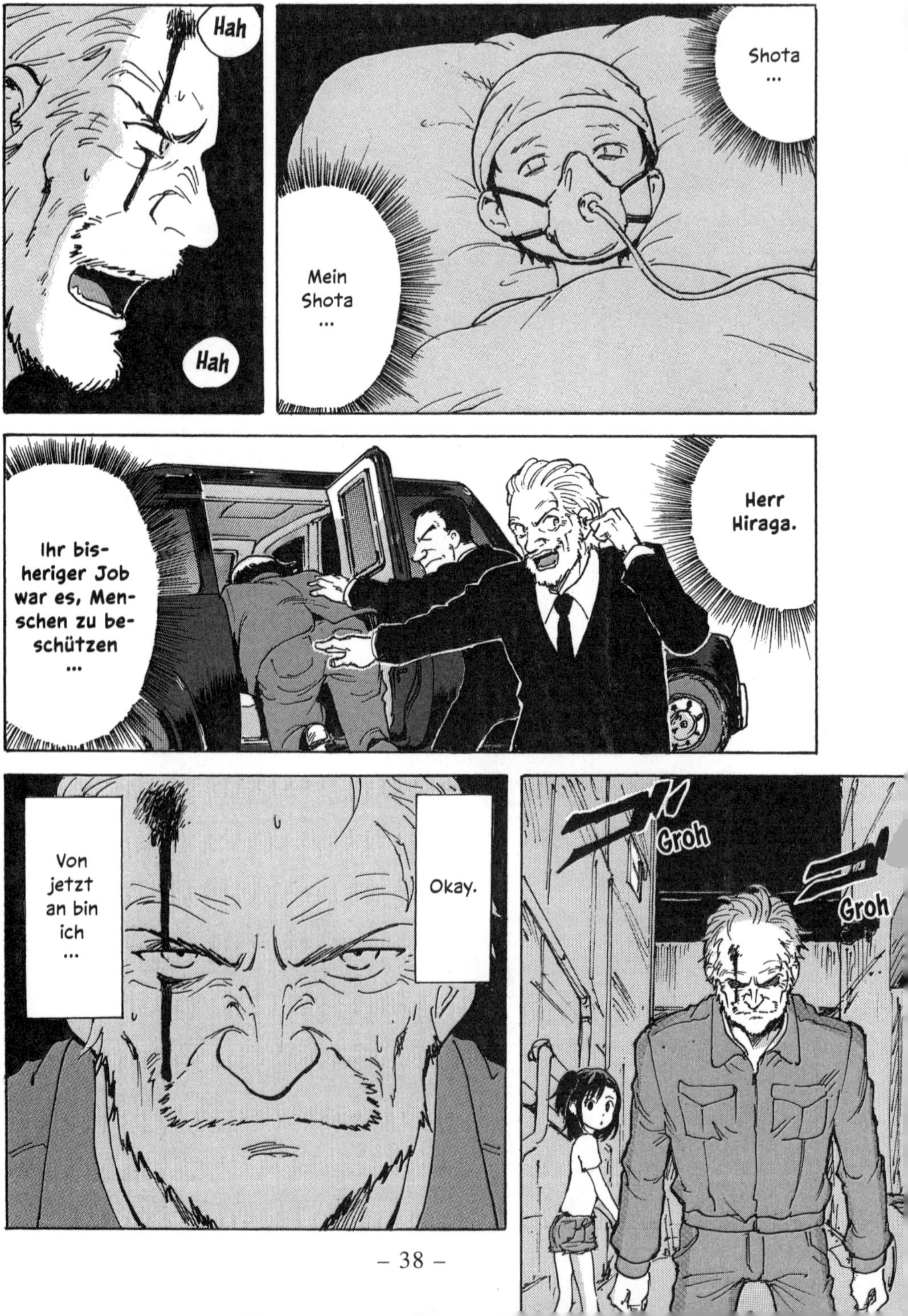
Shota ...
Mein Shota ...
Hah
Hah
Herr Hiraga.
Ihr bisheriger Job war es, Menschen zu beschützen ...
Groh
Groh
Okay.
Von jetzt an bin ich ...

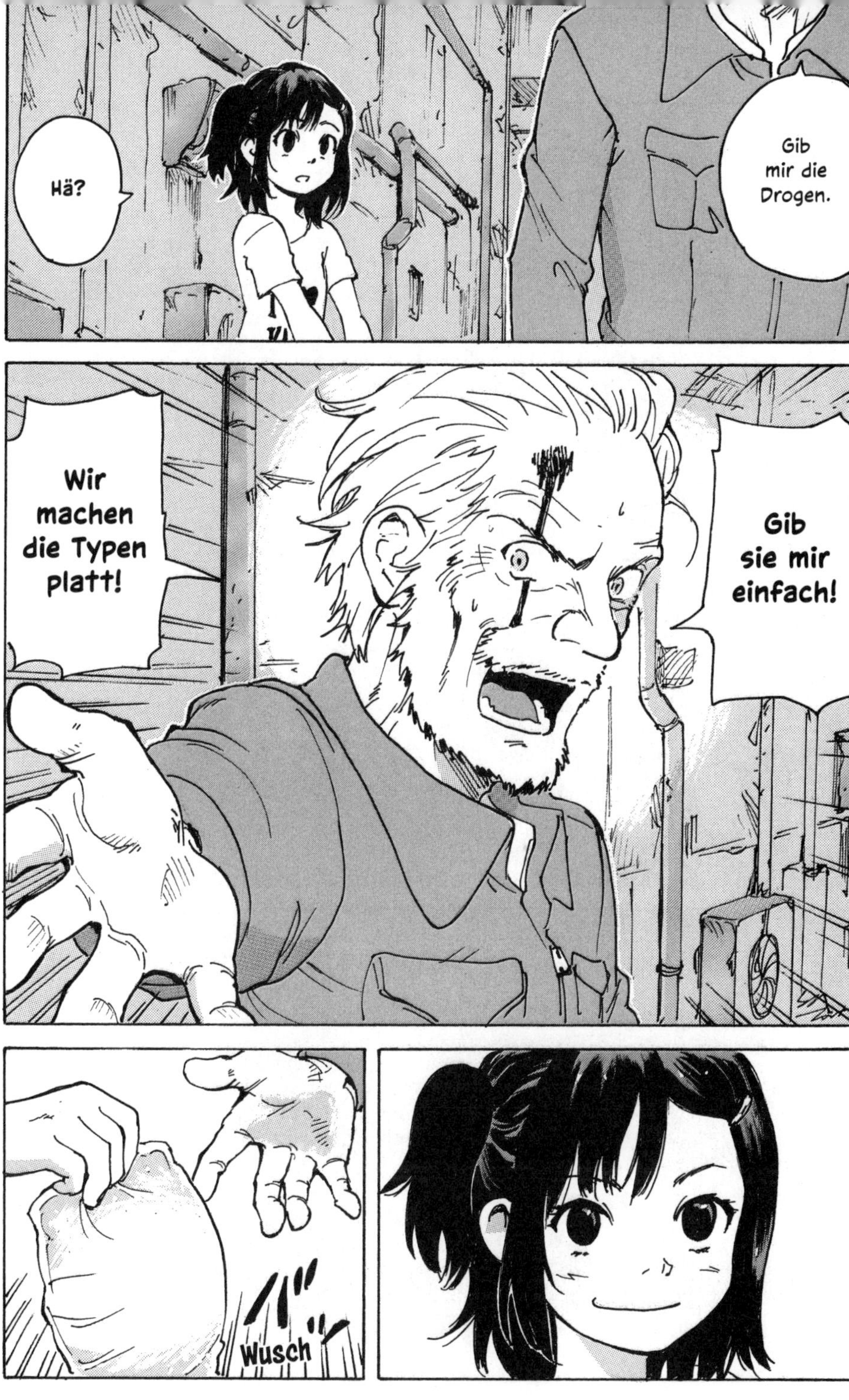
Gib mir die Drogen.
Hä?
Gib sie mir einfach!
Wir machen die Typen platt!
Wusch

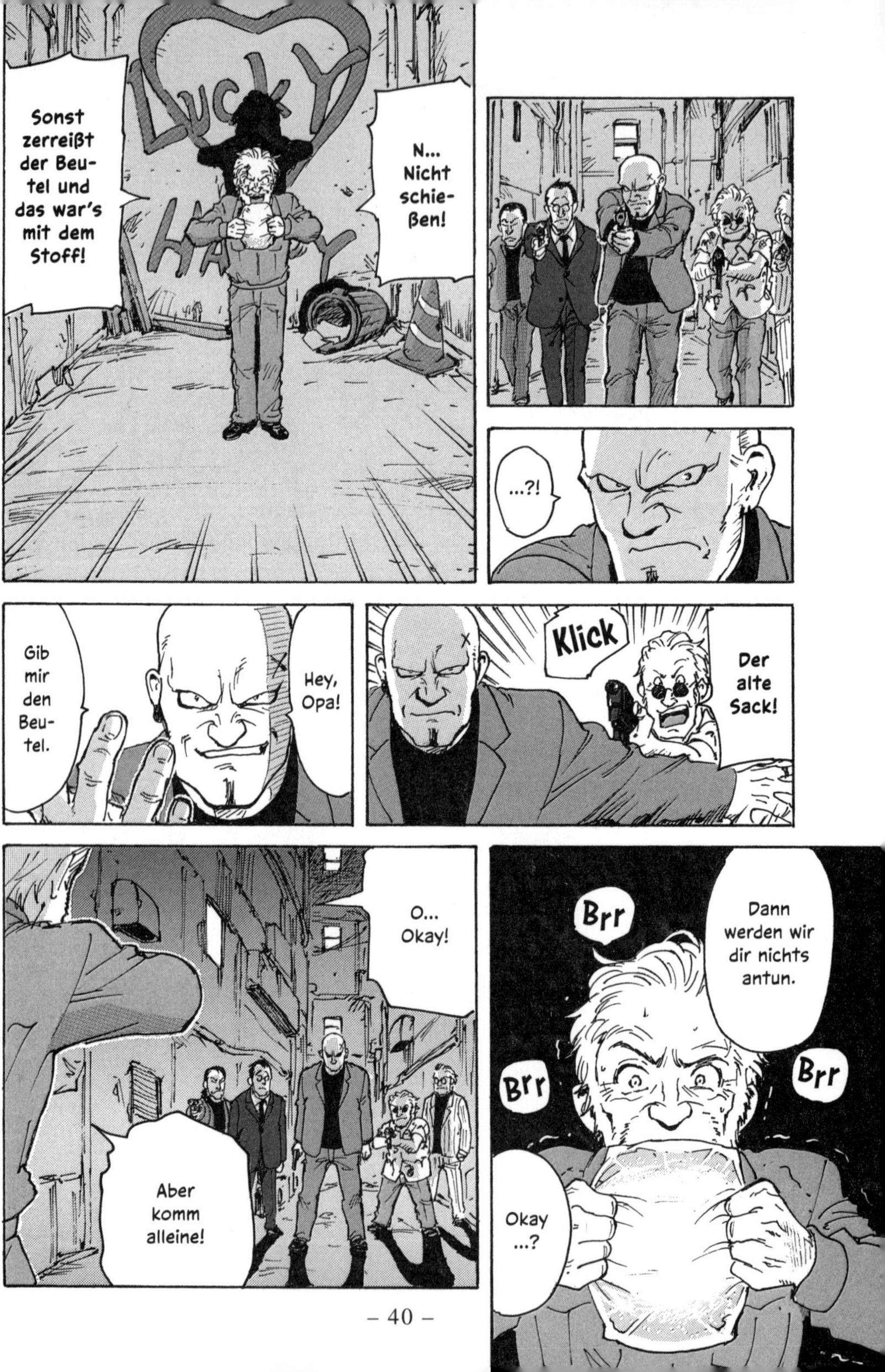
N... Nicht schießen!
Sonst zerreißt der Beutel und das war's mit dem Stoff!
...?!
Der alte Sack!
Klick
Hey, Opa!
Gib mir den Beutel.
Dann werden wir dir nichts antun.
Brr
Brr
Brr
Okay ...?
O... Okay!
Aber komm alleine!

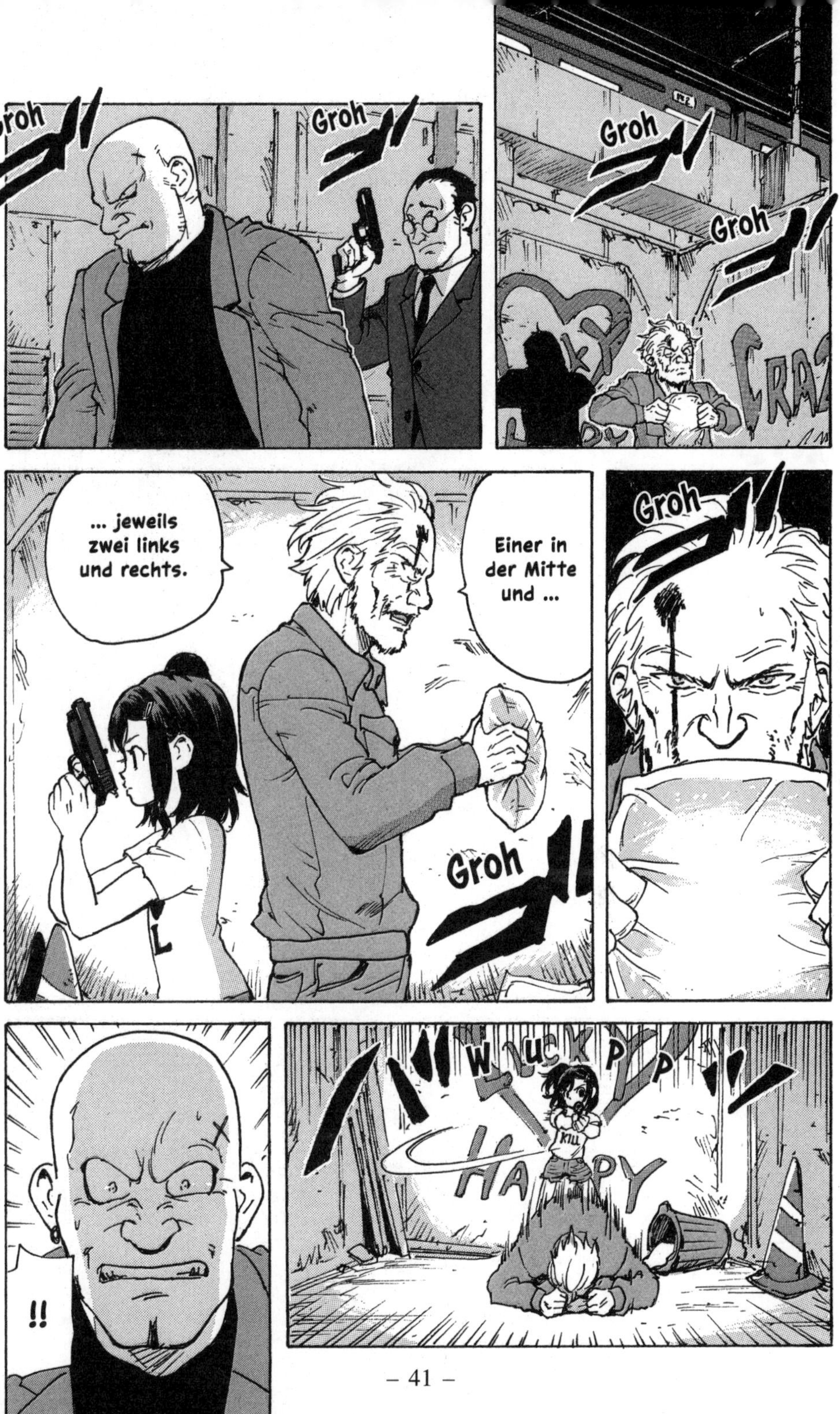
Groh
Groh
Groh
Groh
Groh
Einer in der Mitte und ...
... jeweils zwei links und rechts.
Groh
!!

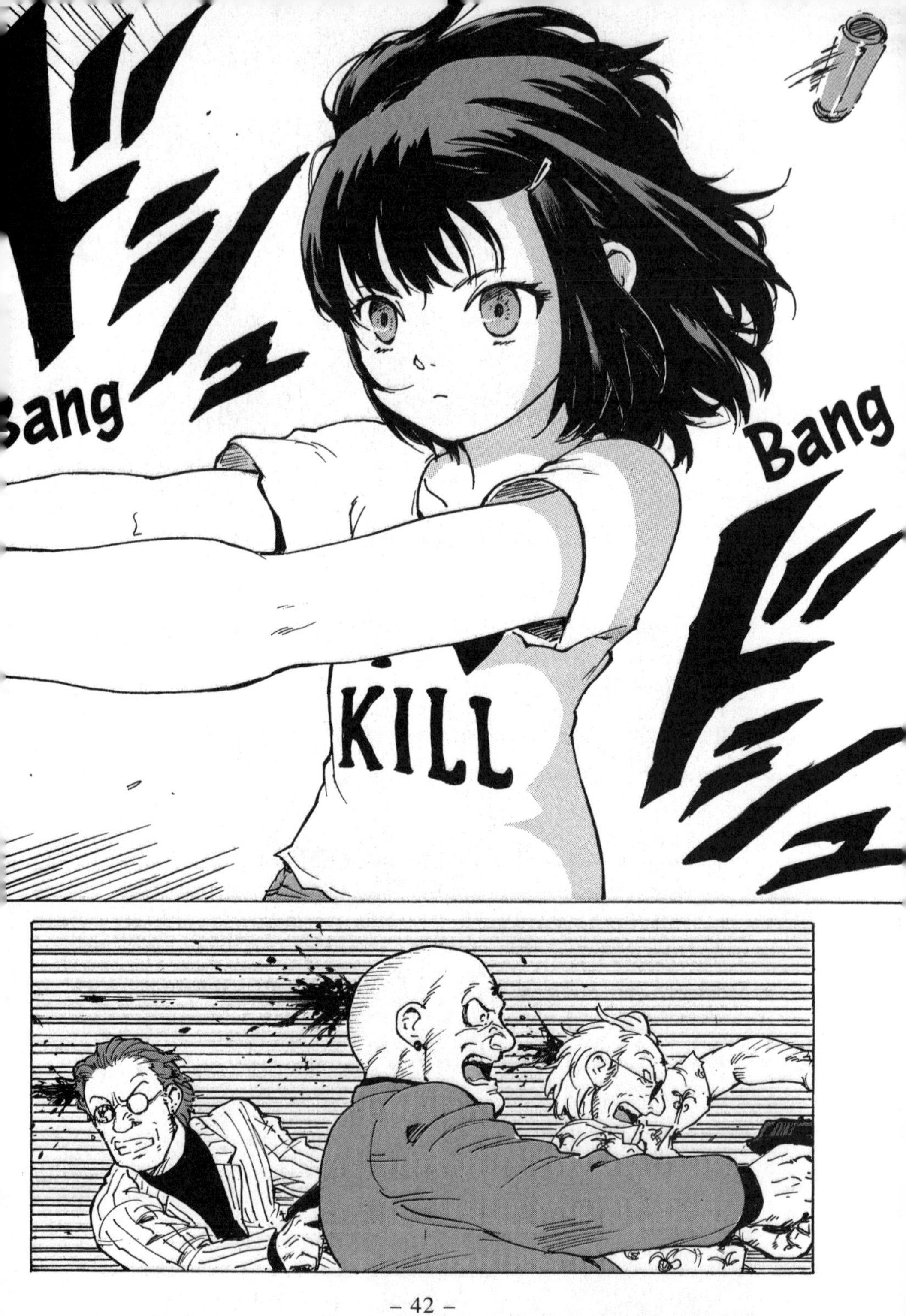
Bang
Bang
KILL

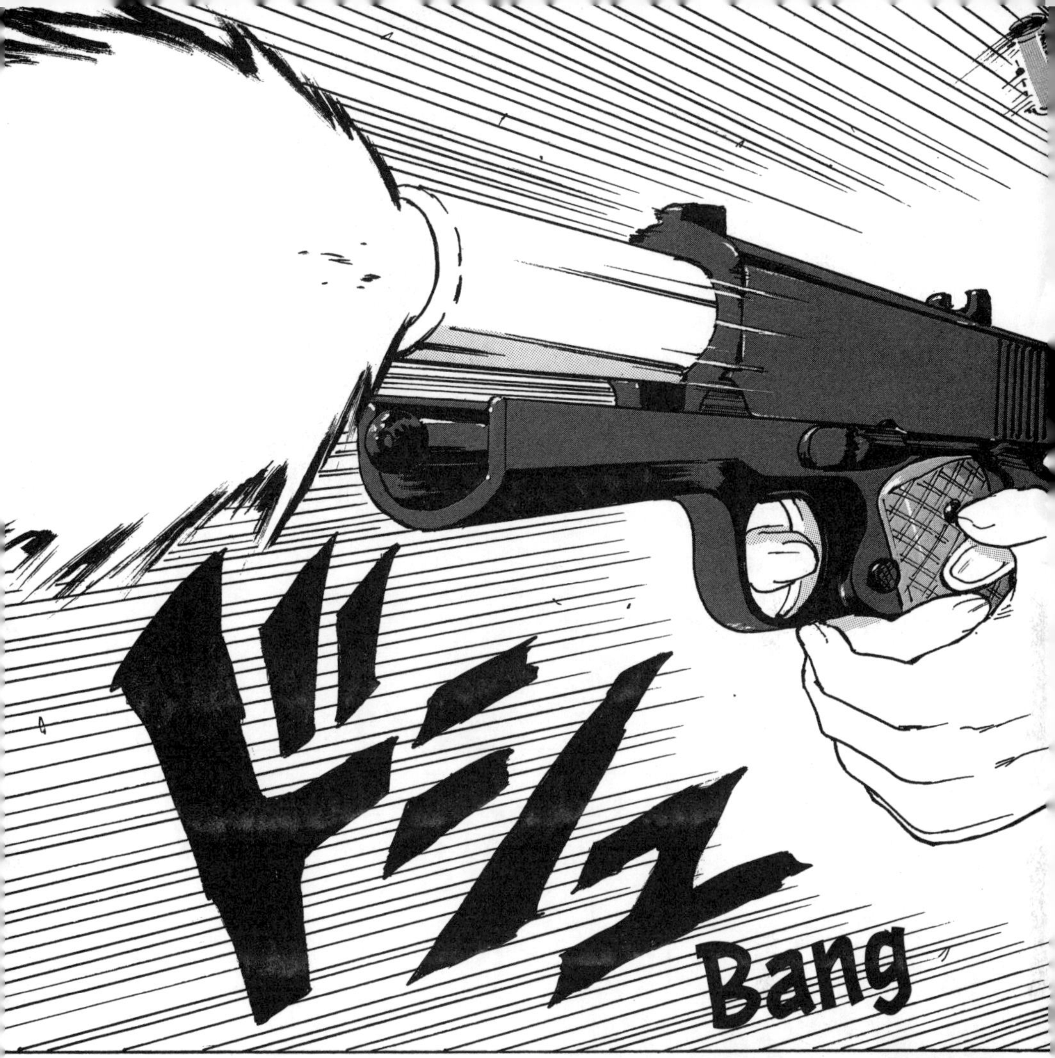
Bang

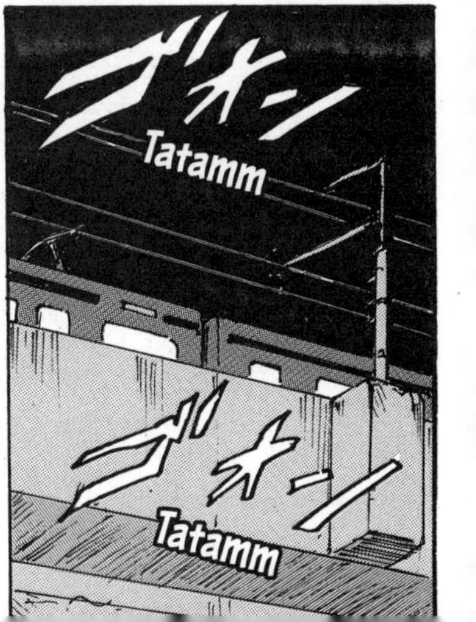
Tatamm
Tatamm

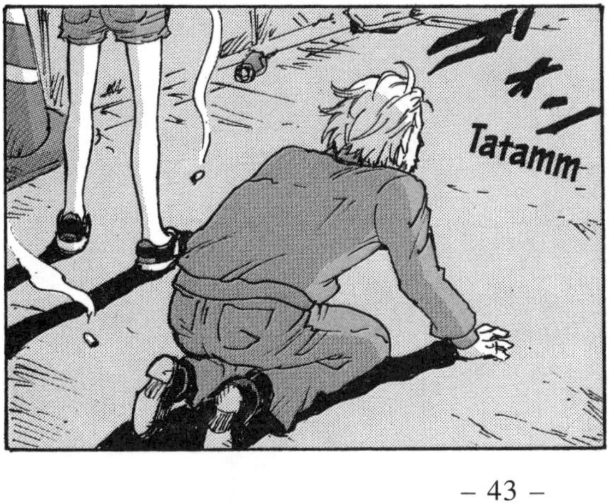
Tatamm

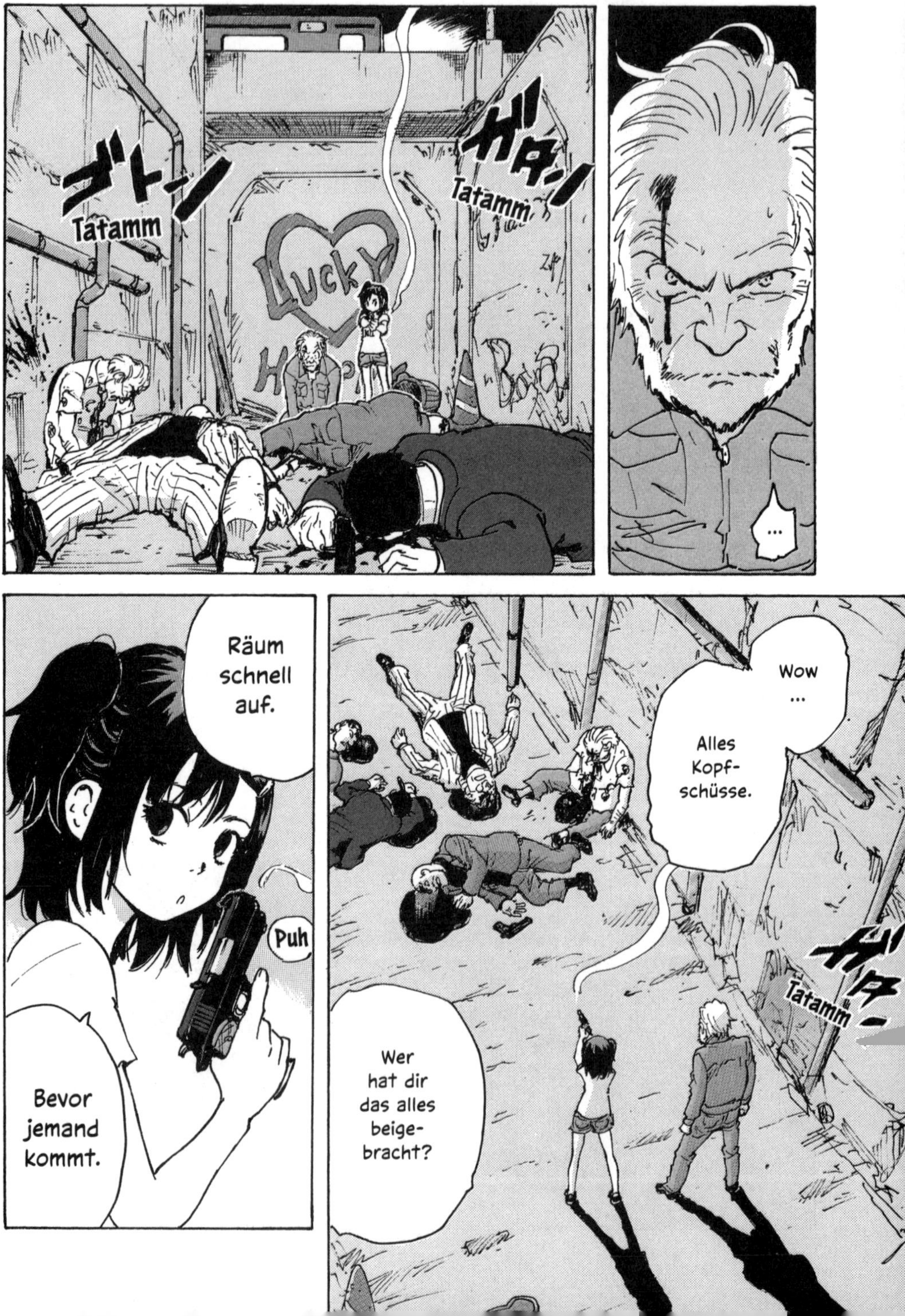

ガタン
Tatamm
ゴトン
Tatamm
…
Räum schnell auf.
Puh
Bevor jemand kommt.
Wow …
Alles Kopf-schüsse.
ガタ
Tatamm
Wer hat dir das alles beige-bracht?

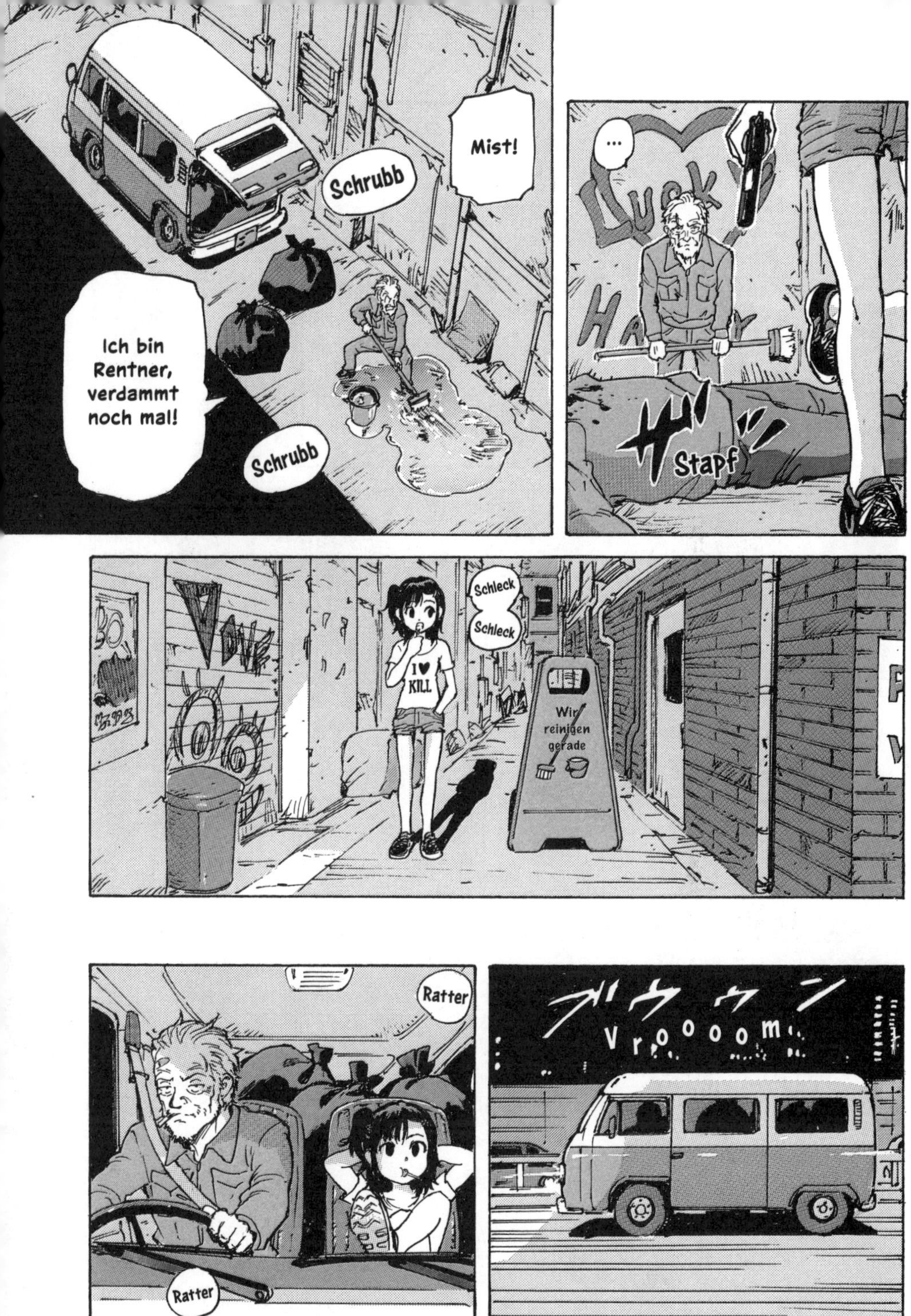
Mist!
Schrubb
Ich bin Rentner, verdammt noch mal!
Schrubb
...
Stapf
Schleck
Schleck
Wir reinigen gerade
Ratter
Ratter
Vroooom

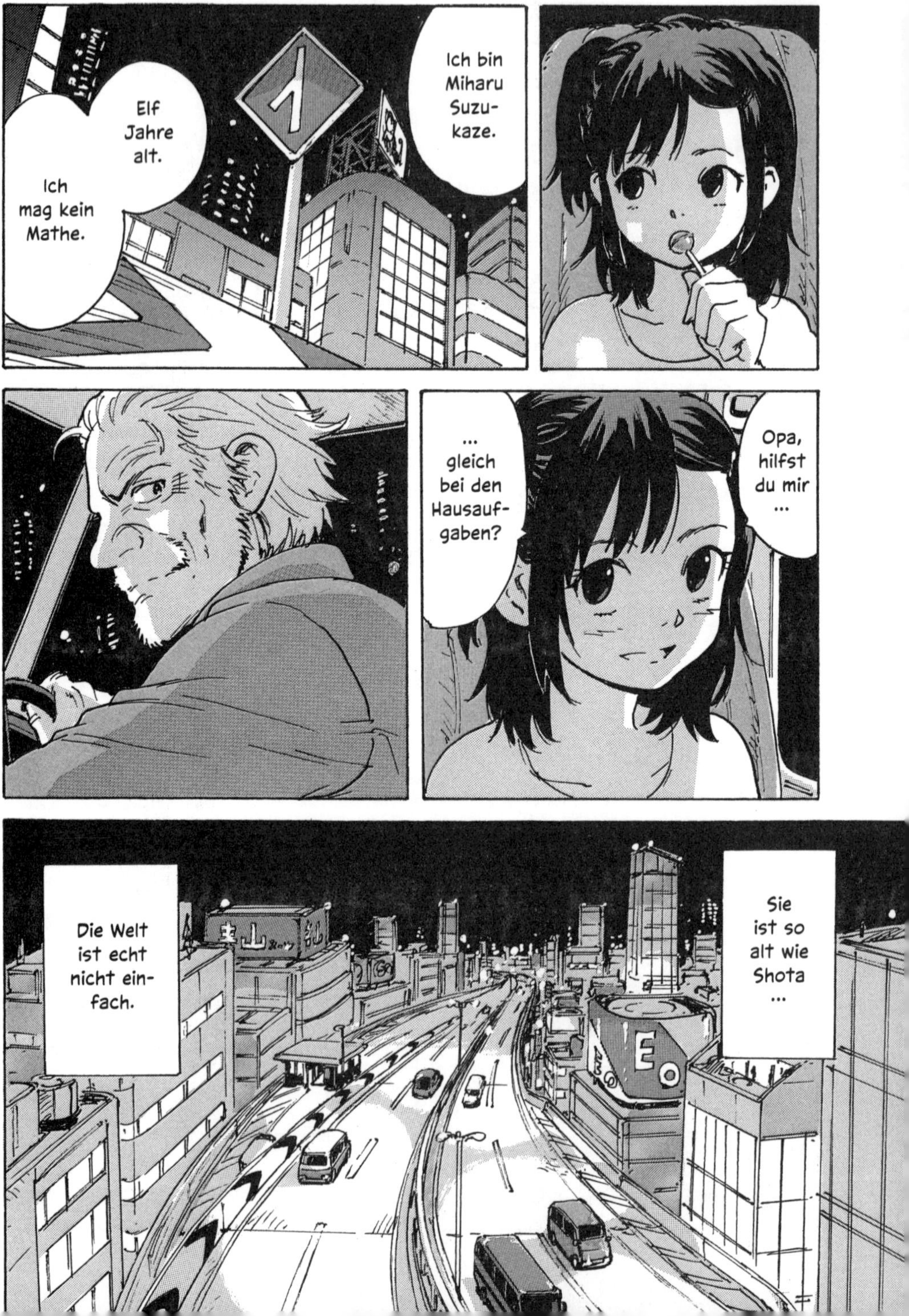
Ich bin Miharu Suzukaze.
Elf Jahre alt.
Ich mag kein Mathe.
Opa, hilfst du mir ...
... gleich bei den Hausaufgaben?
Sie ist so alt wie Shota ...
Die Welt ist echt nicht einfach.

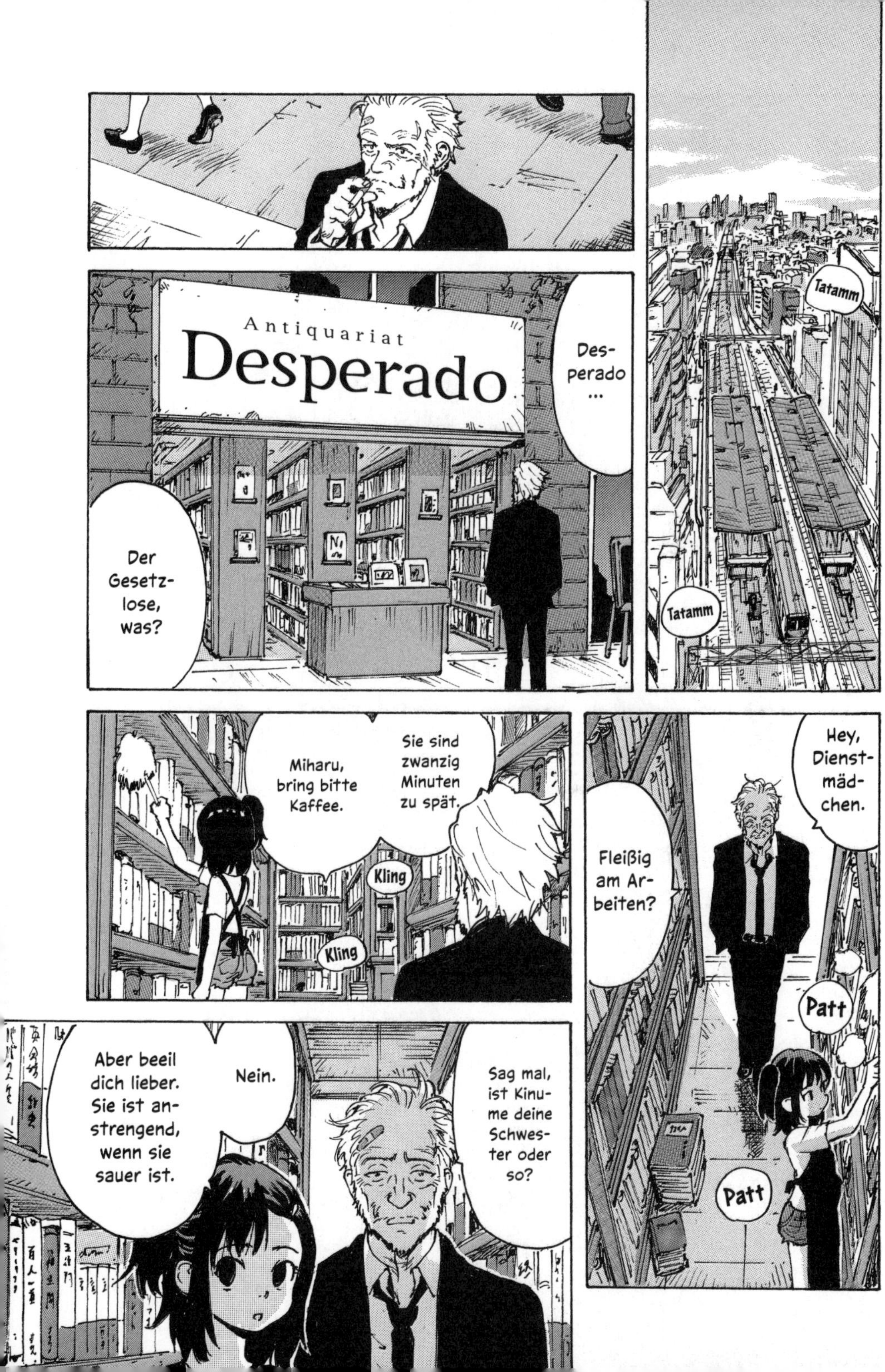

Tatamm
Tatamm
Antiquariat
Desperado
Desperado …
Der Gesetzlose, was?
Hey, Dienstmädchen.
Fleißig am Arbeiten?
Patt
Patt
Sie sind zwanzig Minuten zu spät.
Miharu, bring bitte Kaffee.
Kling
Kling
Sag mal, ist Kinume deine Schwester oder so?
Nein.
Aber beeil dich lieber. Sie ist anstrengend, wenn sie sauer ist.

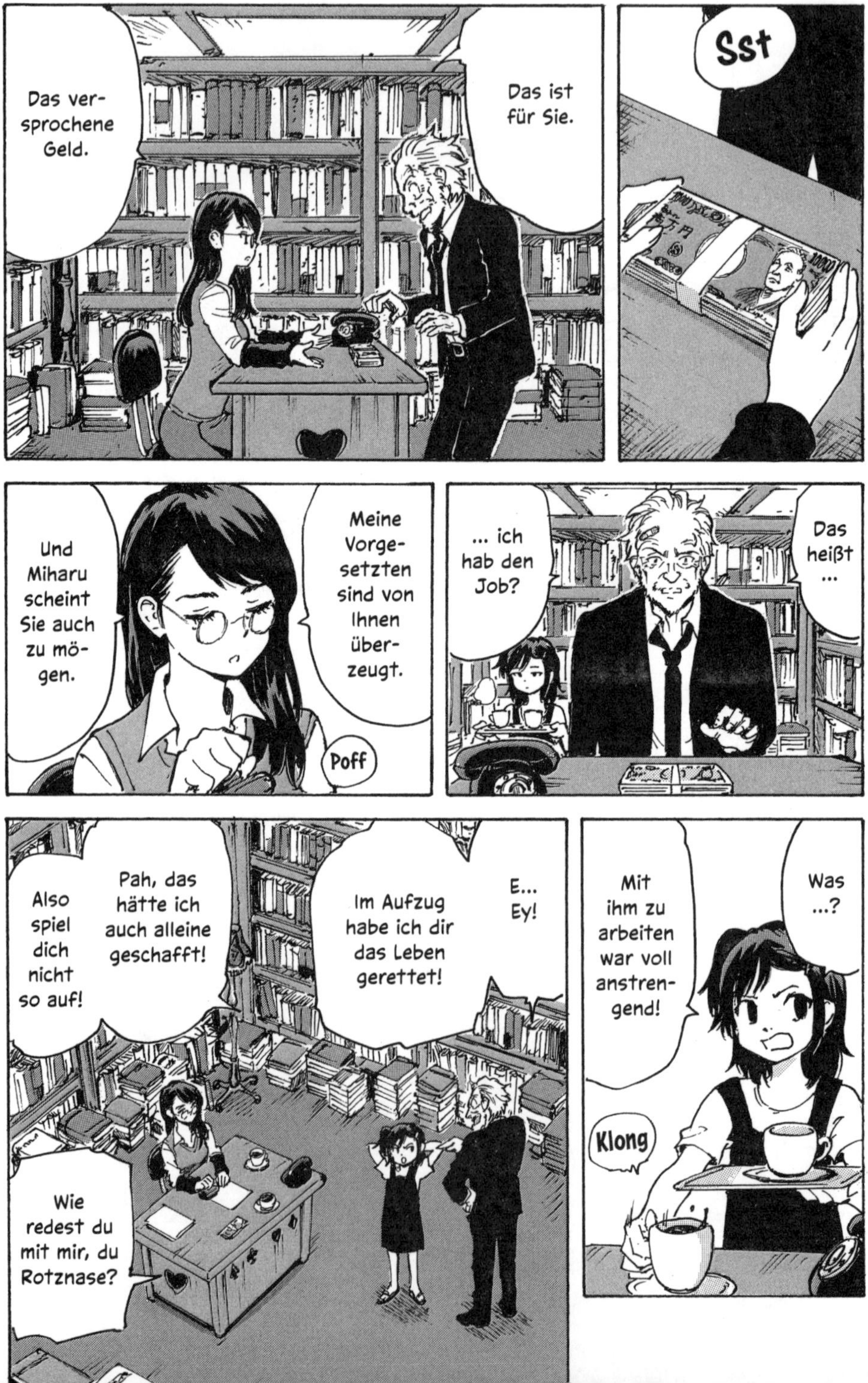

Sst
Das ist für Sie.
Das versprochene Geld.
Das heißt ...
... ich hab den Job?
Meine Vorgesetzten sind von Ihnen überzeugt.
Und Miharu scheint Sie auch zu mögen.
Poff
Was ...?
Mit ihm zu arbeiten war voll anstrengend!
Klong
E... Ey!
Im Aufzug habe ich dir das Leben gerettet!
Pah, das hätte ich auch alleine geschafft!
Also spiel dich nicht so auf!
Wie redest du mit mir, du Rotznase?

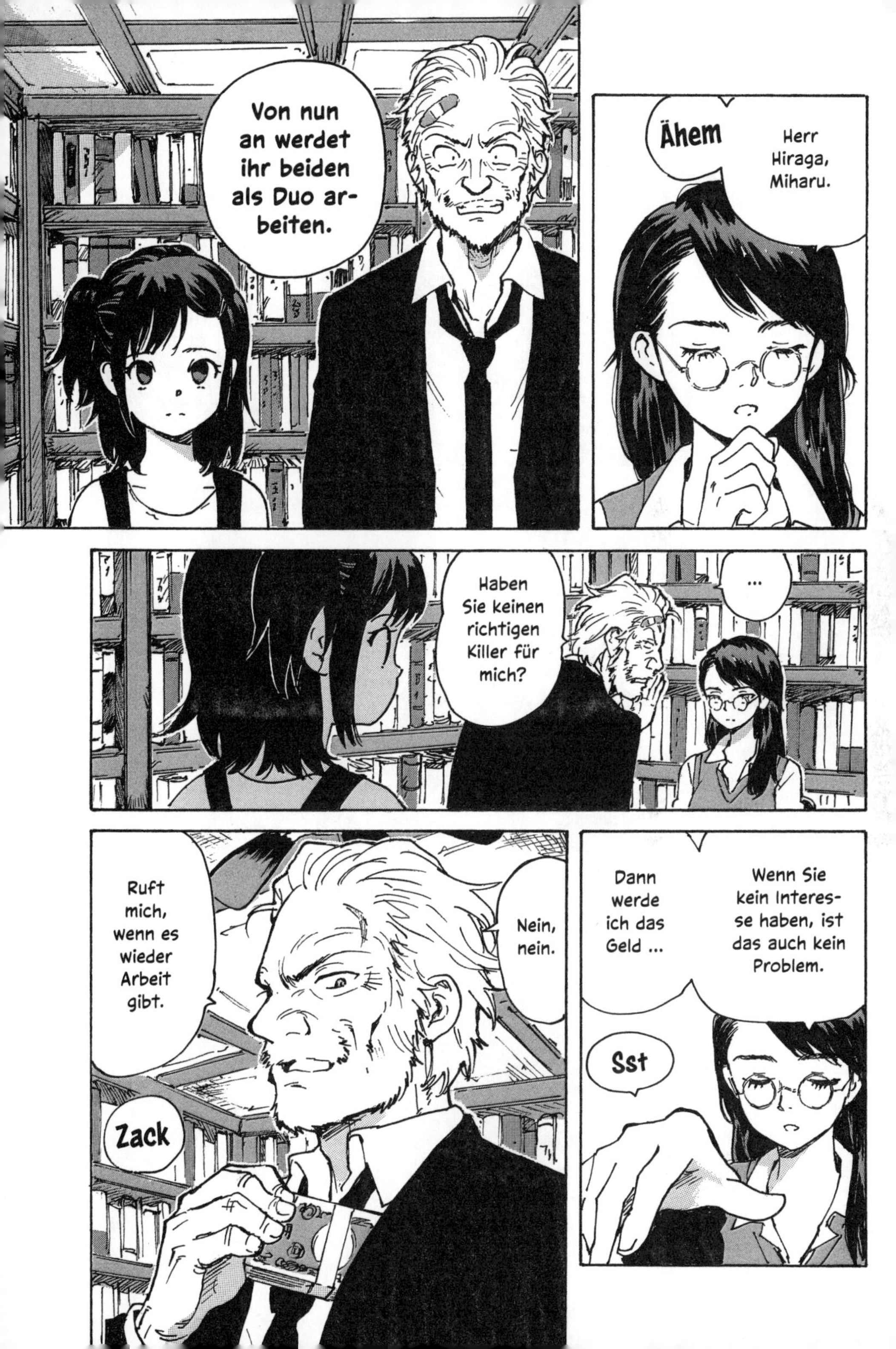
Ähem
Herr Hiraga, Miharu.
Von nun an werdet ihr beiden als Duo arbeiten.
...
Haben Sie keinen richtigen Killer für mich?
Wenn Sie kein Interesse haben, ist das auch kein Problem.
Dann werde ich das Geld ...
Sst
Nein, nein.
Ruft mich, wenn es wieder Arbeit gibt.
Zack

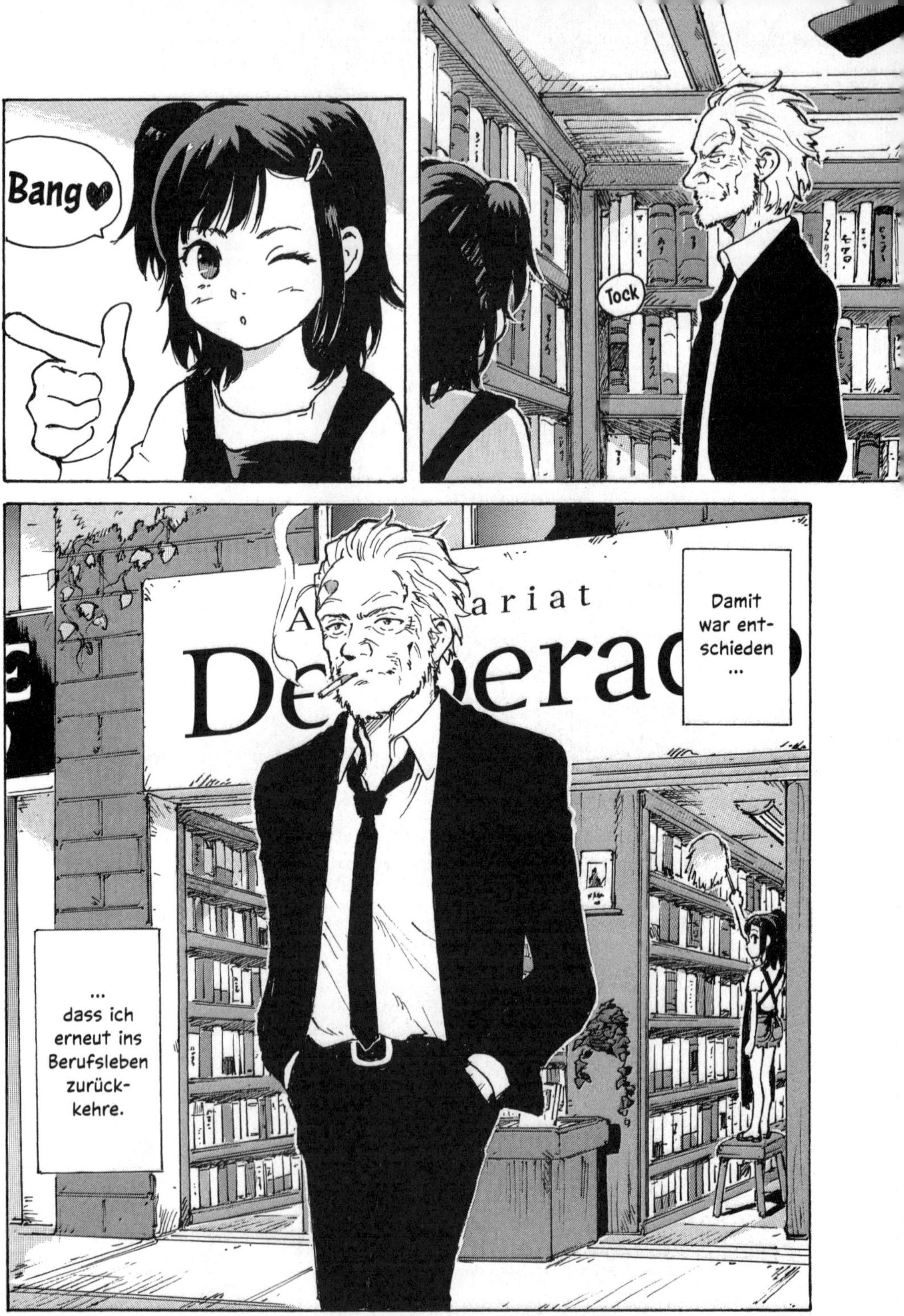
Bang
Tock
Damit war ent-schieden …
Antiquariat Desperado
… dass ich erneut ins Berufsleben zurück-kehre.

PULP 2

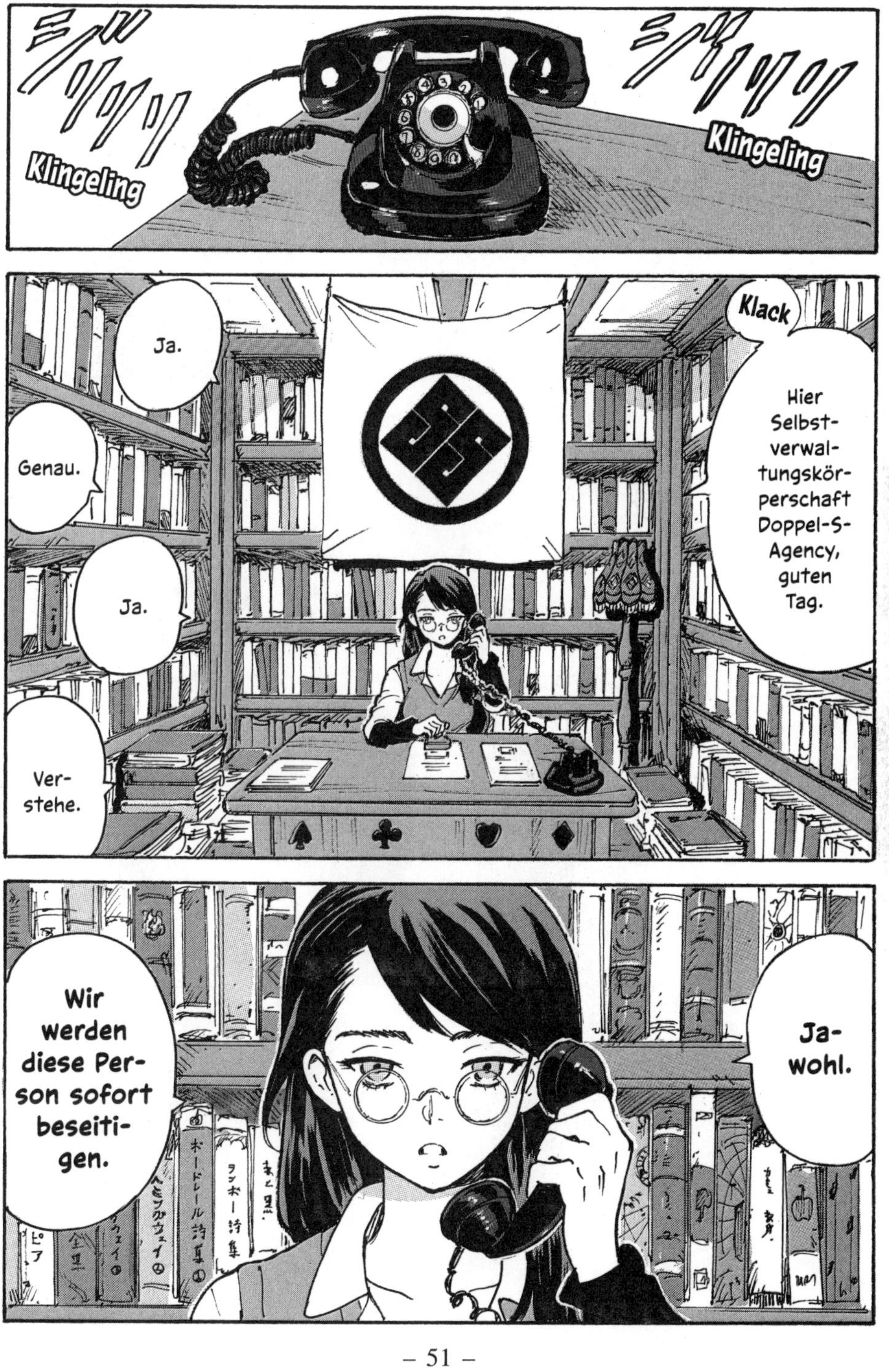
Klingeling
Klingeling
Klack
Hier Selbst-verwal-tungskör-perschaft Doppel-S-Agency, guten Tag.
Ja.
Genau.
Ja.
Ver-stehe.
Ja-wohl.
Wir werden diese Per-son sofort beseiti-gen.

PULP 2 Die kleine Auftragskillerin

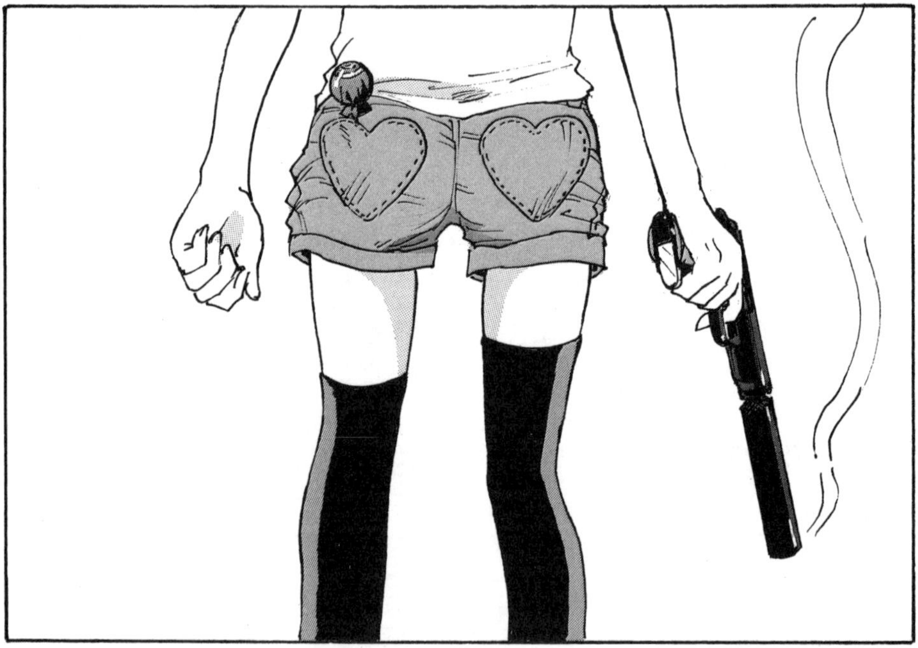

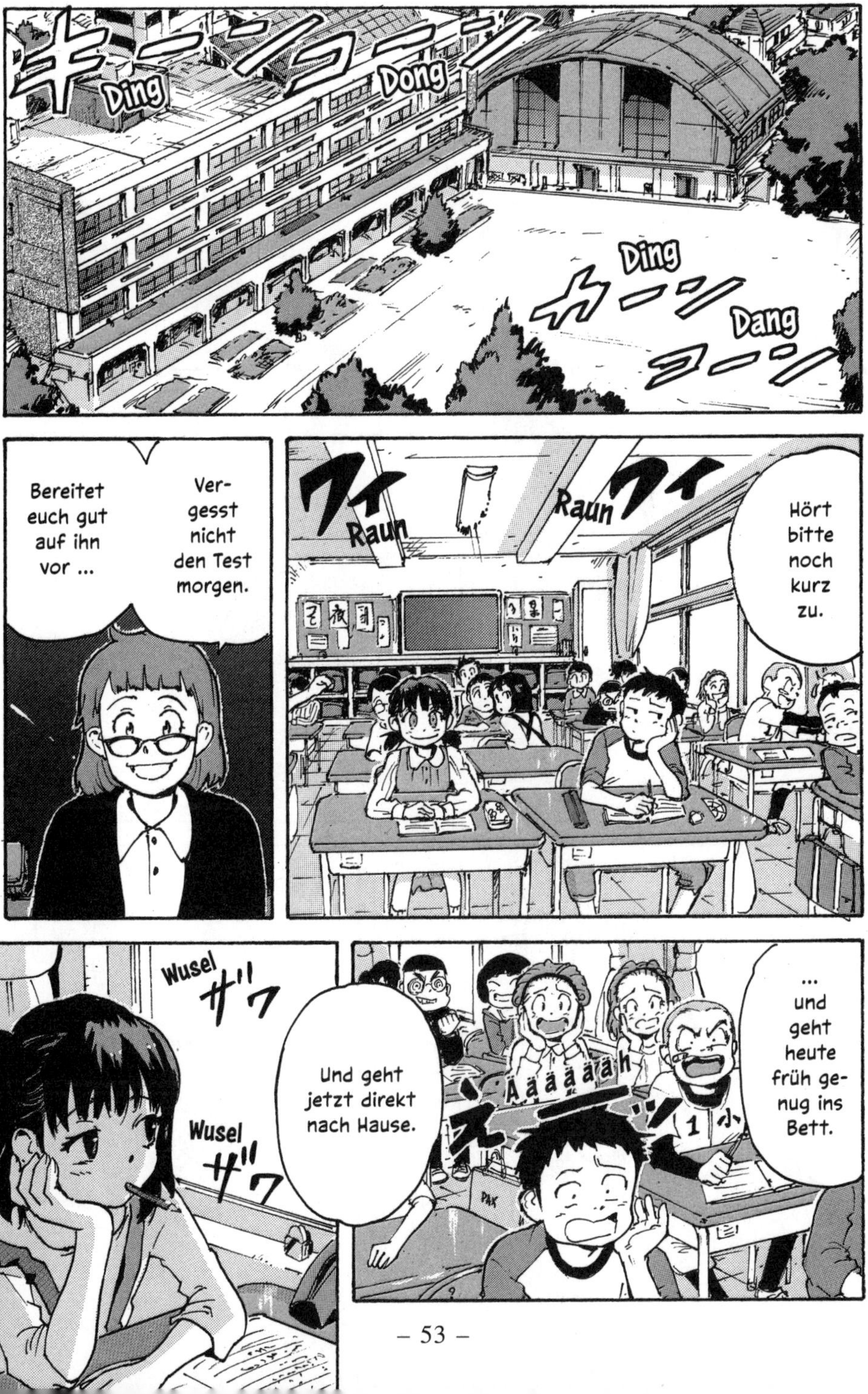
Ding
Dong
Ding
Dang
Raun
Raun
Hört bitte noch kurz zu.
Vergesst nicht den Test morgen.
Bereitet euch gut auf ihn vor ...
... und geht heute früh genug ins Bett.
Ääääääh
Und geht jetzt direkt nach Hause.
Wusel
Wusel

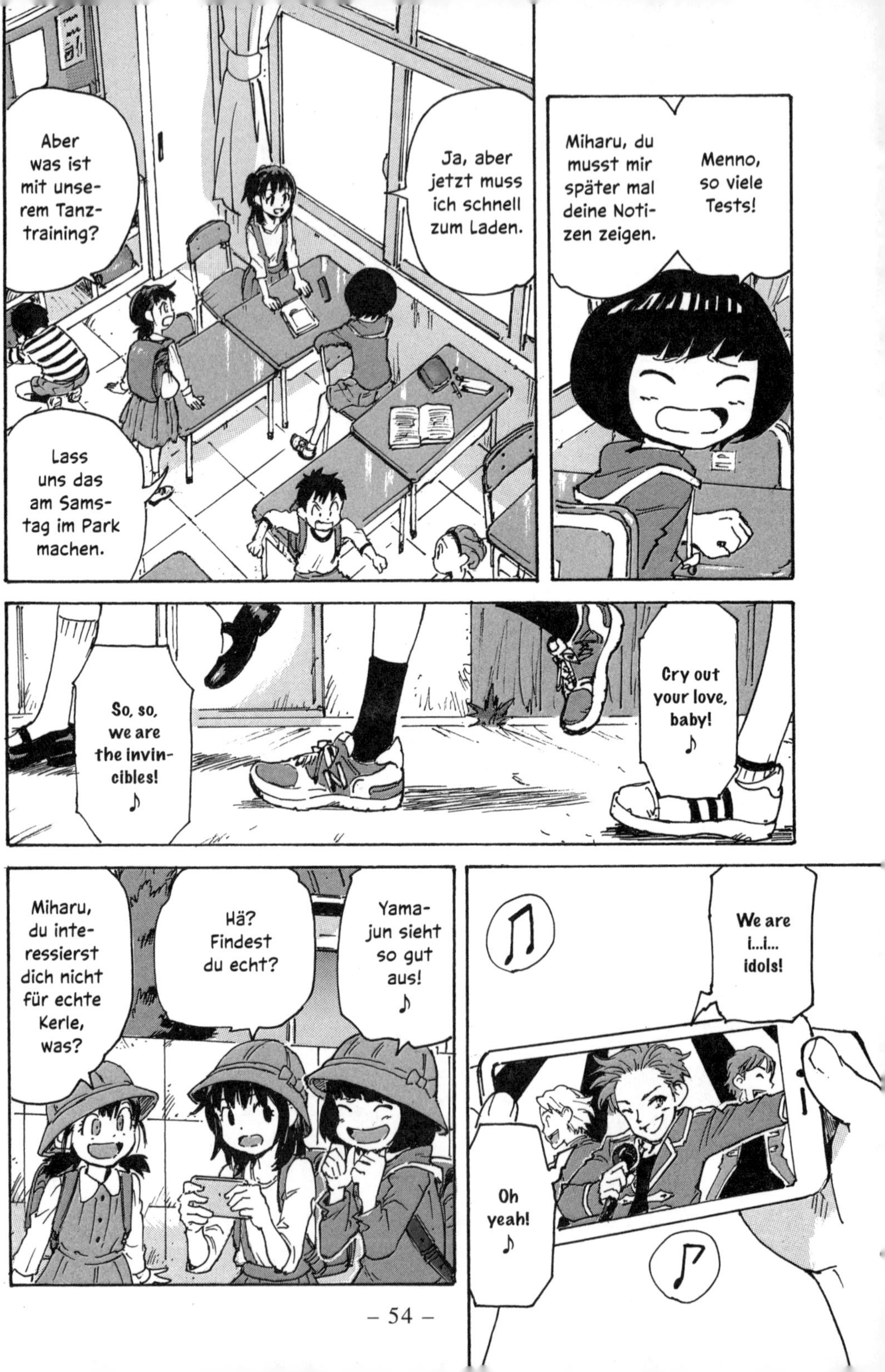
Menno, so viele Tests!
Miharu, du musst mir später mal deine Notizen zeigen.
Ja, aber jetzt muss ich schnell zum Laden.
Aber was ist mit unserem Tanztraining?
Lass uns das am Samstag im Park machen.
Cry out your love, baby! ♪
So, so, we are the invincibles! ♪
We are i...i... idols!
Oh yeah! ♪
Yamajun sieht so gut aus! ♪
Hä? Findest du echt?
Miharu, du interessierst dich nicht für echte Kerle, was?

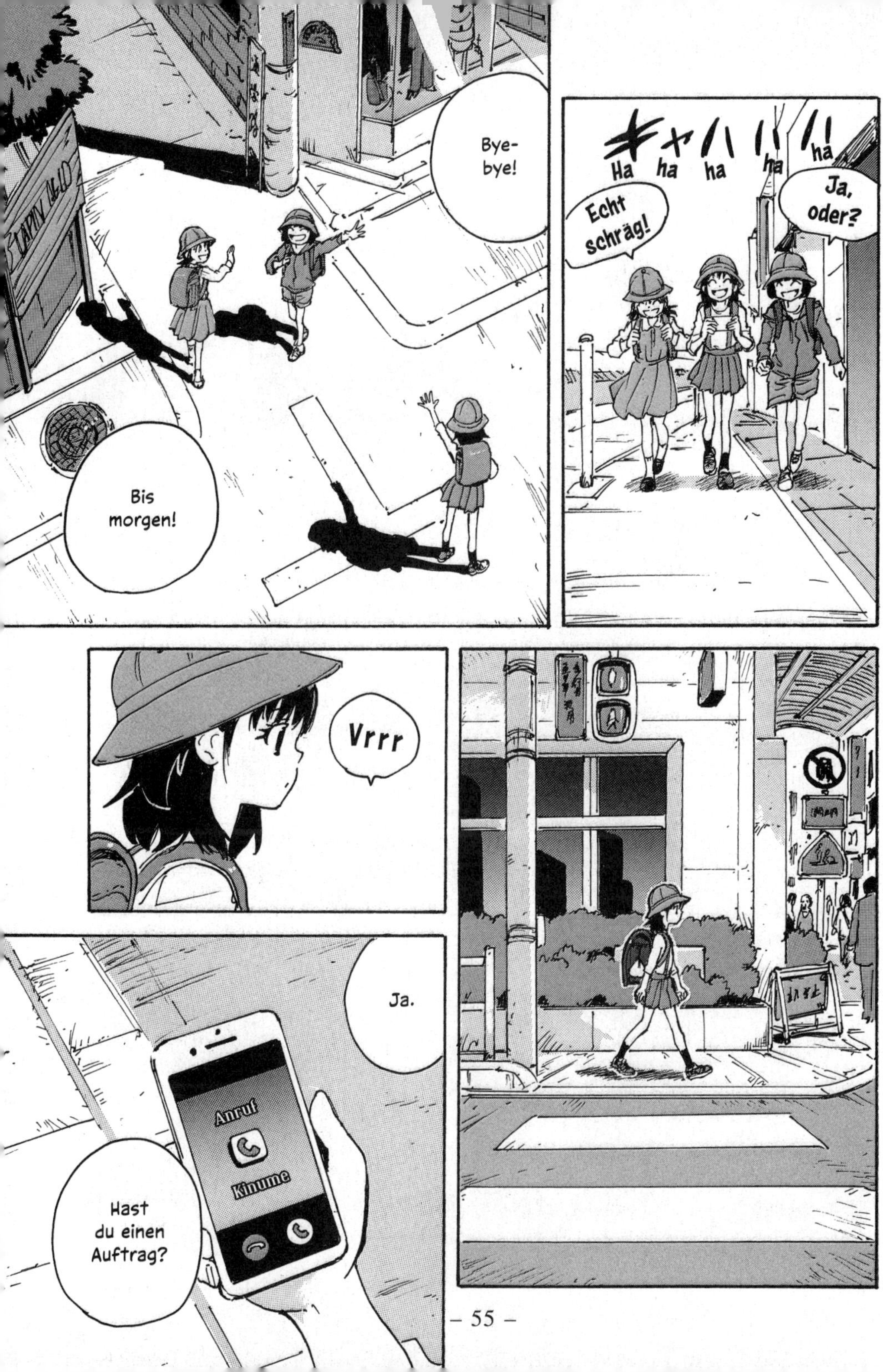
キャハハハ
Ha ha ha ha ha
Ja, oder?
Echt schräg!
Bye-bye!
Bis morgen!
Vrrr
Ja.
Anruf
Kinume
Hast du einen Auftrag?

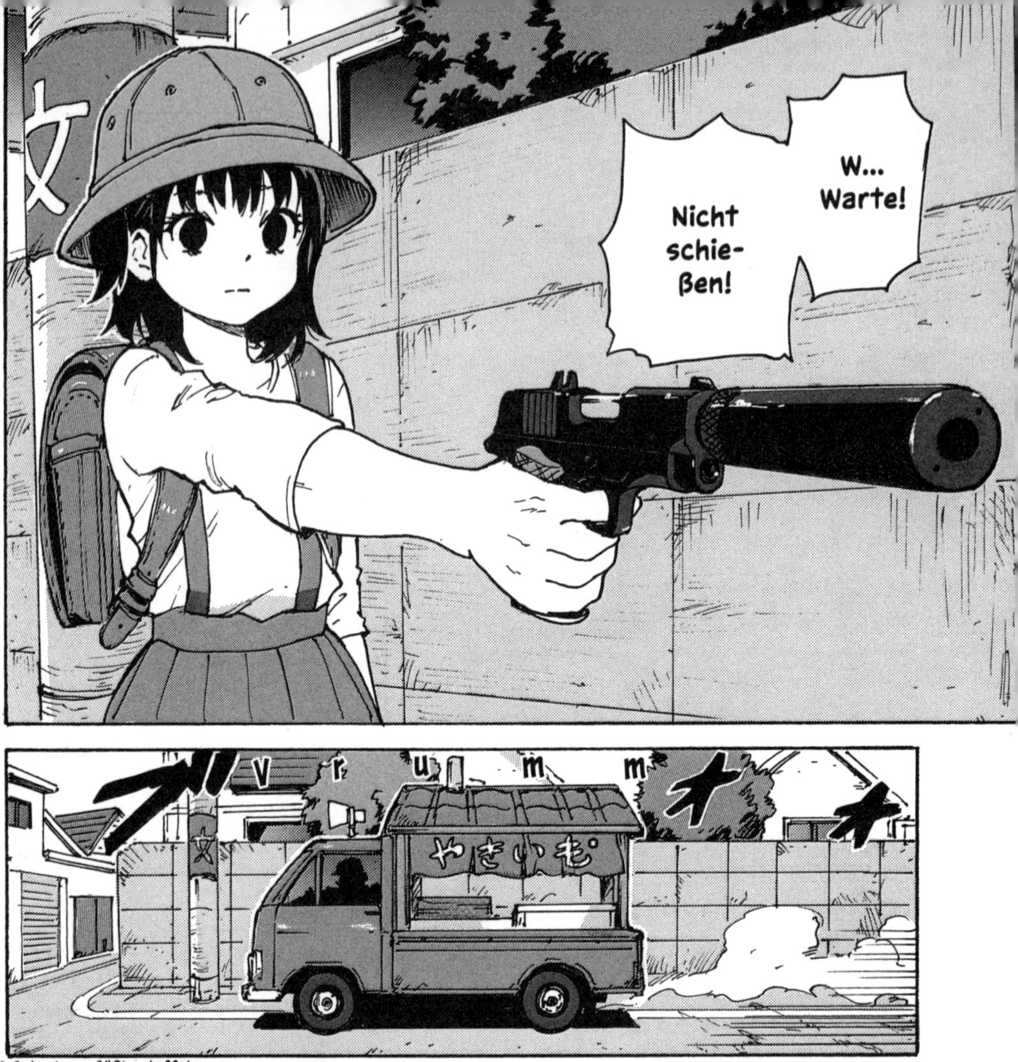

* Gebackene Süßkartoffeln.

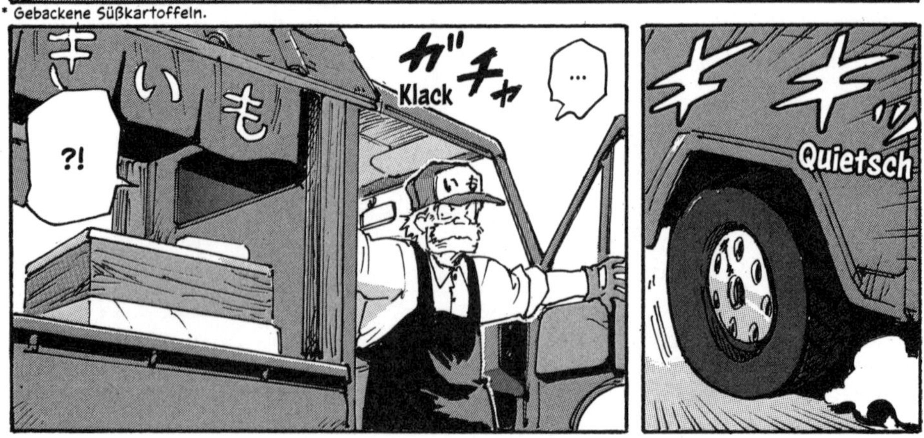

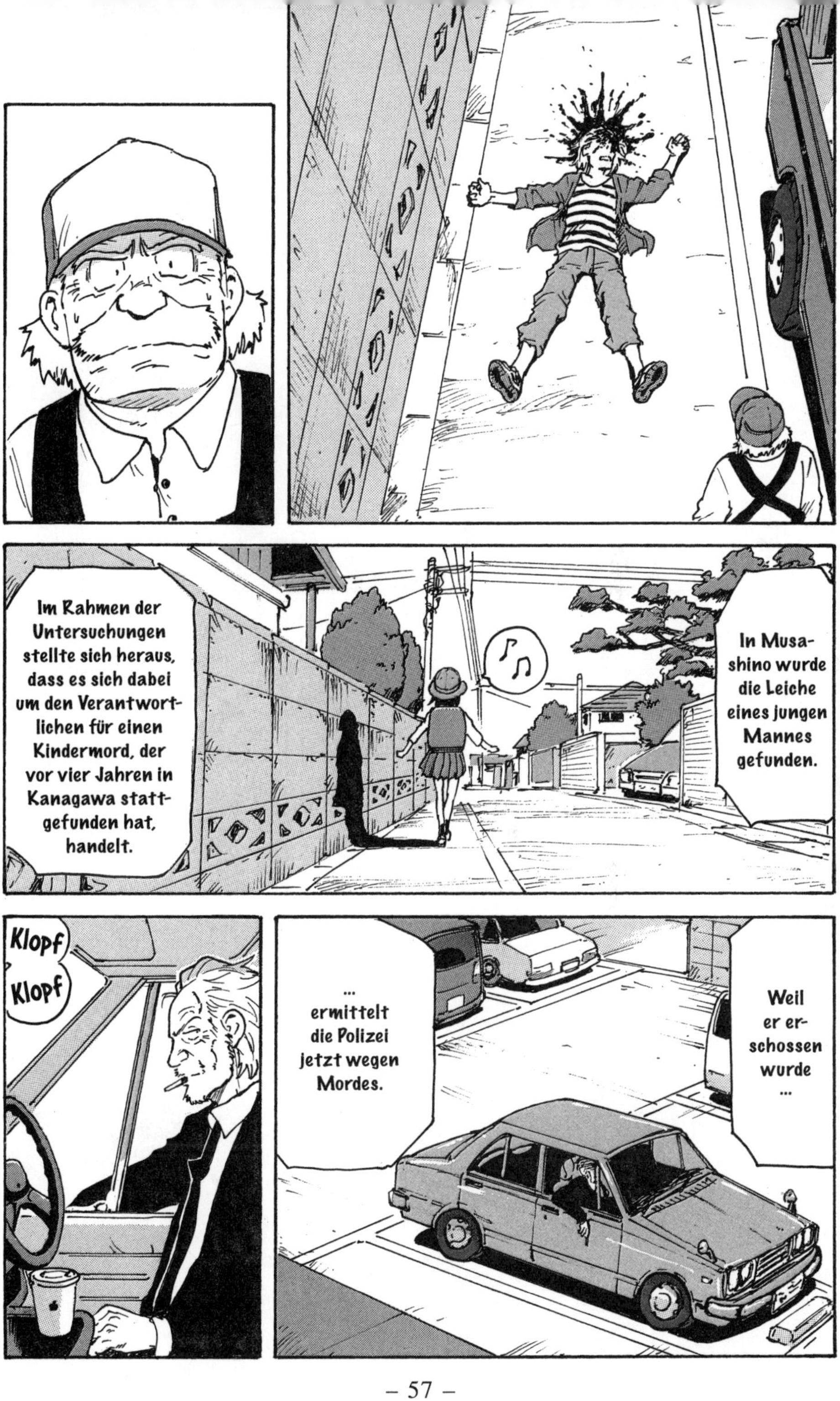
In Musashino wurde die Leiche eines jungen Mannes gefunden.
Im Rahmen der Untersuchungen stellte sich heraus, dass es sich dabei um den Verantwortlichen für einen Kindermord, der vor vier Jahren in Kanagawa stattgefunden hat, handelt.
Weil er erschossen wurde ...
... ermittelt die Polizei jetzt wegen Mordes.
Klopf
Klopf

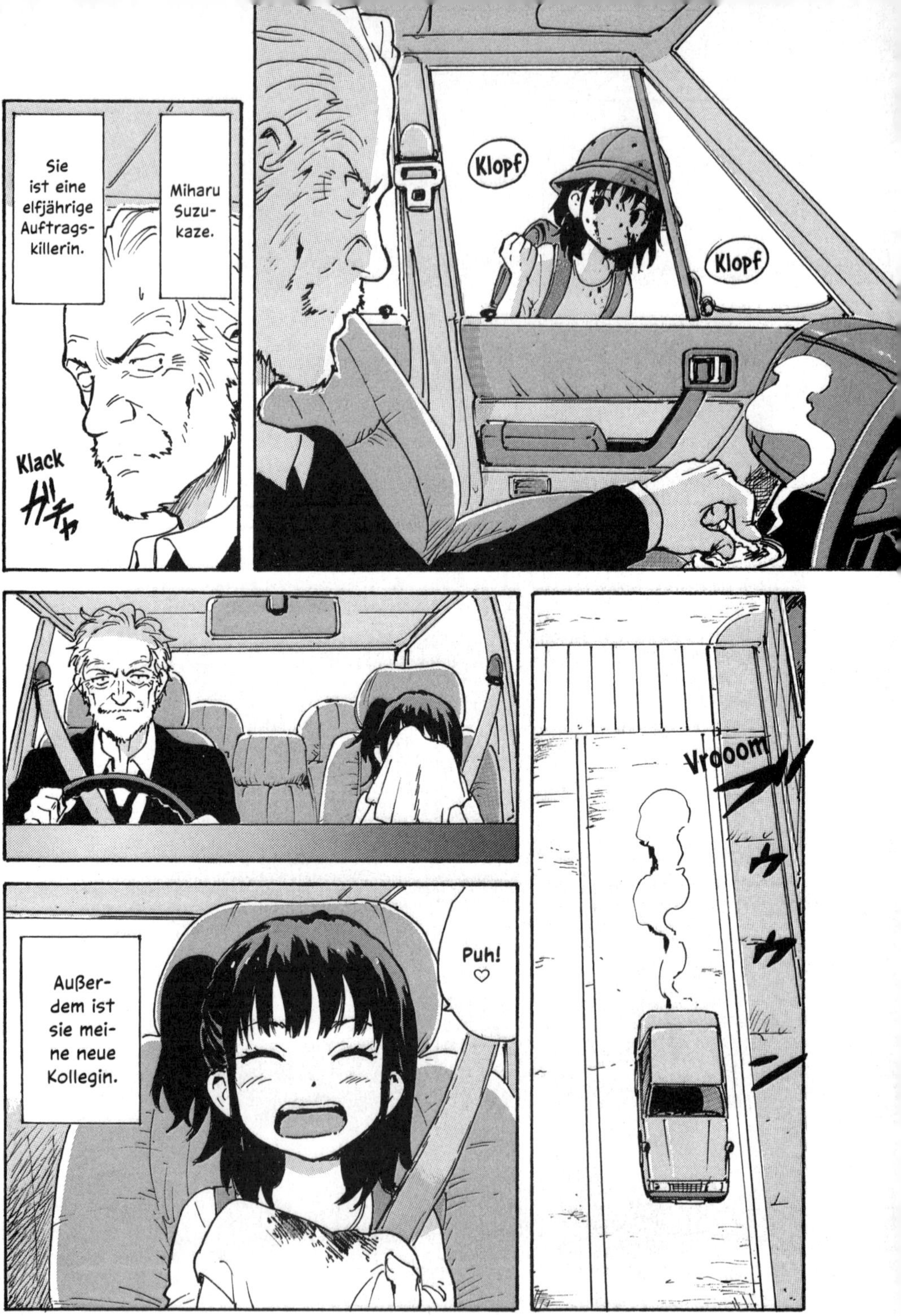
Klopf
Klopf
Miharu Suzukaze.
Sie ist eine elfjährige Auftragskillerin.
Klack
Vrooom
Puh! ♡
Außerdem ist sie meine neue Kollegin.

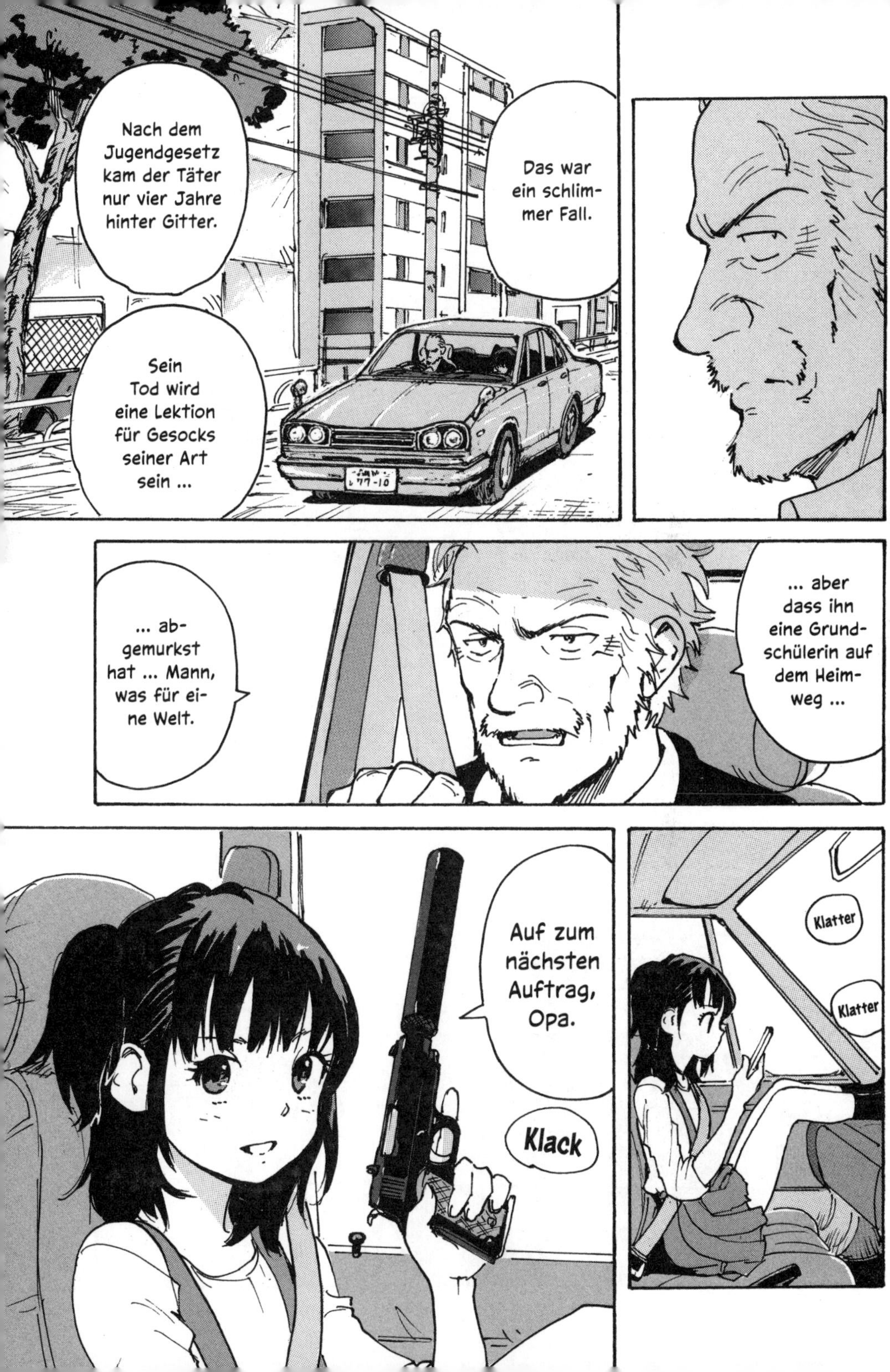

Das war ein schlimmer Fall.
Nach dem Jugendgesetz kam der Täter nur vier Jahre hinter Gitter.
Sein Tod wird eine Lektion für Gesocks seiner Art sein ...
... aber dass ihn eine Grundschülerin auf dem Heimweg ...
... abgemurkst hat ... Mann, was für eine Welt.
Klatter
Klatter
Auf zum nächsten Auftrag, Opa.
Klack

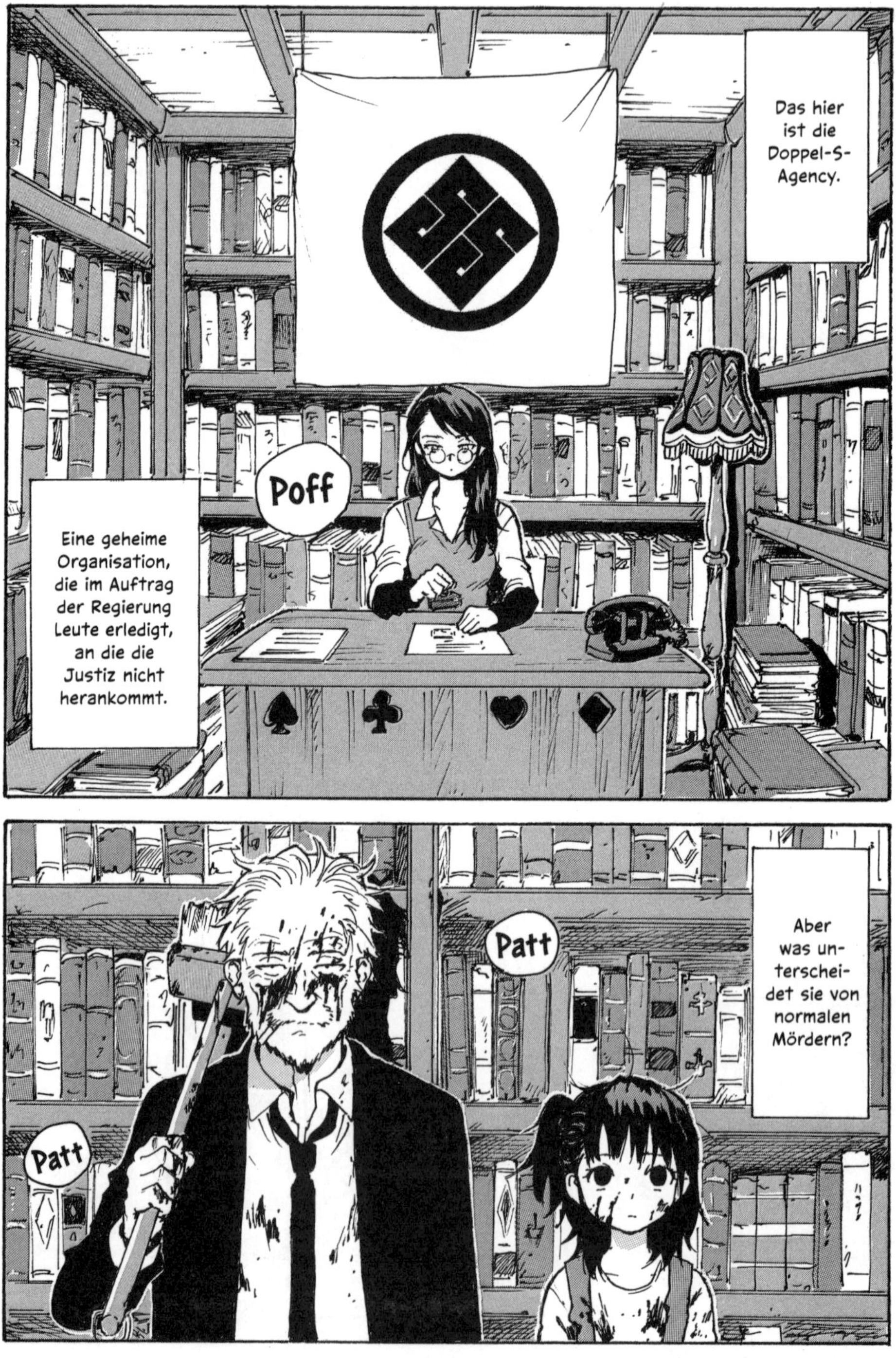
Das hier ist die Doppel-S-Agency.
Poff
Eine geheime Organisation, die im Auftrag der Regierung Leute erledigt, an die die Justiz nicht herankommt.
Aber was unterscheidet sie von normalen Mördern?
Patt
Patt

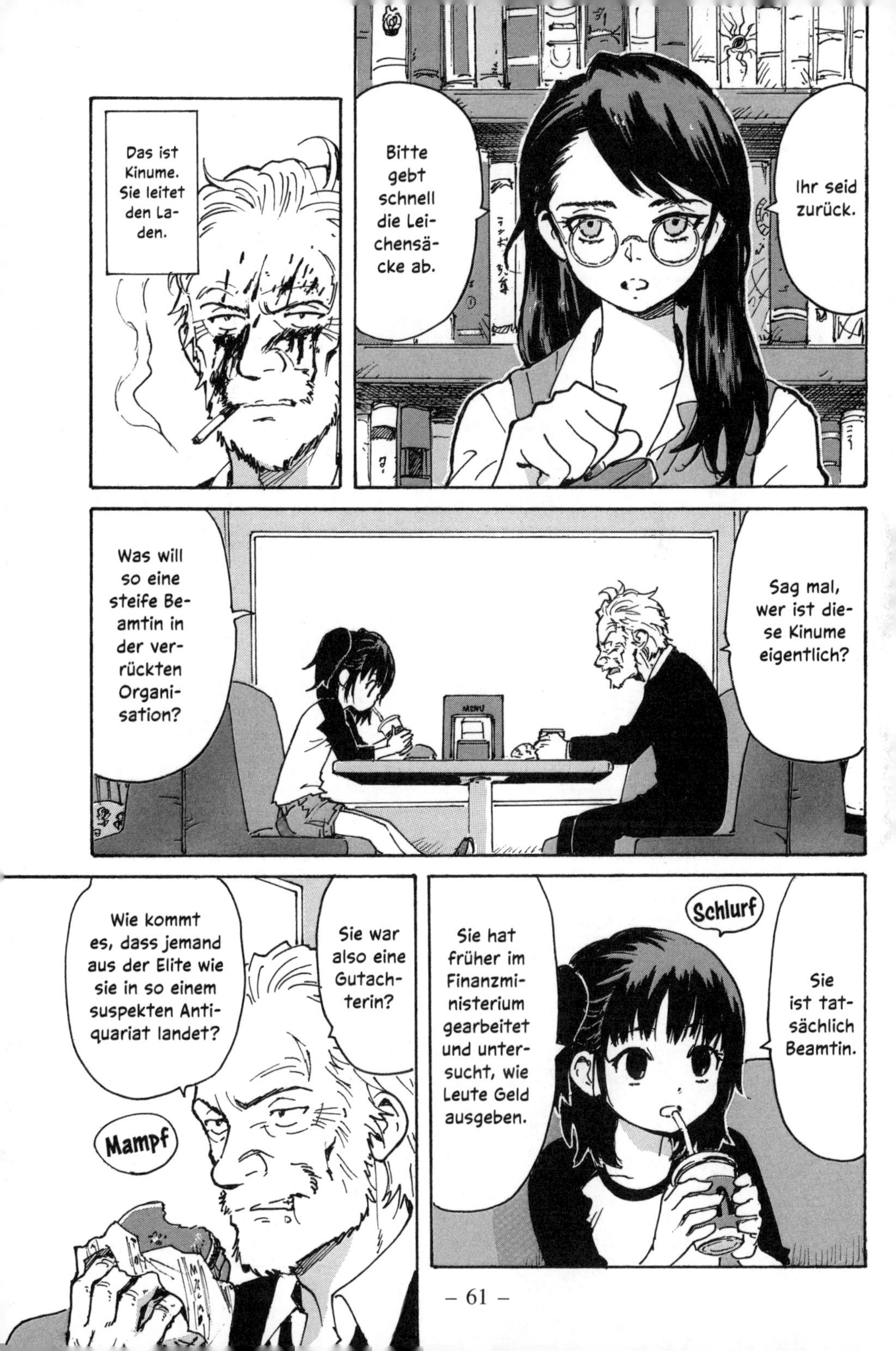
Ihr seid zurück.
Bitte gebt schnell die Leichensäcke ab.
Das ist Kinume. Sie leitet den Laden.
Sag mal, wer ist diese Kinume eigentlich?
Was will so eine steife Beamtin in der verrückten Organisation?
Schlurf
Sie ist tatsächlich Beamtin.
Sie hat früher im Finanzministerium gearbeitet und untersucht, wie Leute Geld ausgeben.
Sie war also eine Gutachterin?
Wie kommt es, dass jemand aus der Elite wie sie in so einem suspekten Antiquariat landet?
Mampf

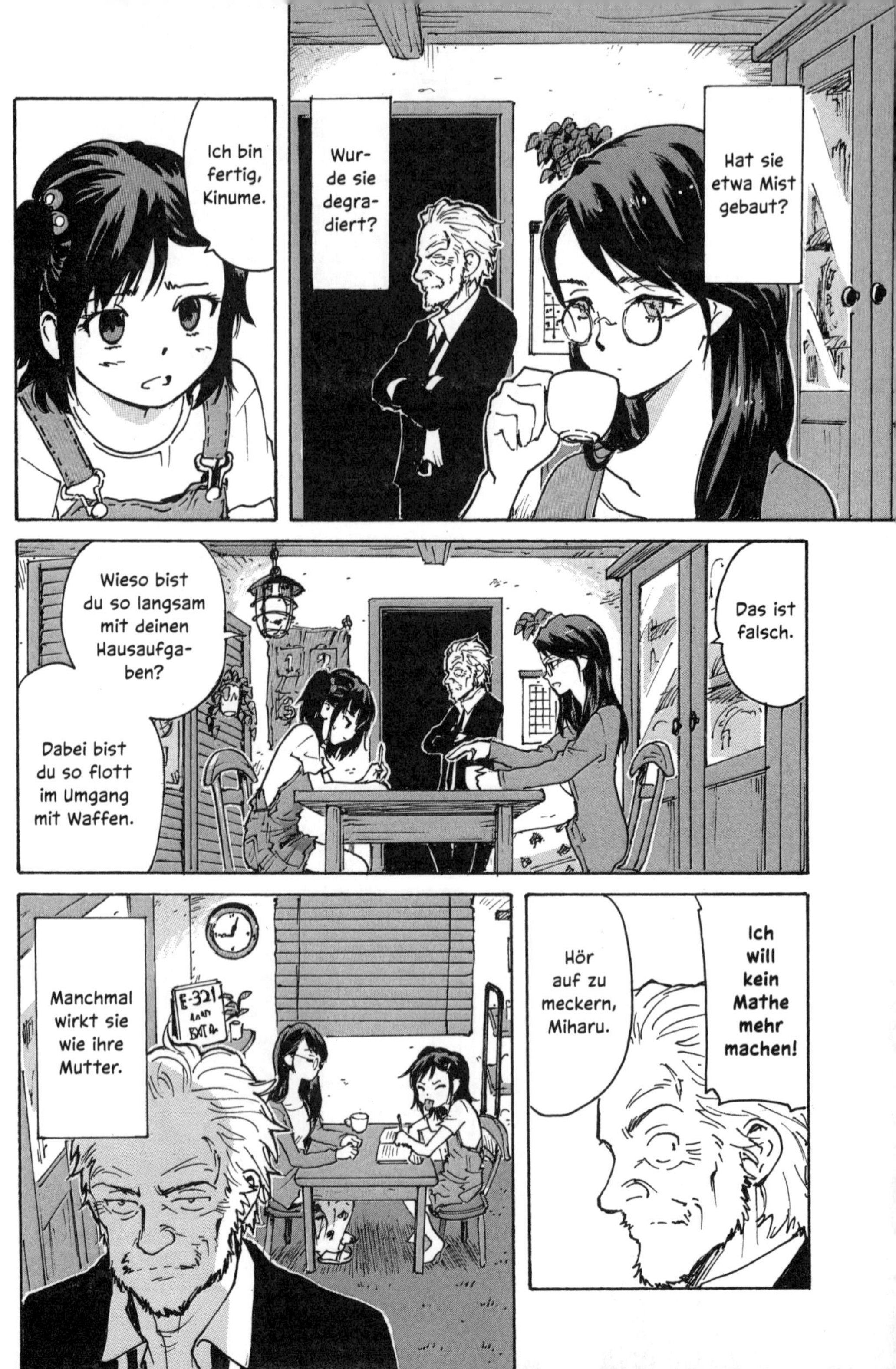
Hat sie etwa Mist gebaut?
Wurde sie degradiert?
Ich bin fertig, Kinume.
Das ist falsch.
Wieso bist du so langsam mit deinen Hausaufgaben?
Dabei bist du so flott im Umgang mit Waffen.
Ich will kein Mathe mehr machen!
Hör auf zu meckern, Miharu.
Manchmal wirkt sie wie ihre Mutter.

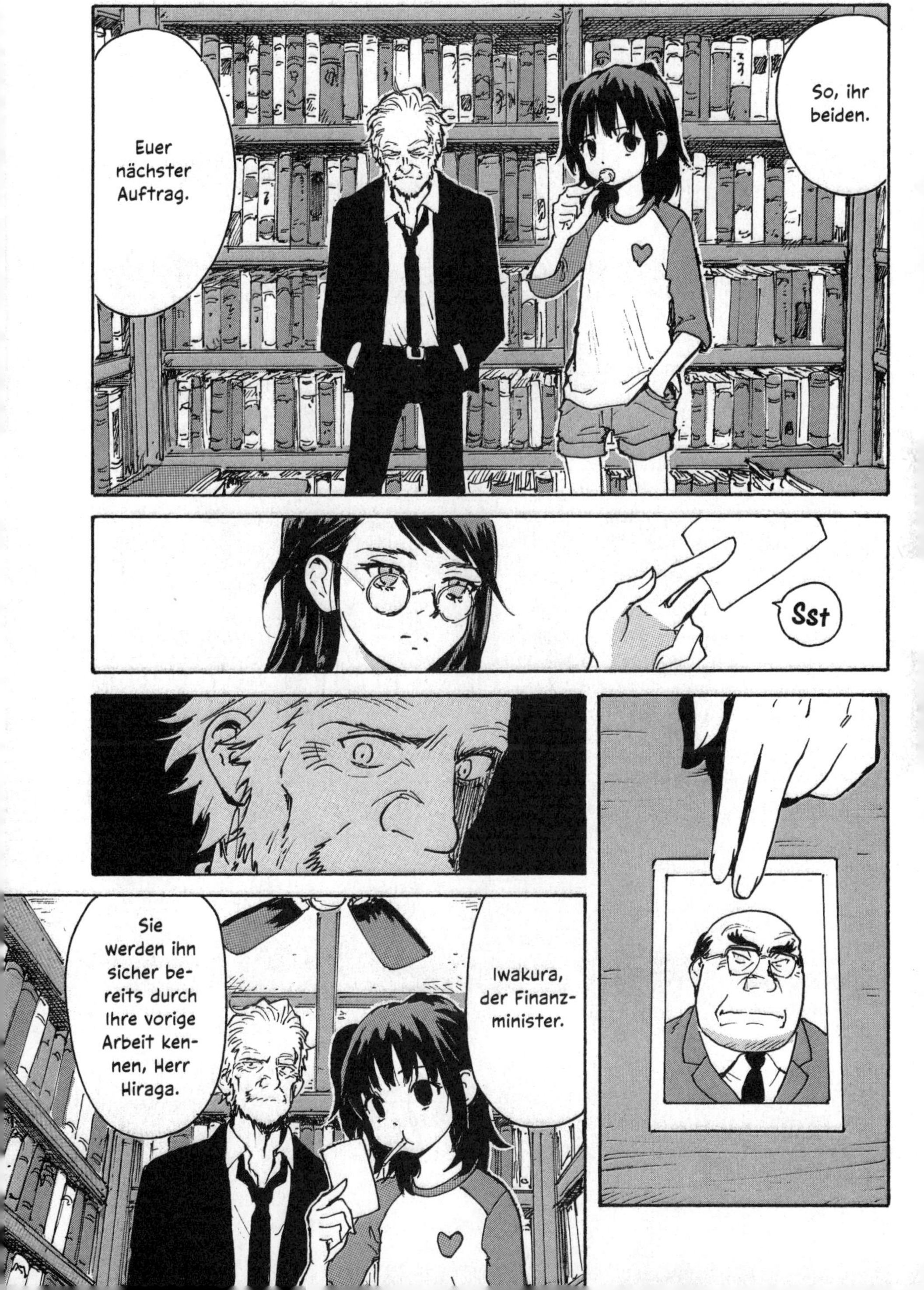
So, ihr beiden.
Euer nächster Auftrag.
Sst
Iwakura, der Finanzminister.
Sie werden ihn sicher bereits durch Ihre vorige Arbeit kennen, Herr Hiraga.

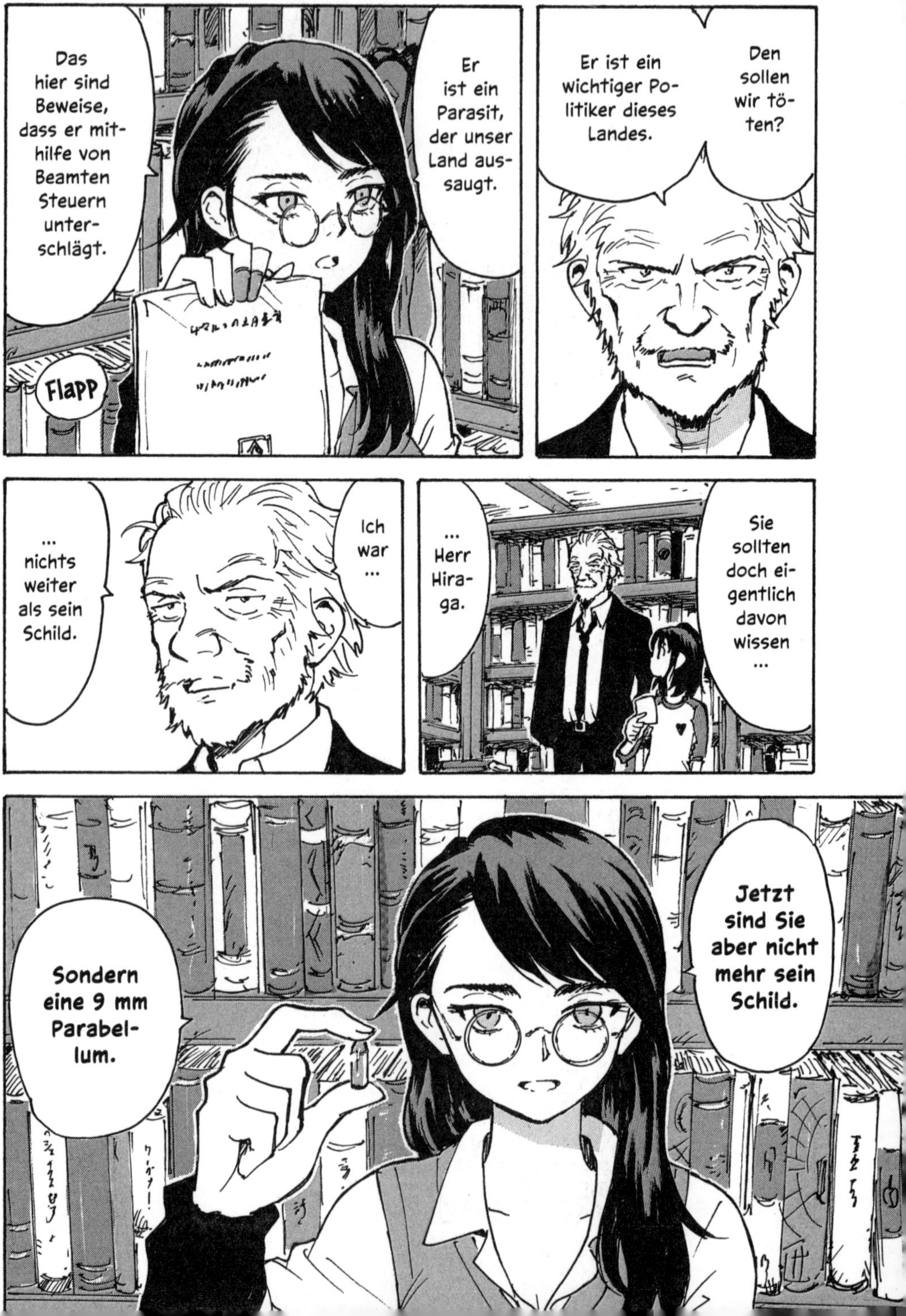
Den sollen wir töten?
Er ist ein wichtiger Politiker dieses Landes.
Er ist ein Parasit, der unser Land aussaugt.
Das hier sind Beweise, dass er mithilfe von Beamten Steuern unterschlägt.
Flapp
Sie sollten doch eigentlich davon wissen ...
... Herr Hiraga.
Ich war ...
... nichts weiter als sein Schild.
Jetzt sind Sie aber nicht mehr sein Schild.
Sondern eine 9 mm Parabellum.

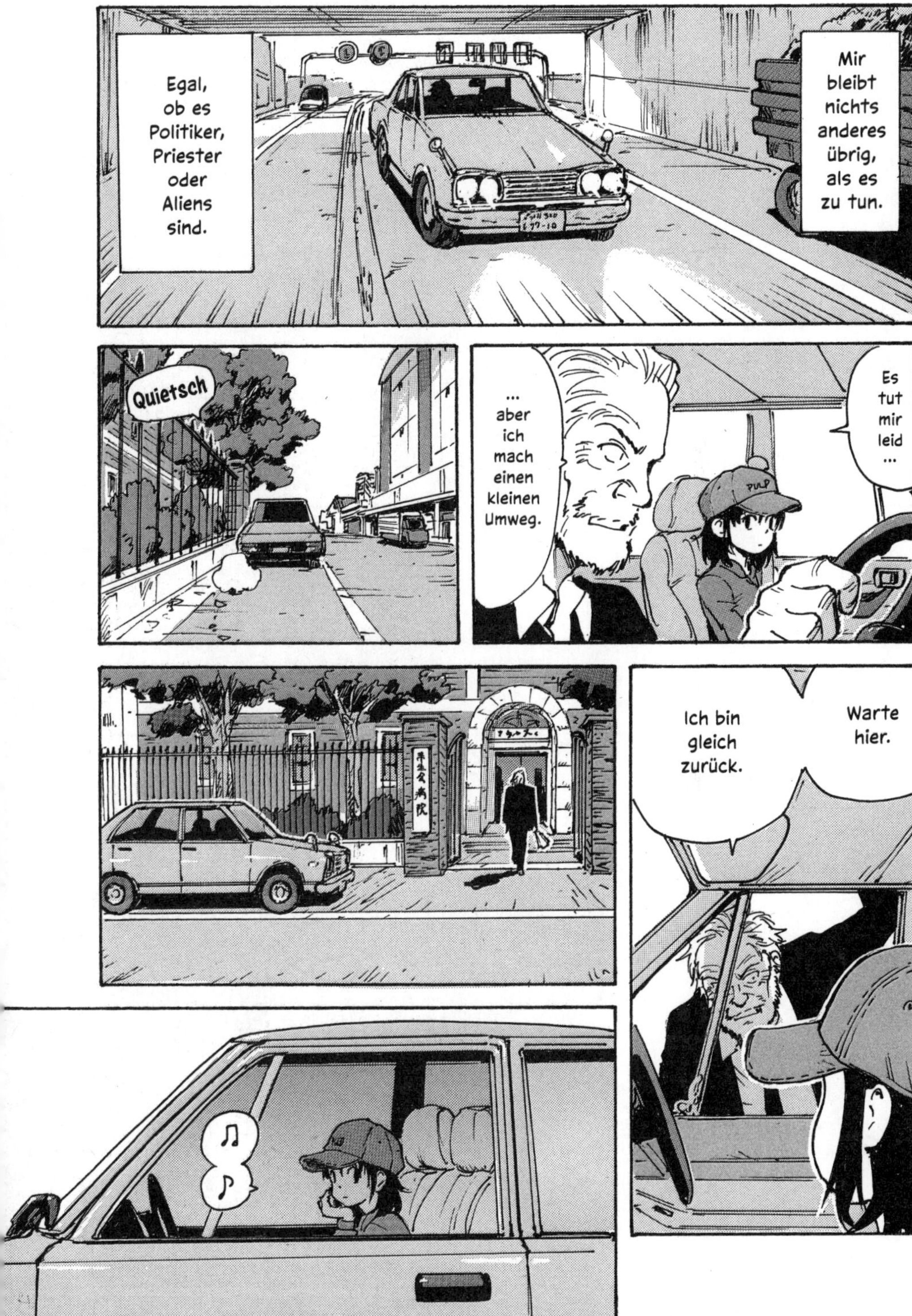
Mir bleibt nichts anderes übrig, als es zu tun.
Egal, ob es Politiker, Priester oder Aliens sind.
Es tut mir leid ...
... aber ich mach einen kleinen Umweg.
Quietsch
Warte hier.
Ich bin gleich zurück.
♫
♪

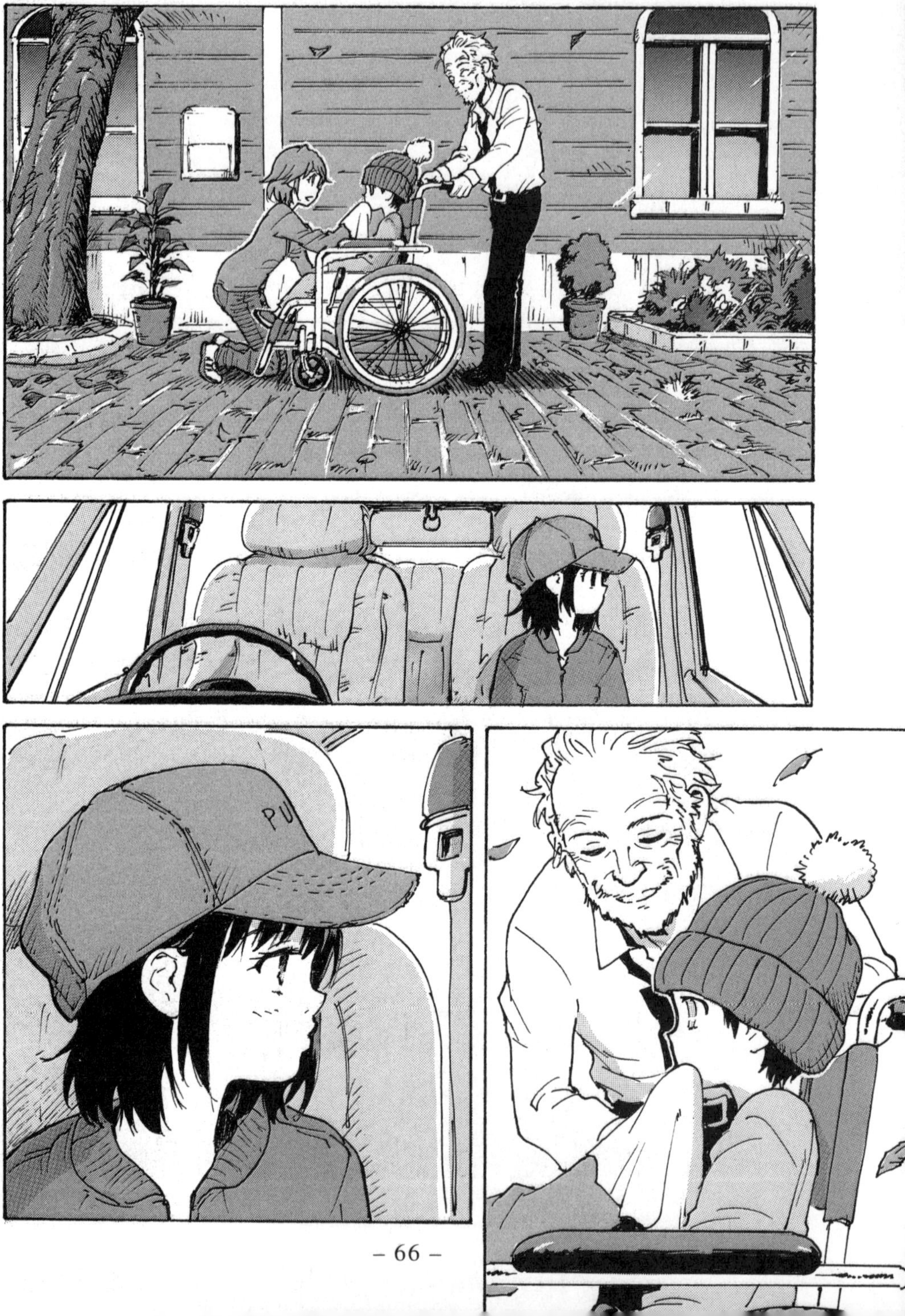
PU

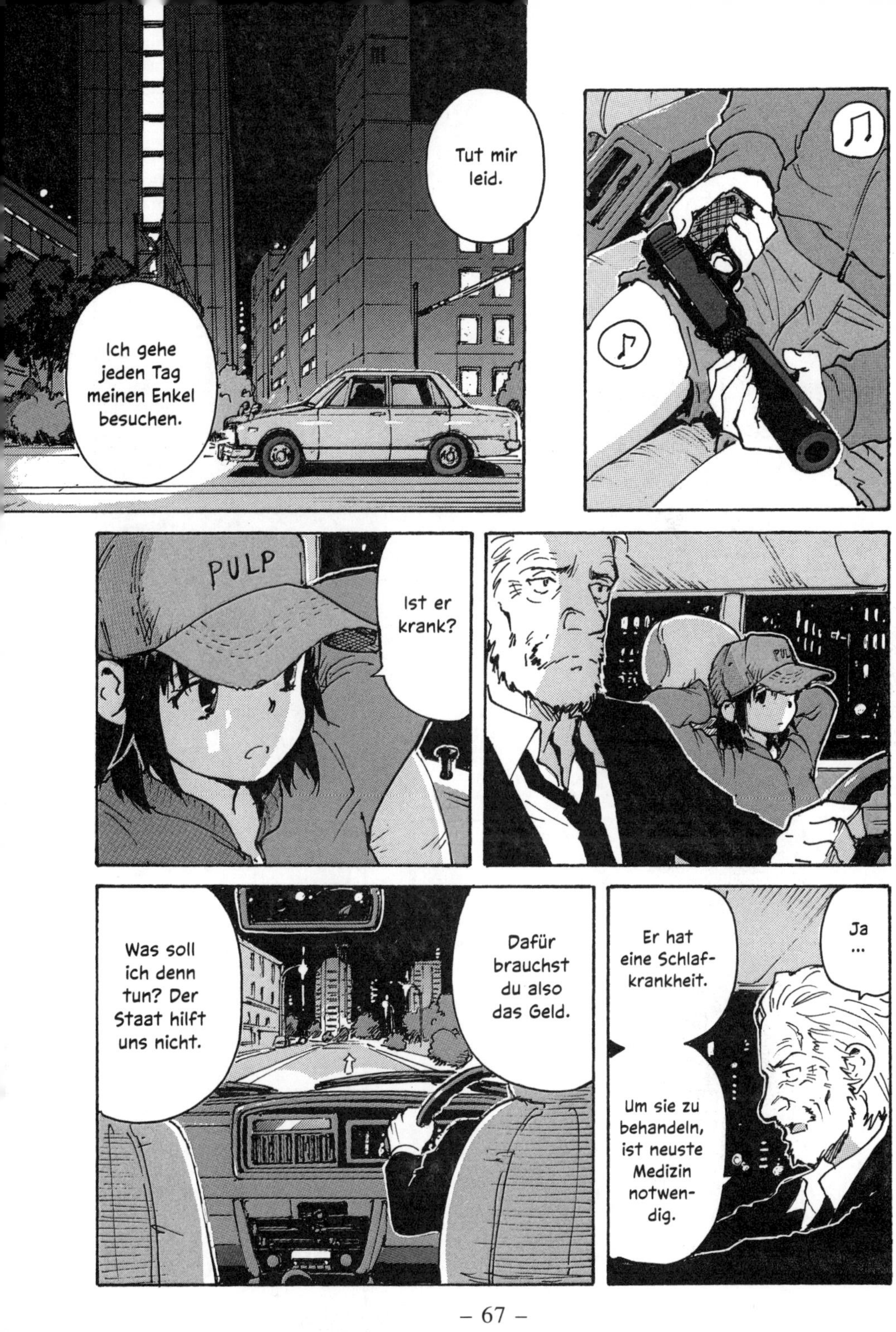
♫
♪
Tut mir leid.
Ich gehe jeden Tag meinen Enkel besuchen.
PULP
Ist er krank?
Ja ...
Er hat eine Schlaf-krankheit.
Um sie zu behandeln, ist neuste Medizin notwen-dig.
Dafür brauchst du also das Geld.
Was soll ich denn tun? Der Staat hilft uns nicht.

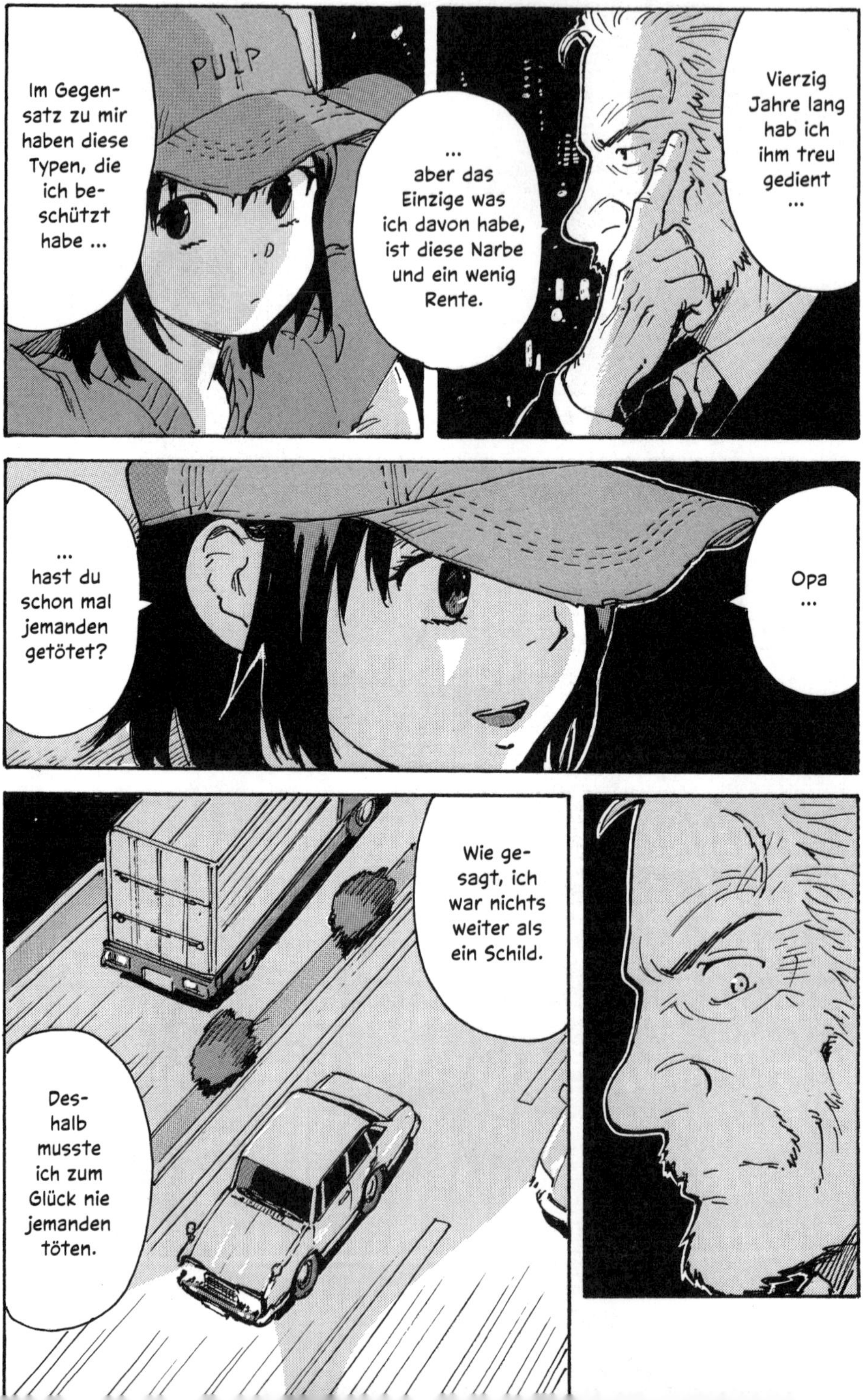

Im Gegensatz zu mir haben diese Typen, die ich beschützt habe ...
Vierzig Jahre lang hab ich ihm treu gedient ...
... aber das Einzige was ich davon habe, ist diese Narbe und ein wenig Rente.
Opa ...
... hast du schon mal jemanden getötet?
Wie gesagt, ich war nichts weiter als ein Schild.
Deshalb musste ich zum Glück nie jemanden töten.

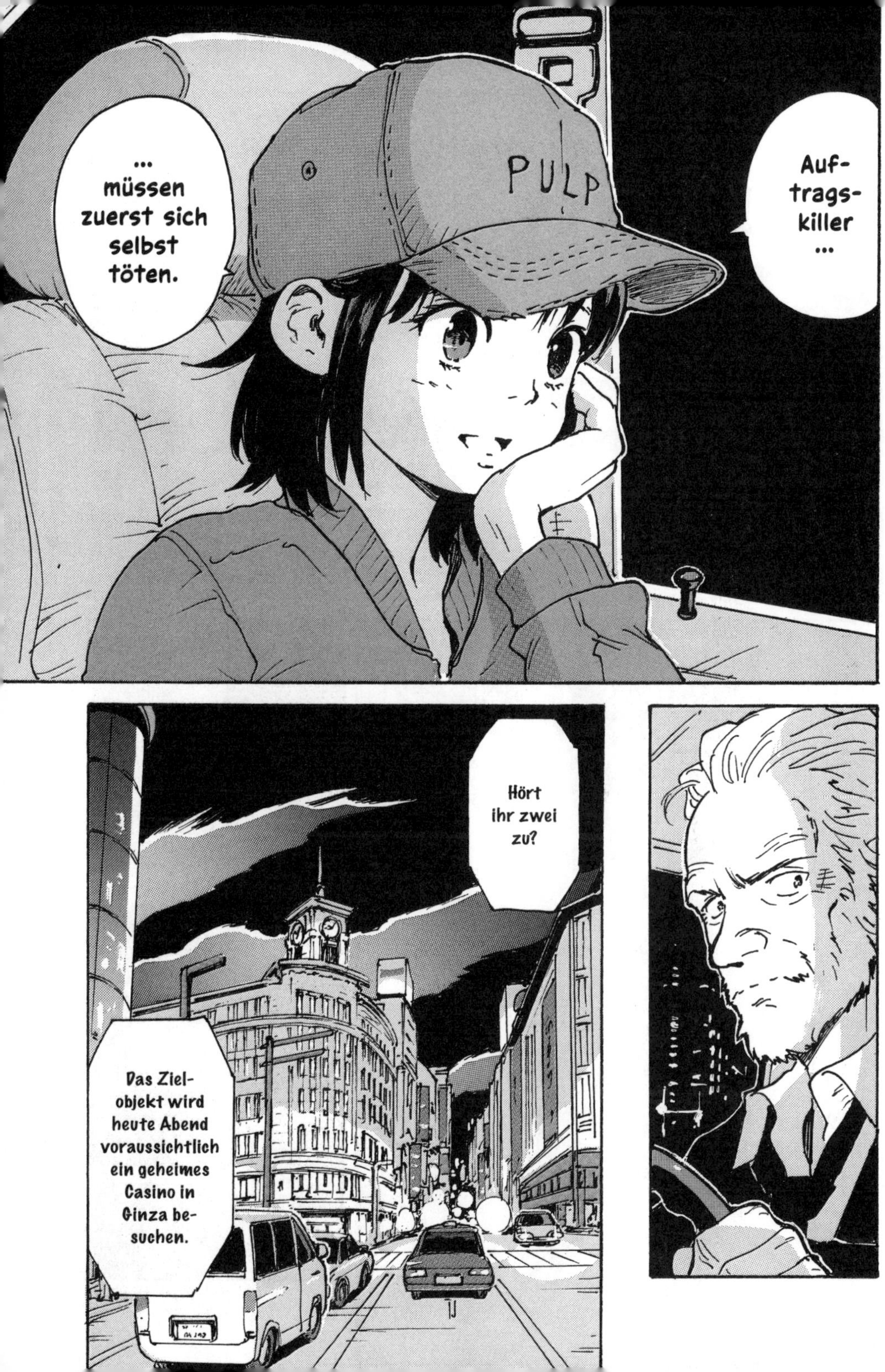
Auf-
trags-
killer
...
...
müssen
zuerst sich
selbst
töten.
Hört
ihr zwei
zu?
Das Ziel-
objekt wird
heute Abend
voraussichtlich
ein geheimes
Casino in
Ginza be-
suchen.

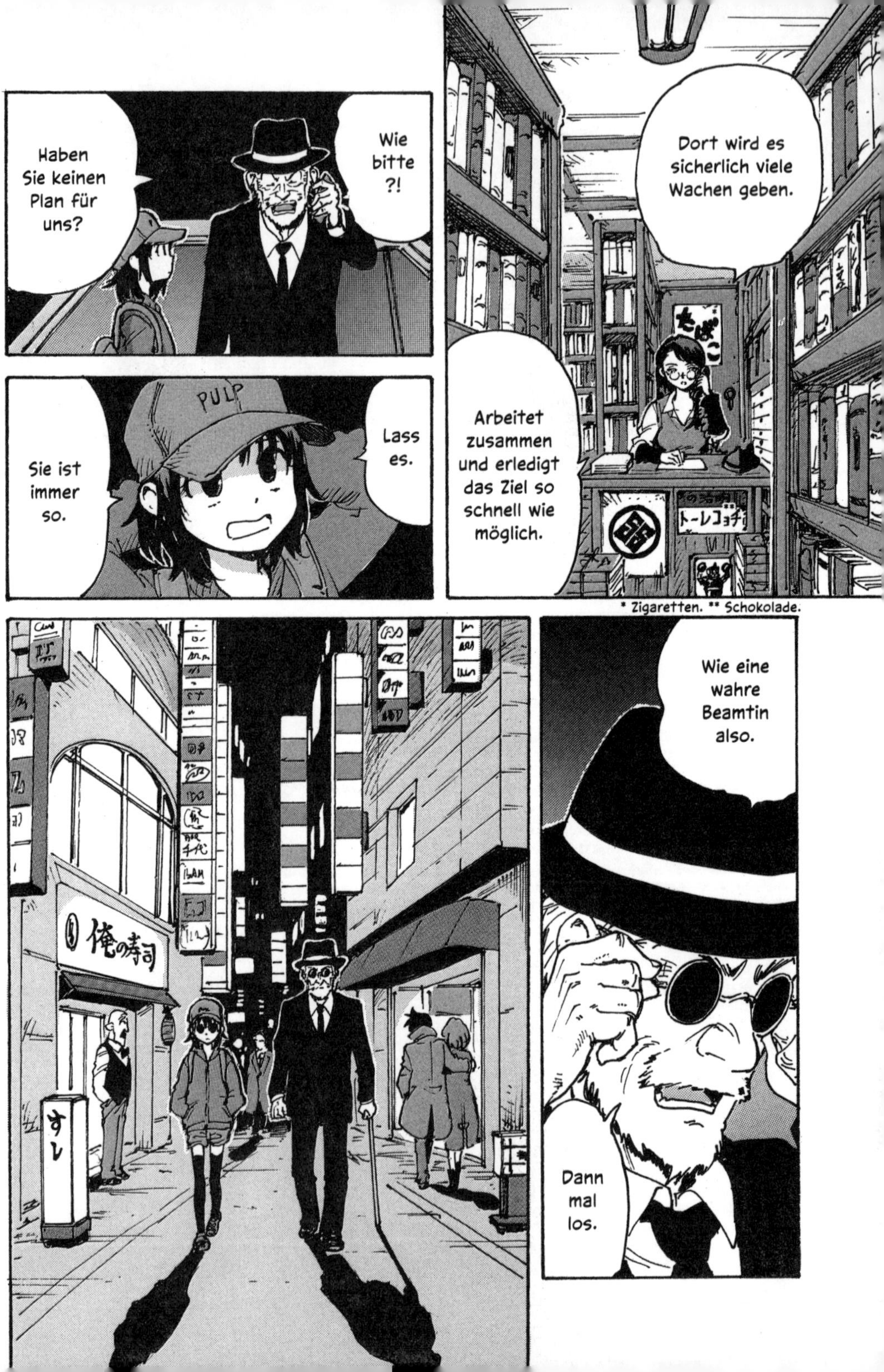

* Zigaretten. ** Schokolade.

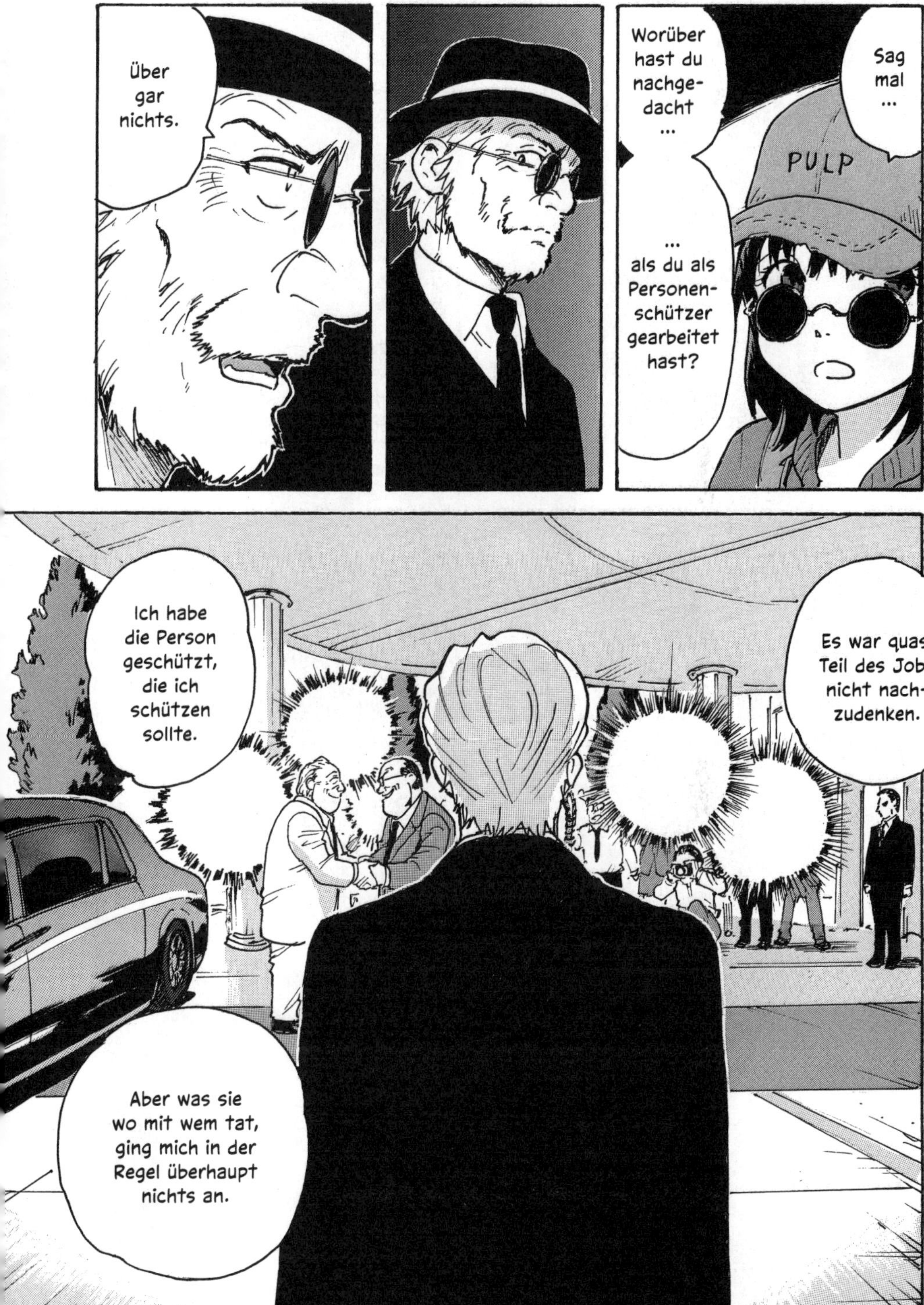
Sag mal ...
Worüber hast du nachgedacht ...
... als du als Personenschützer gearbeitet hast?
Über gar nichts.
Es war quasi Teil des Jobs nicht nachzudenken.
Ich habe die Person geschützt, die ich schützen sollte.
Aber was sie wo mit wem tat, ging mich in der Regel überhaupt nichts an.

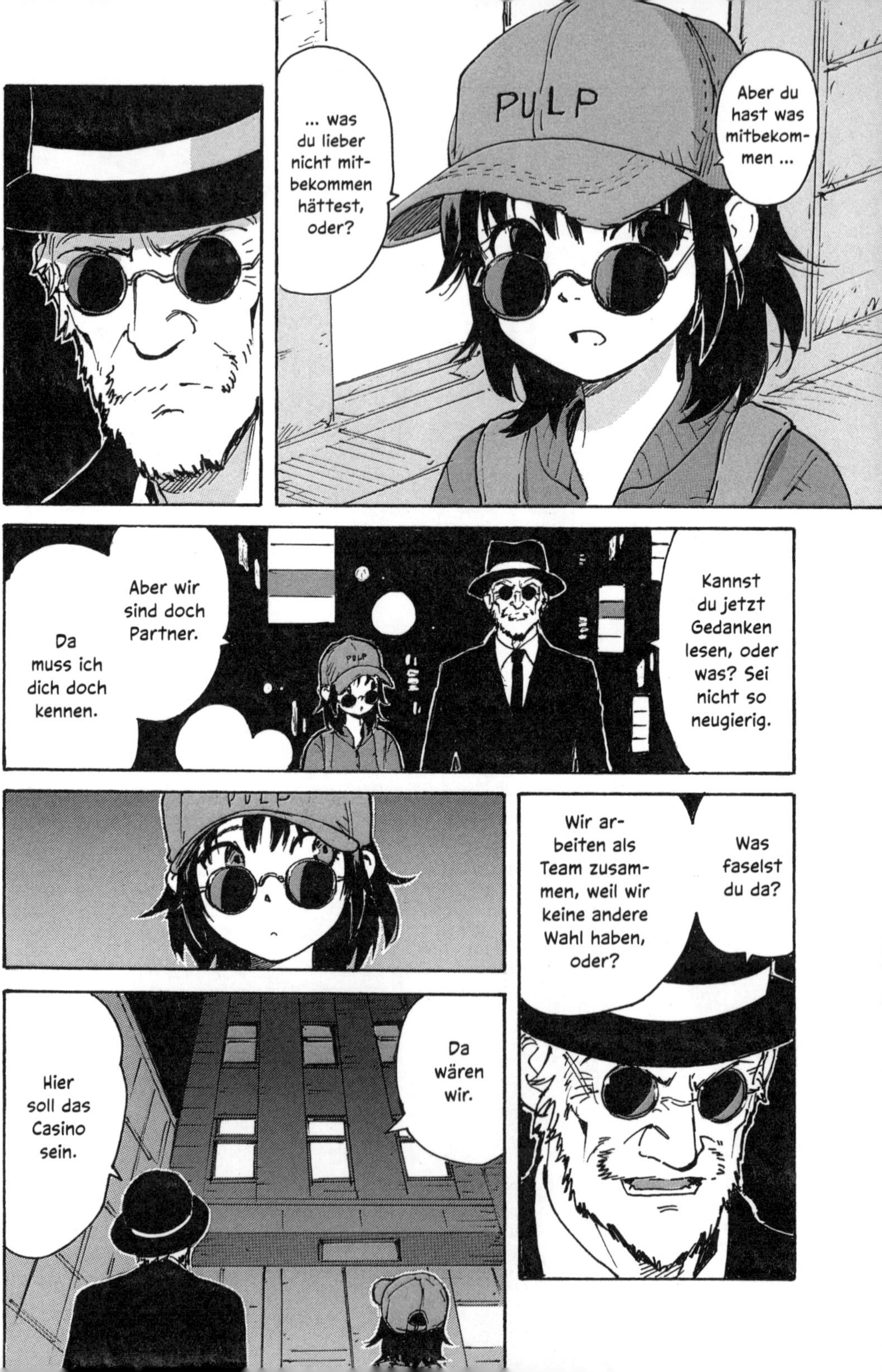
PULP
Aber du hast was mitbekommen ...
... was du lieber nicht mitbekommen hättest, oder?
Kannst du jetzt Gedanken lesen, oder was? Sei nicht so neugierig.
Aber wir sind doch Partner.
Da muss ich dich doch kennen.
Was faselst du da?
Wir arbeiten als Team zusammen, weil wir keine andere Wahl haben, oder?
Da wären wir.
Hier soll das Casino sein.

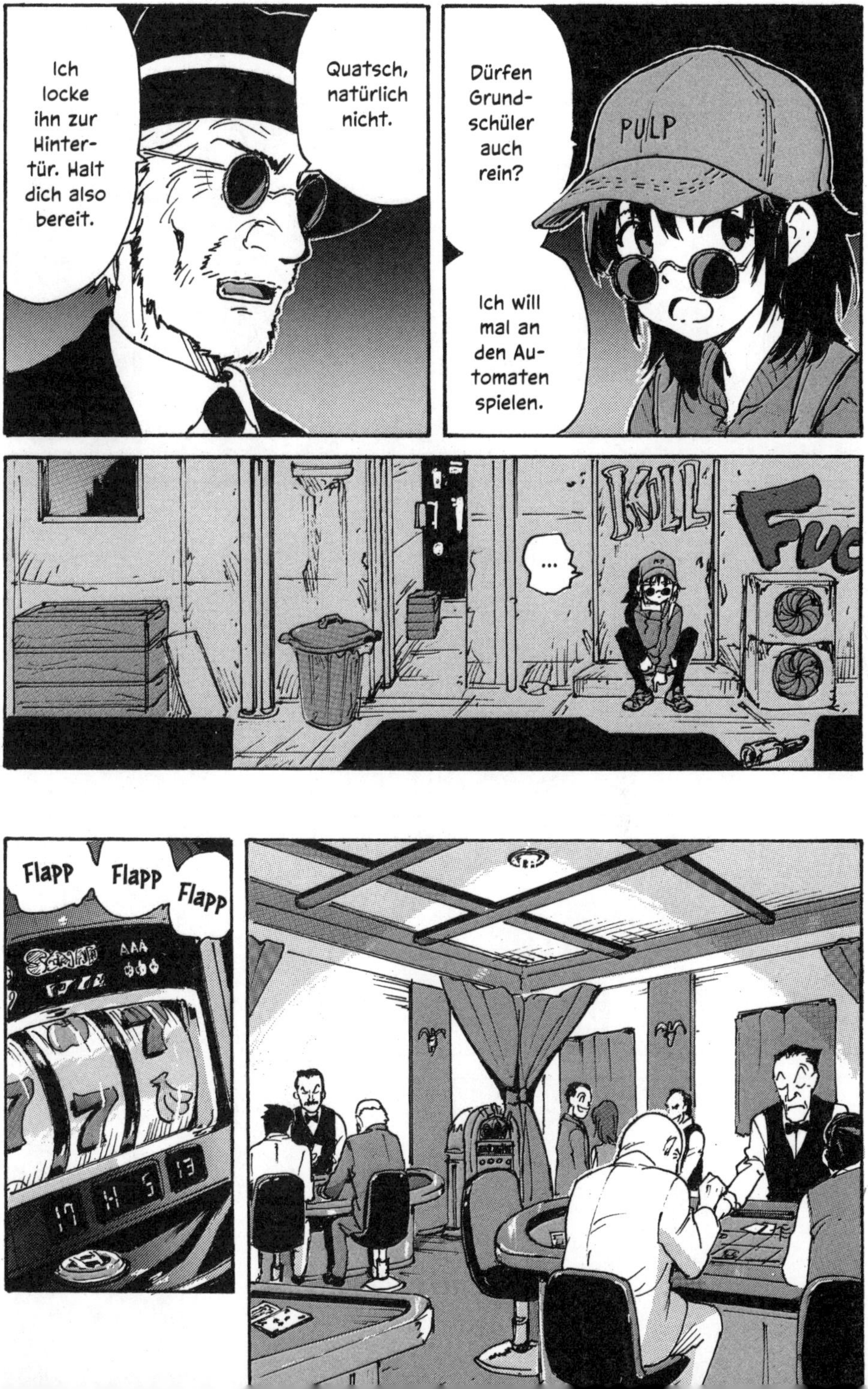
PULP
Dürfen Grundschüler auch rein?
Ich will mal an den Automaten spielen.
Quatsch, natürlich nicht.
Ich locke ihn zur Hintertür. Halt dich also bereit.
KILL
...
Flapp
Flapp
Flapp

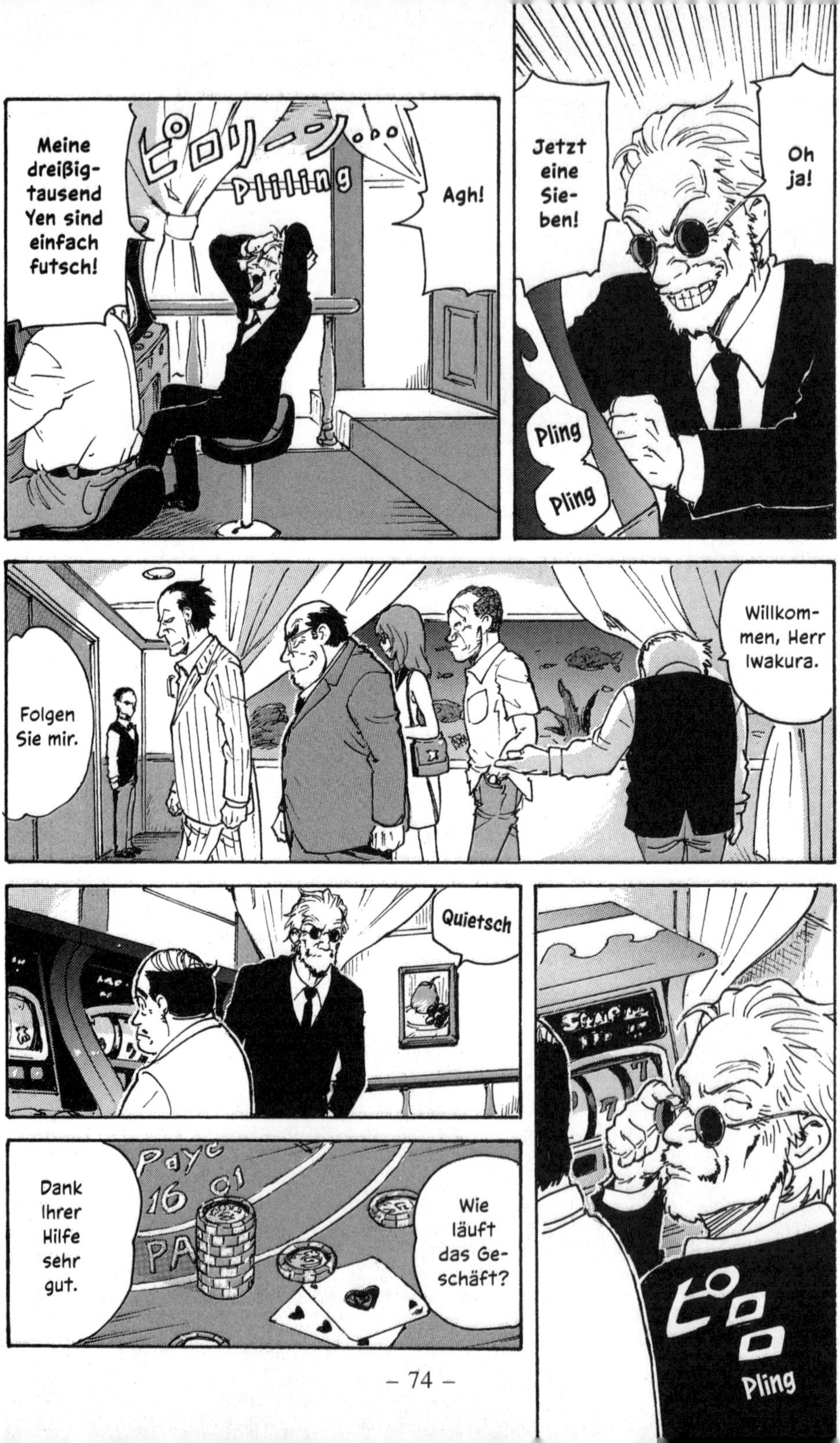

Oh ja!
Jetzt eine Sieben!
Pling
Pling
Agh!
ピロリーン。。。
Pliling
Meine dreißigtausend Yen sind einfach futsch!
Willkommen, Herr Iwakura.
Folgen Sie mir.
ピロロ
Pling
Quietsch
Wie läuft das Geschäft?
Dank Ihrer Hilfe sehr gut.

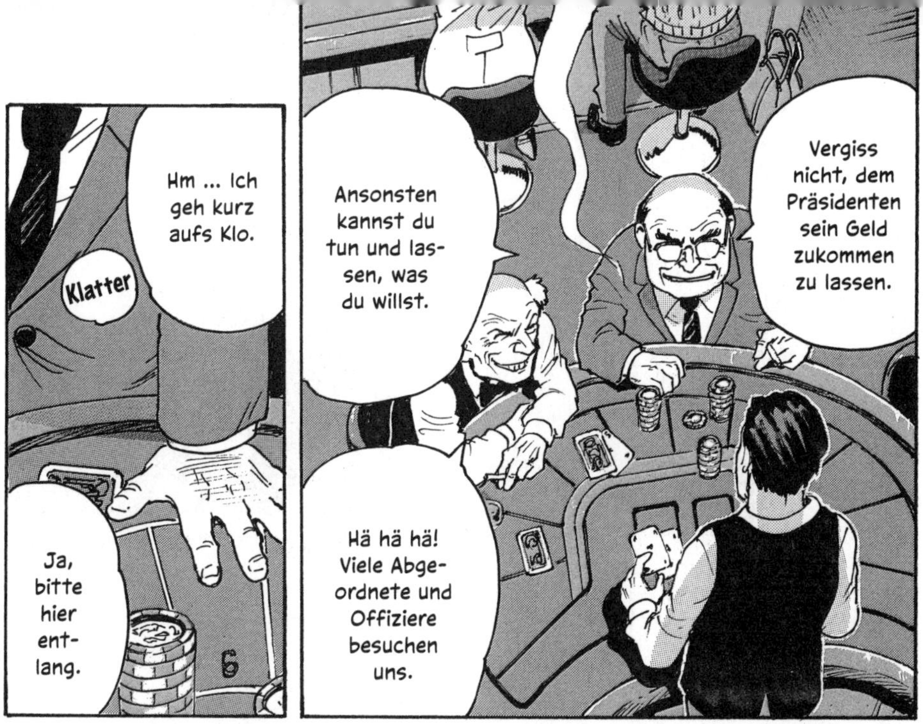

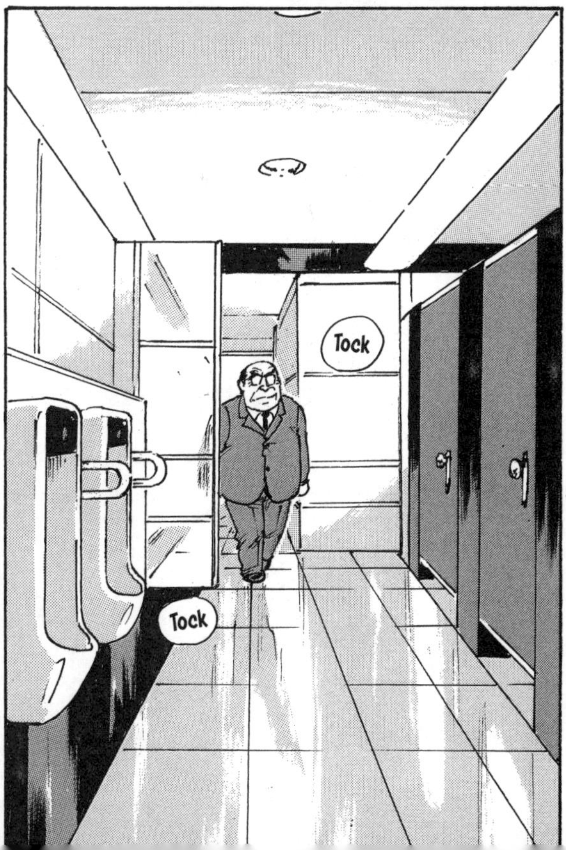

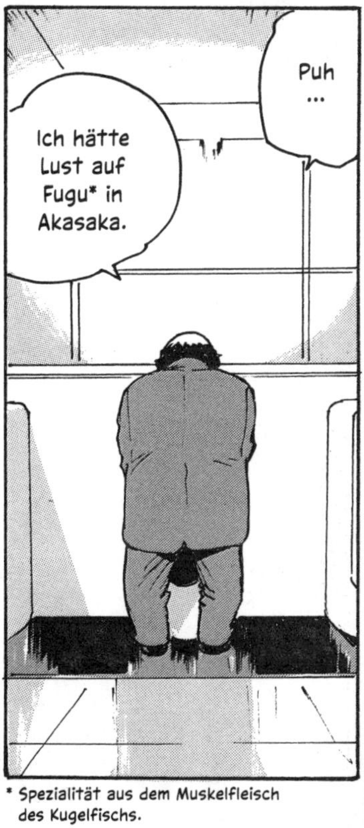

* Spezialität aus dem Muskelfleisch des Kugelfischs.

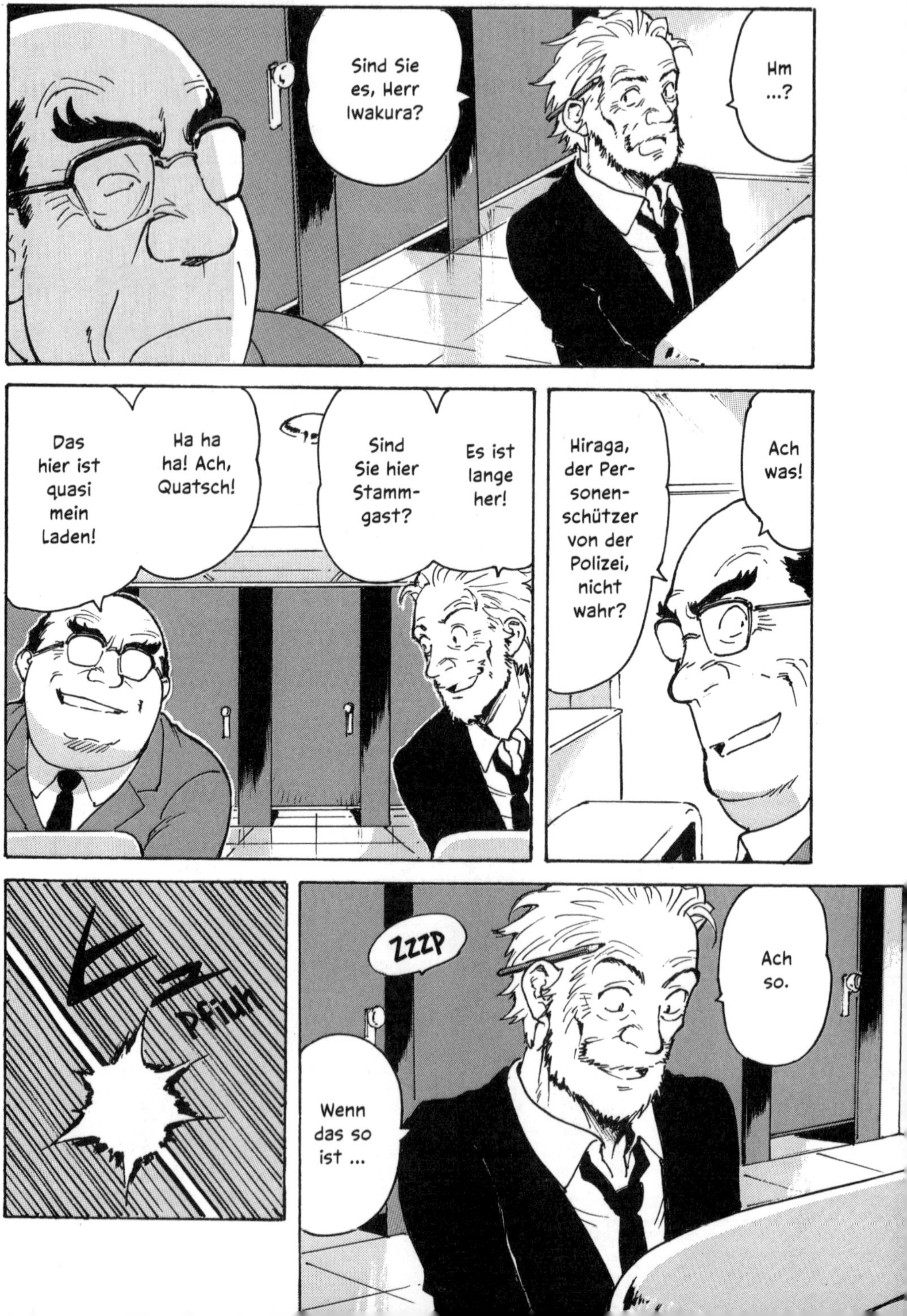
Hm ...?
Sind Sie es, Herr Iwakura?
Ach was!
Hiraga, der Personenschützer von der Polizei, nicht wahr?
Es ist lange her!
Sind Sie hier Stammgast?
Ha ha ha! Ach, Quatsch!
Das hier ist quasi mein Laden!
Ach so.
ZZZP
Wenn das so ist ...
Pfiuh

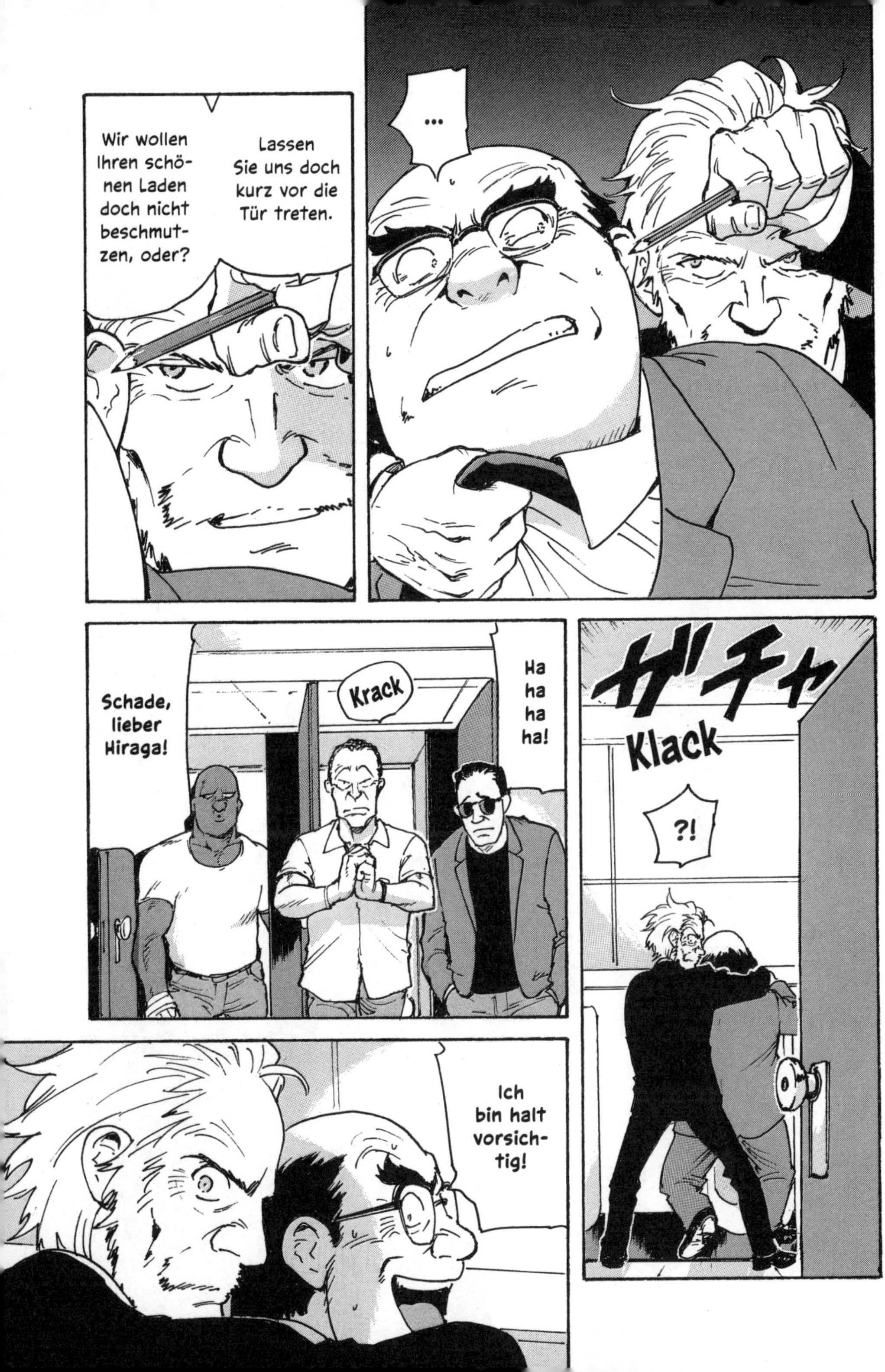
...
Lassen Sie uns doch kurz vor die Tür treten.
Wir wollen Ihren schönen Laden doch nicht beschmutzen, oder?
ガチャ
Klack
?!
Ha ha ha ha!
Krack
Schade, lieber Hiraga!
Ich bin halt vorsichtig!

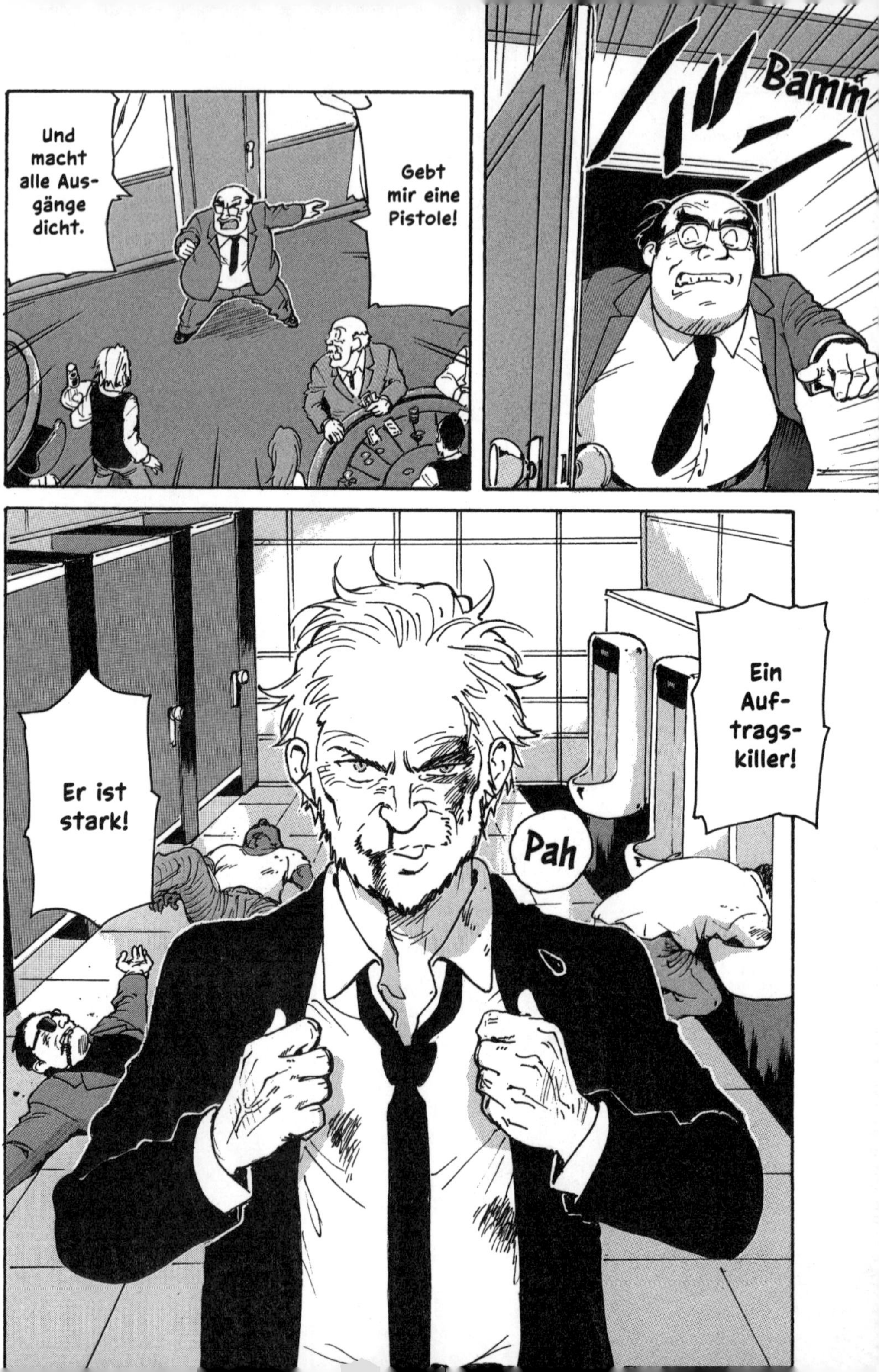
Bamm
Gebt mir eine Pistole!
Und macht alle Ausgänge dicht.
Ein Auftragskiller!
Pah
Er ist stark!

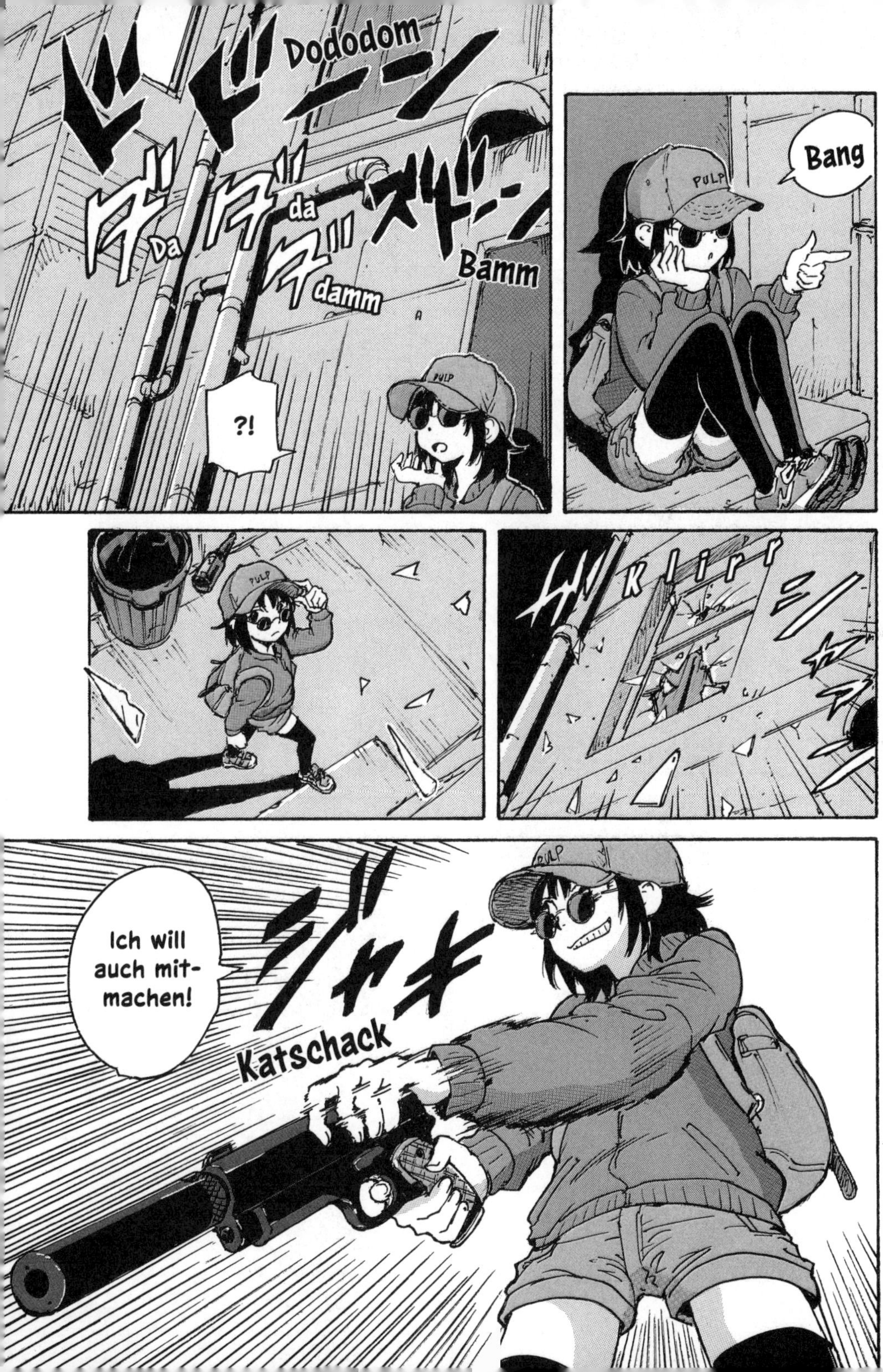
Bang
Dododom
Da
da
damm
Bamm
?!
Klirr
Ich will auch mit-machen!
Katschack

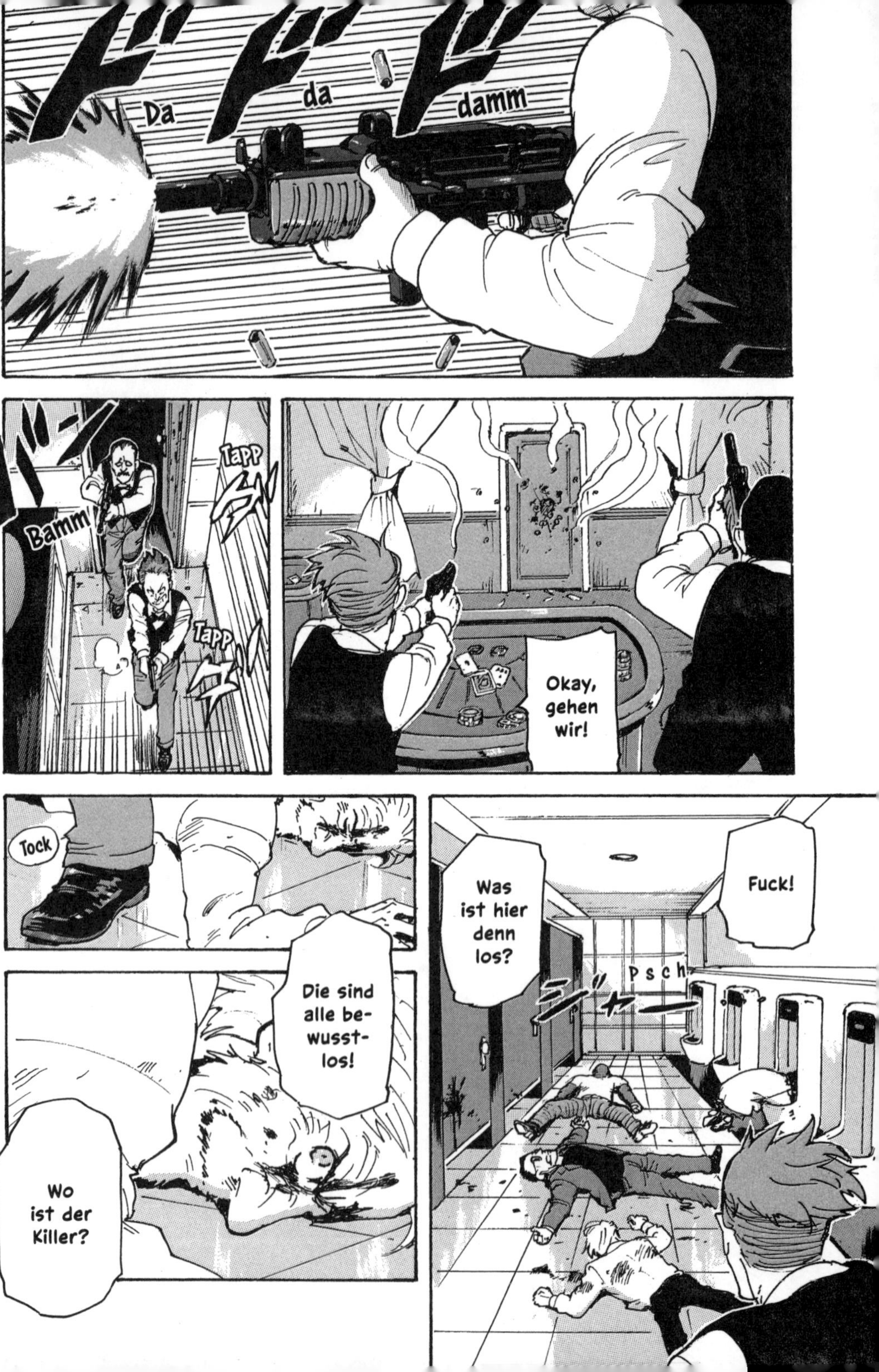

Da
da
damm
Okay, gehen wir!
Bamm
Tapp
Tapp
Fuck!
Was ist hier denn los?
Psch
Tock
Die sind alle be-wusst-los!
Wo ist der Killer?

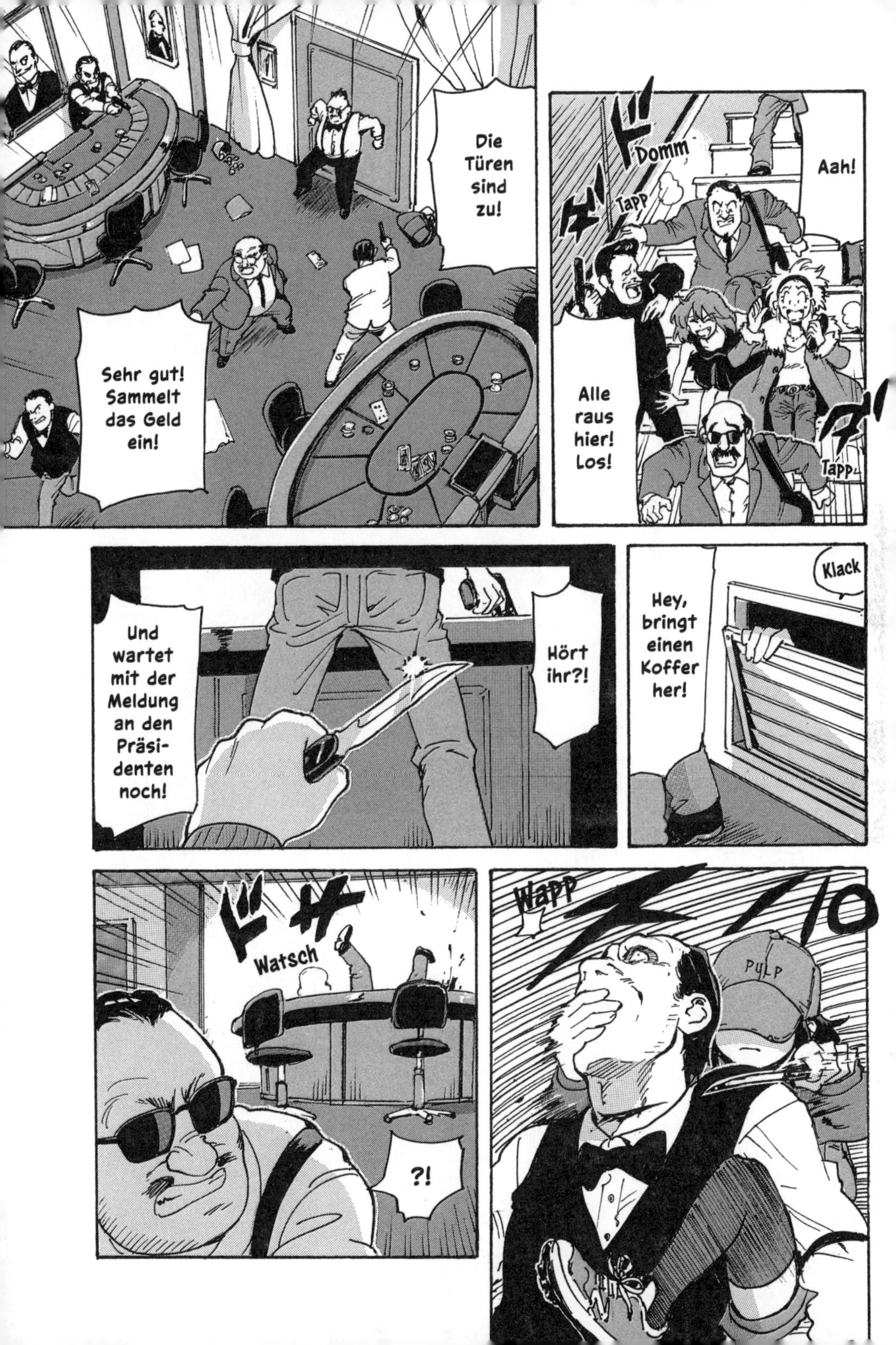
Aah!
Domm
Tapp
Alle raus hier! Los!
Tapp
Die Türen sind zu!
Sehr gut! Sammelt das Geld ein!
Klack
Hey, bringt einen Koffer her!
Hört ihr?!
Und wartet mit der Meldung an den Präsidenten noch!
Wapp
PULP
Watsch
?!

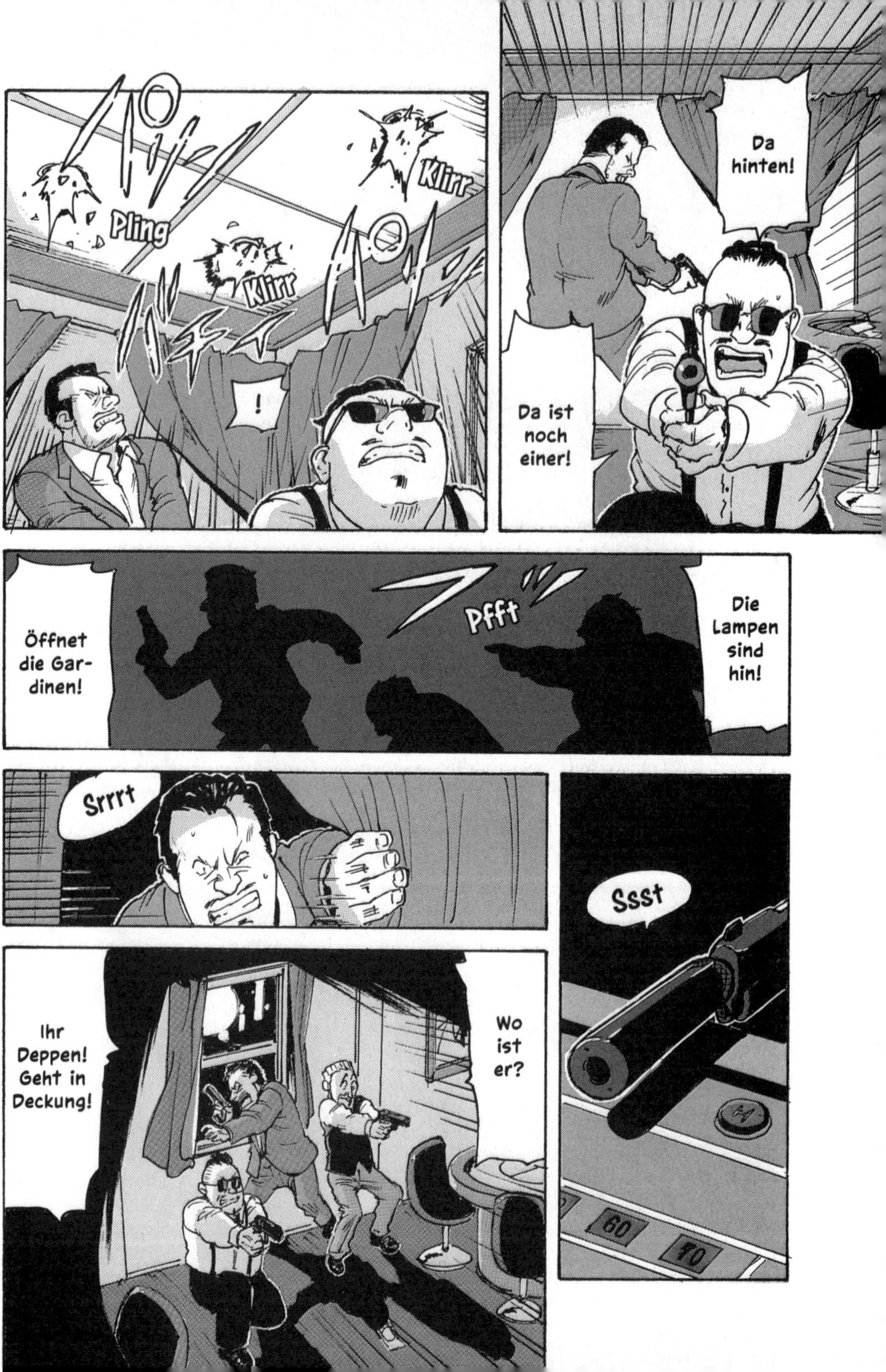

Da hinten!
Da ist noch einer!
Pling
Klirr
Klirr
!
Die Lampen sind hin!
Pfft
Öffnet die Gardinen!
Srrrt
Ssst
Wo ist er?
Ihr Deppen! Geht in Deckung!

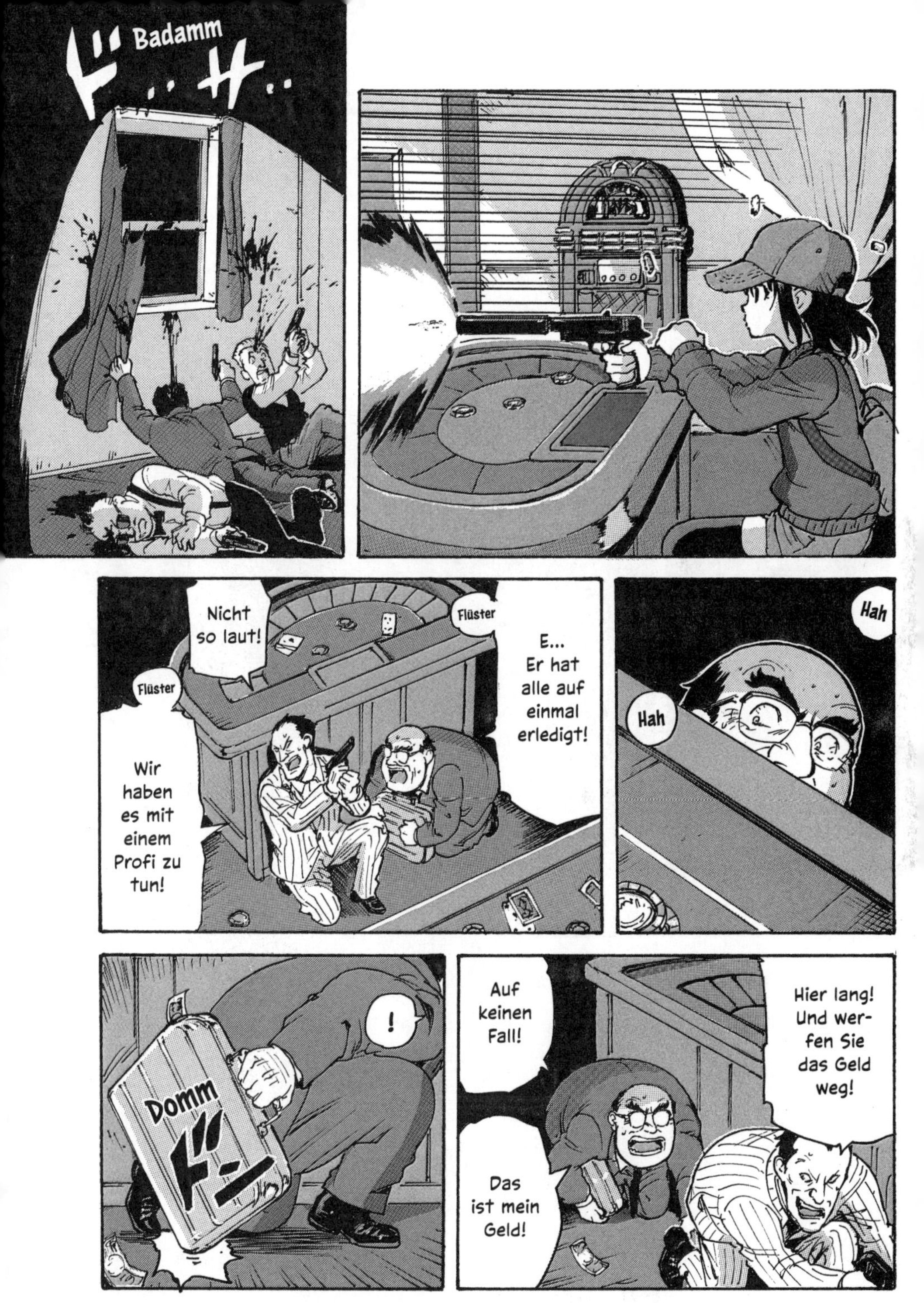
Badamm
Hah
Hah
Flüster
E... Er hat alle auf einmal erledigt!
Nicht so laut!
Flüster
Wir haben es mit einem Profi zu tun!
Hier lang! Und werfen Sie das Geld weg!
Auf keinen Fall!
Das ist mein Geld!
!
Domm

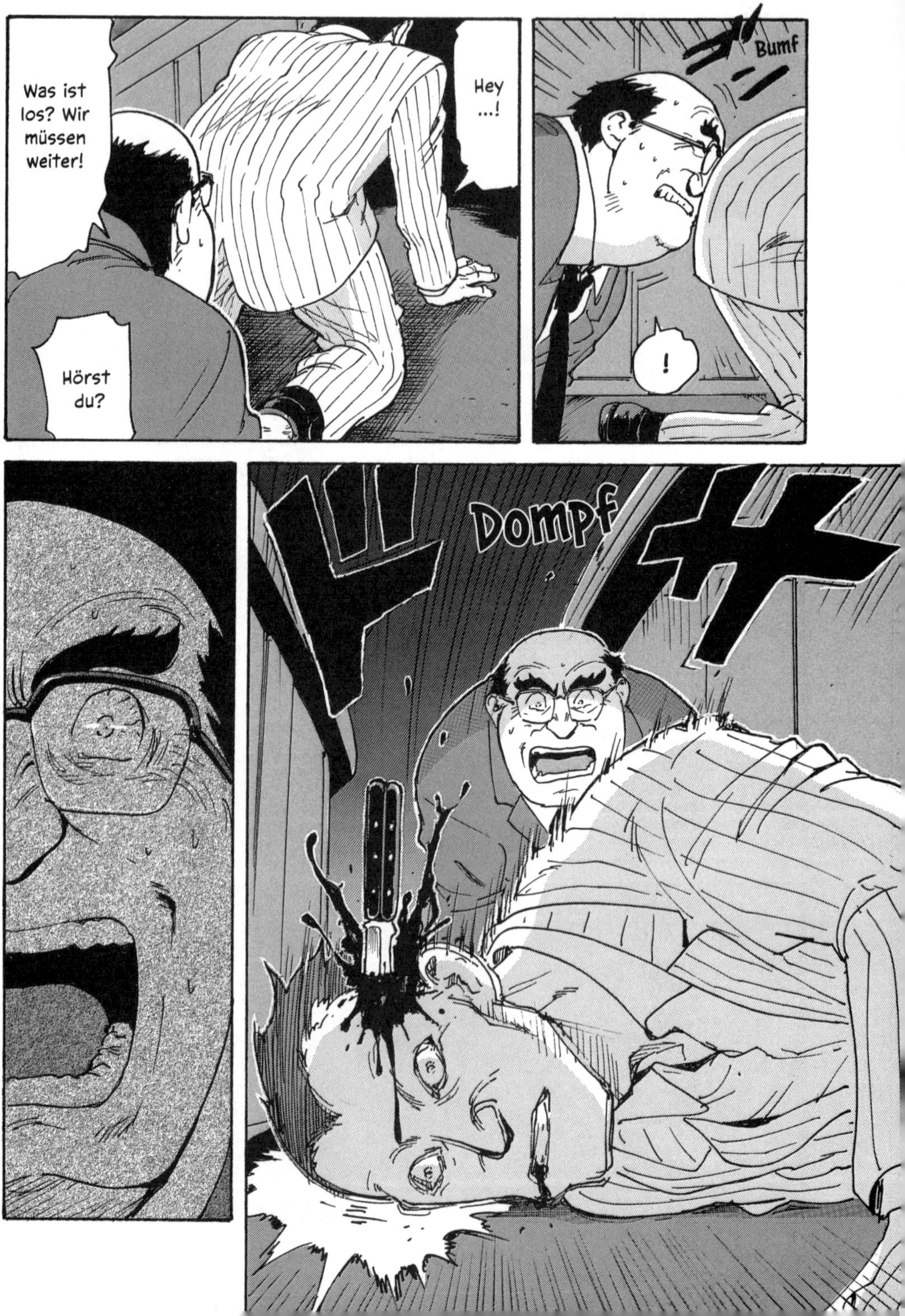
Hey ...!
Was ist los? Wir müssen weiter!
Hörst du?
Bumf
!
Dompf

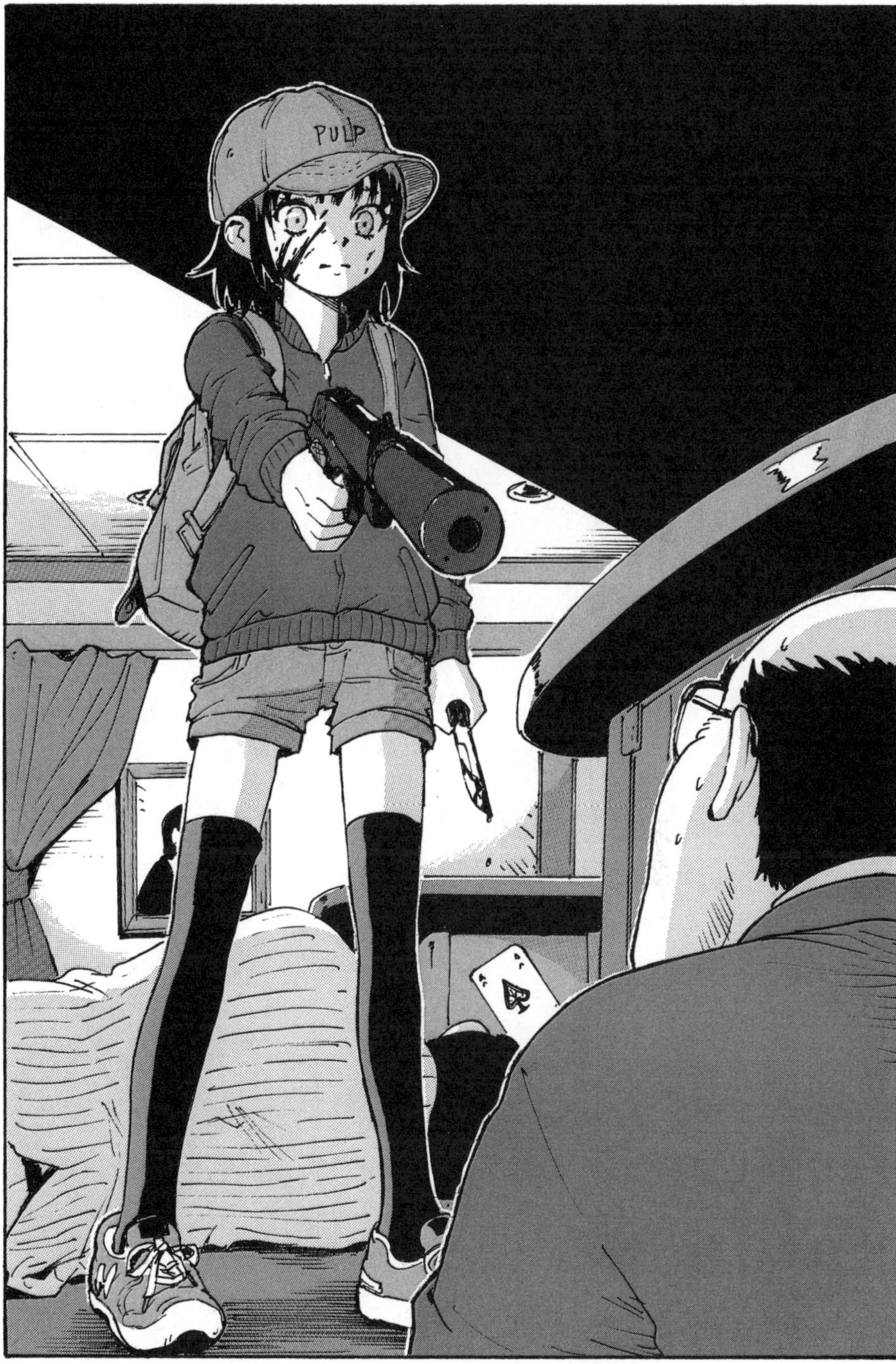
PULP

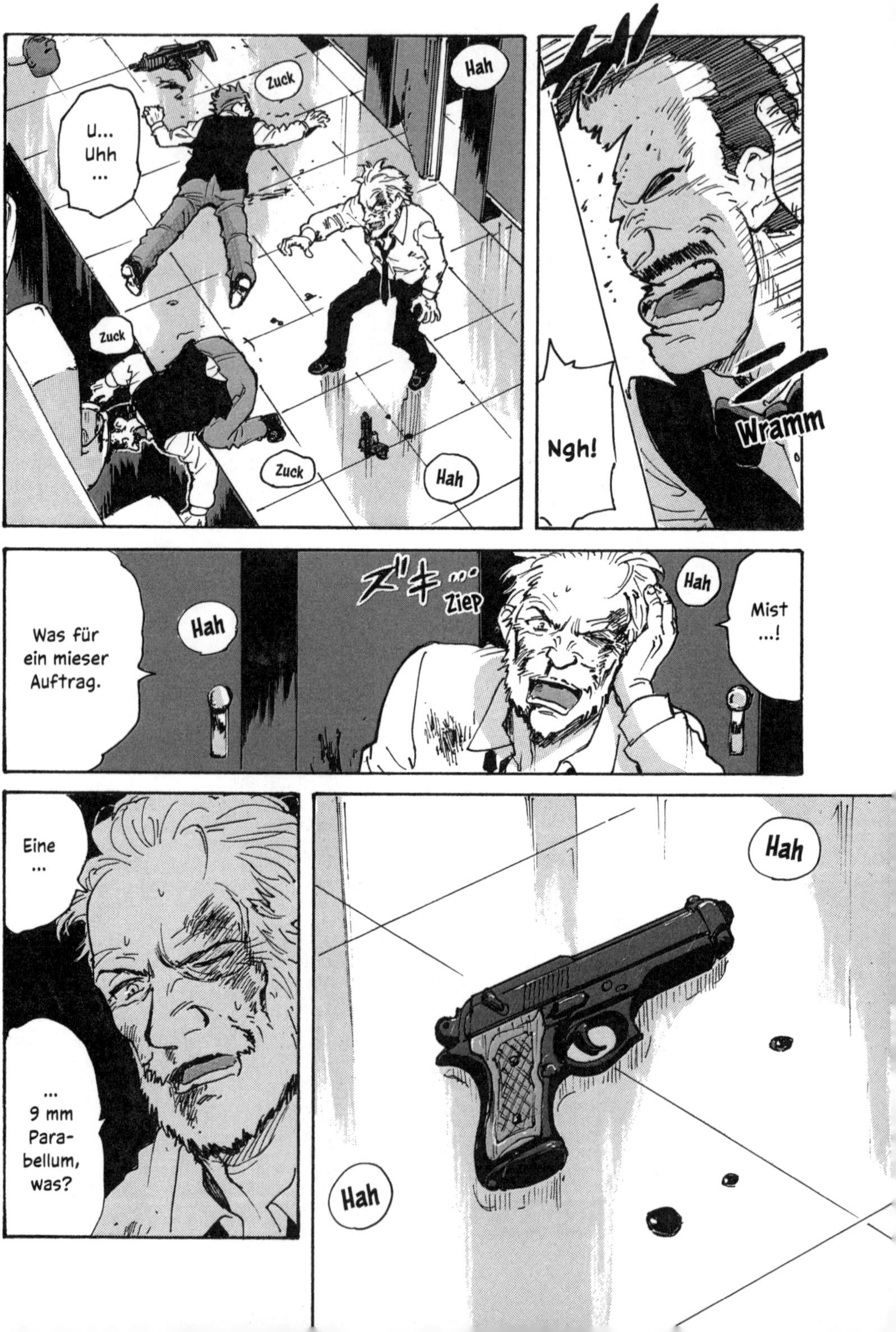

Wramm
Ngh!
Hah
Zuck
U... Uhh ...
Hah
Zuck
Zuck
Mist ...!
Hah
ズキ
Ziep
Hah
Was für ein mieser Auftrag.
Hah
Hah
Eine ...
... 9 mm Parabellum, was?

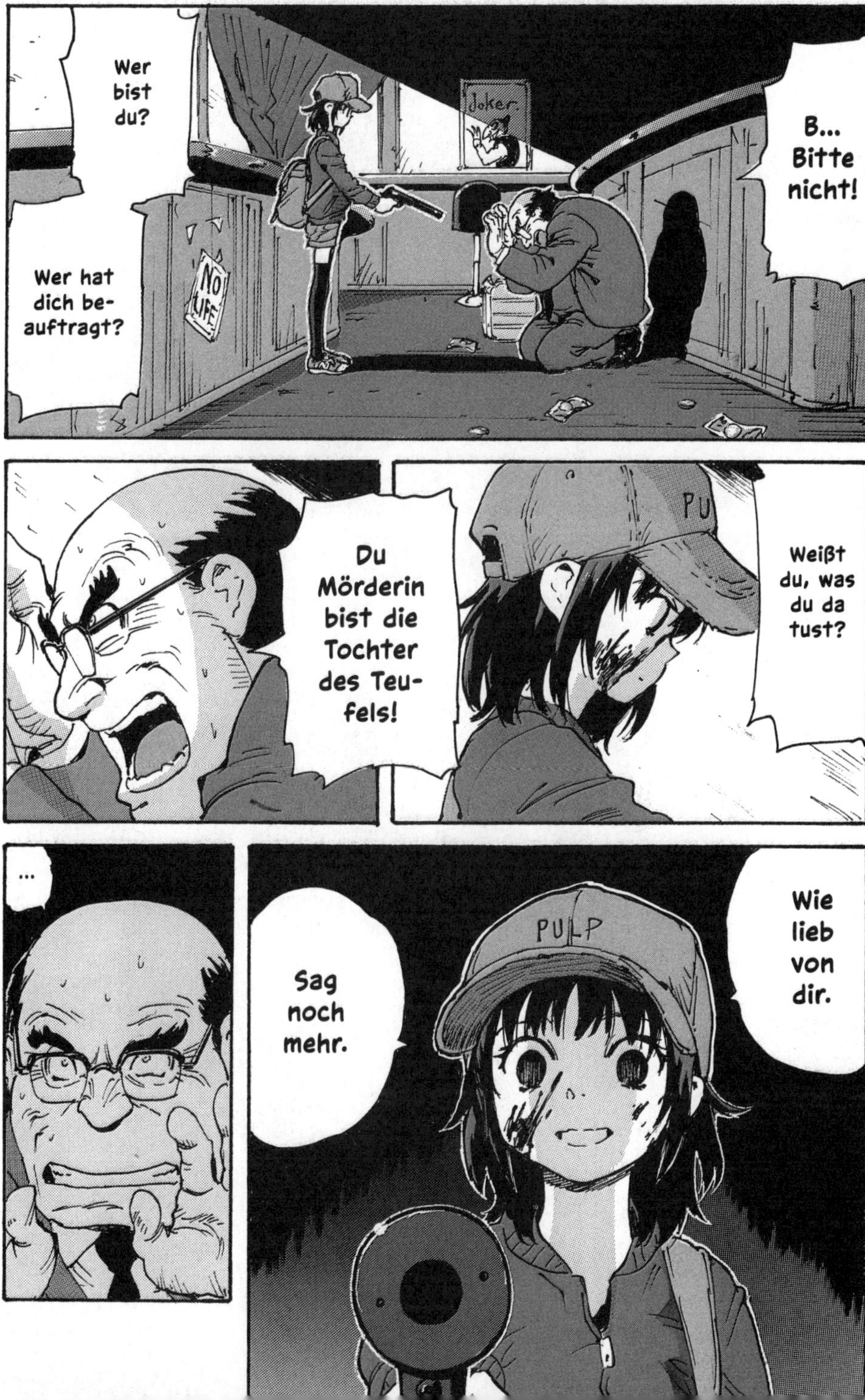
B... Bitte nicht!
Wer bist du?
Wer hat dich beauftragt?
Joker.
NO LIFE
PU
Weißt du, was du da tust?
Du Mörderin bist die Tochter des Teufels!
PULP
Wie lieb von dir.
Sag noch mehr.
...

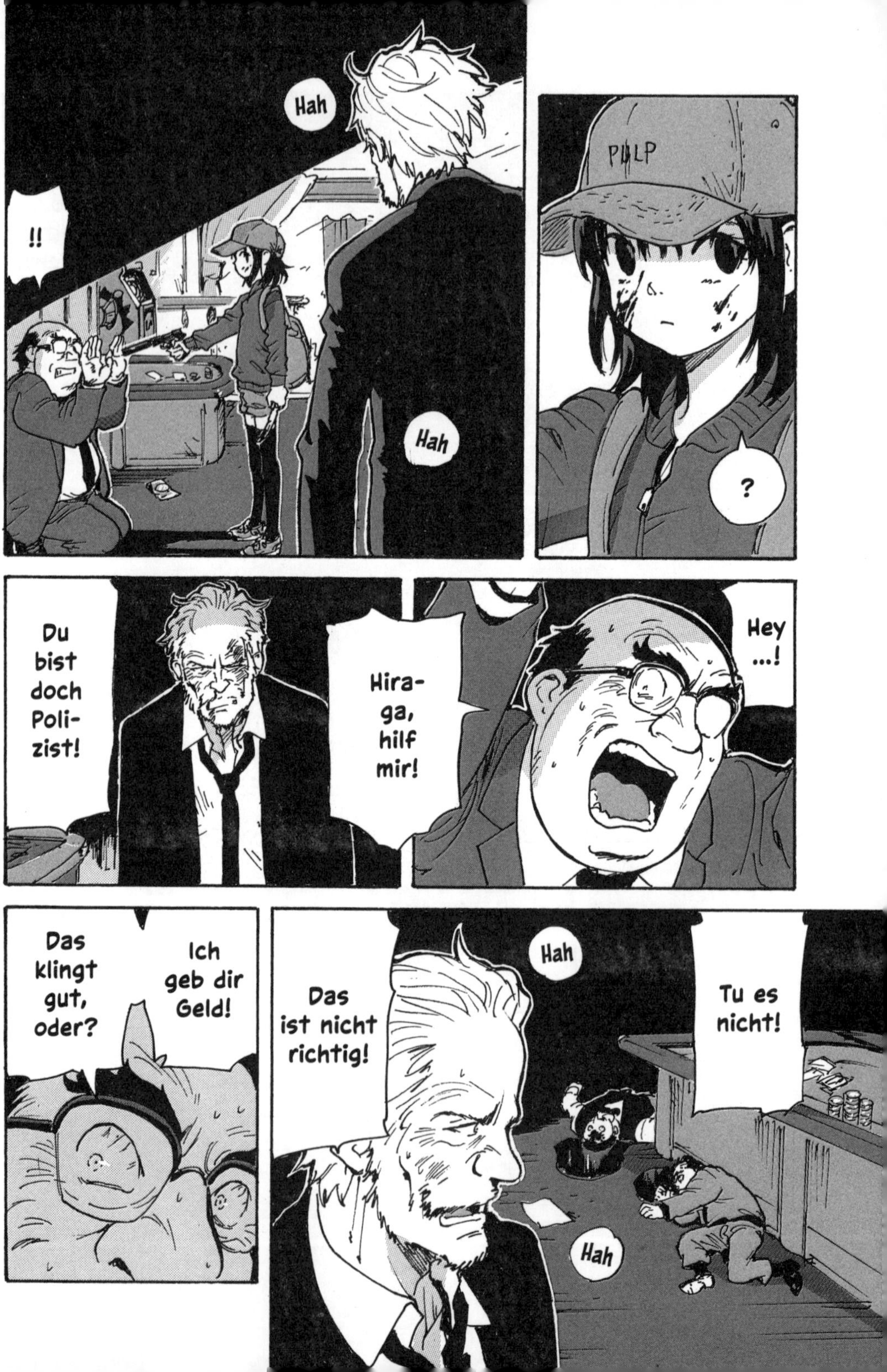
Hah
!!
Hah
?
Du bist doch Polizist!
Hey ...!
Hiraga, hilf mir!
Das klingt gut, oder?
Ich geb dir Geld!
Hah
Das ist nicht richtig!
Tu es nicht!
Hah

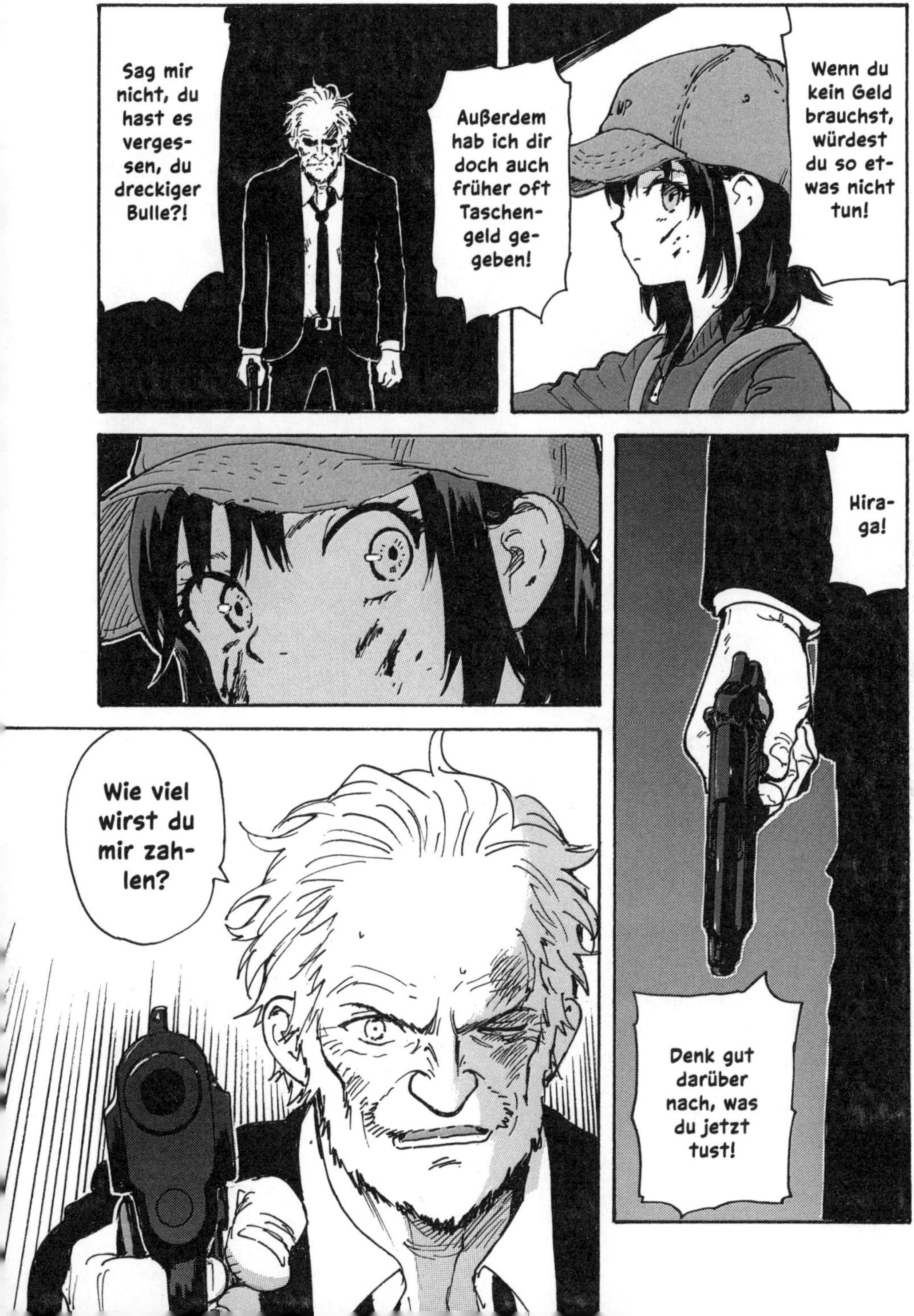
Wenn du kein Geld brauchst, würdest du so etwas nicht tun!
Außerdem hab ich dir doch auch früher oft Taschengeld gegeben!
Sag mir nicht, du hast es vergessen, du dreckiger Bulle?!
Hiraga!
Wie viel wirst du mir zahlen?
Denk gut darüber nach, was du jetzt tust!

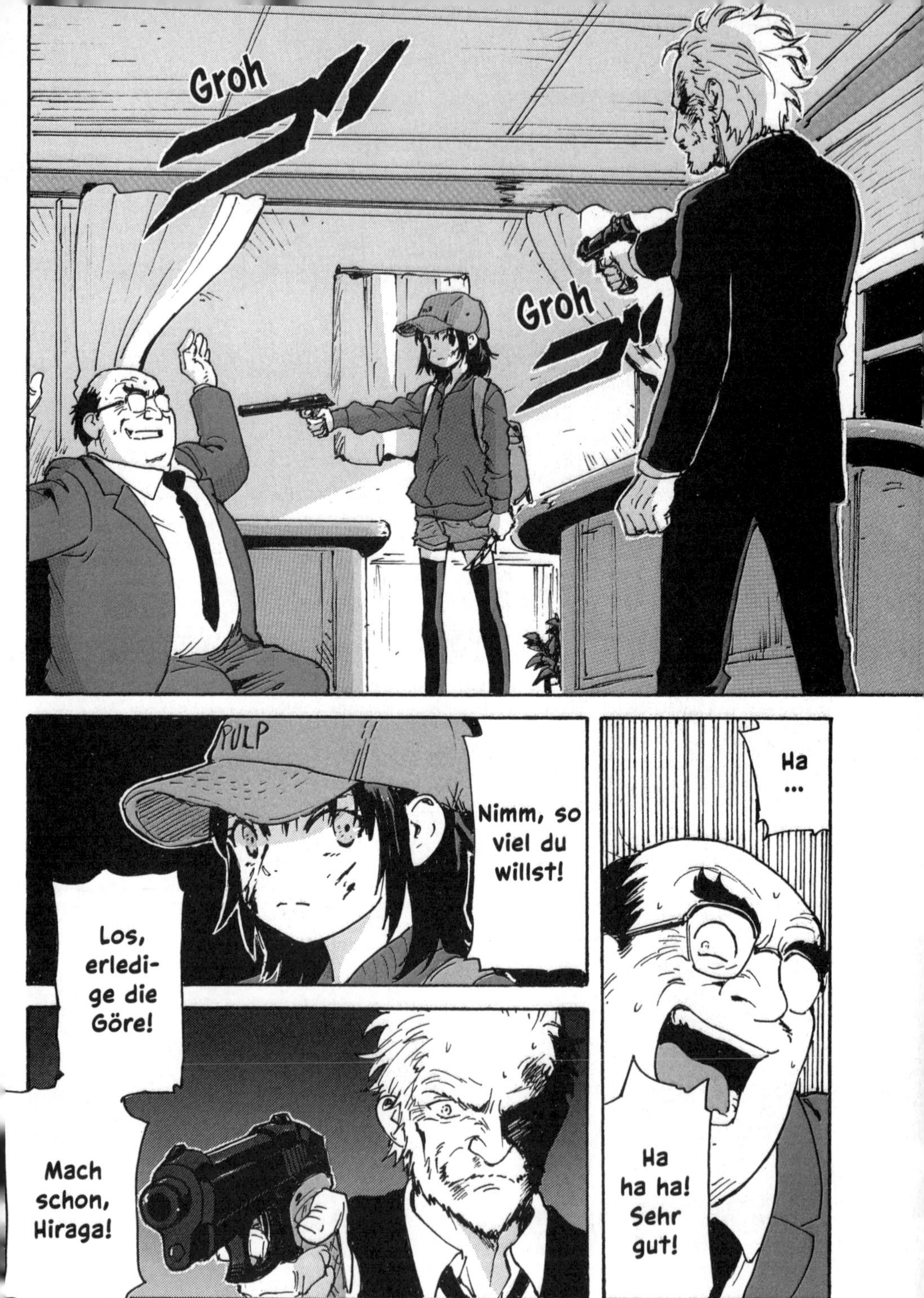
Groh
Groh
Ha ...
Nimm, so viel du willst!
Los, erledige die Göre!
Mach schon, Hiraga!
Ha ha ha! Sehr gut!

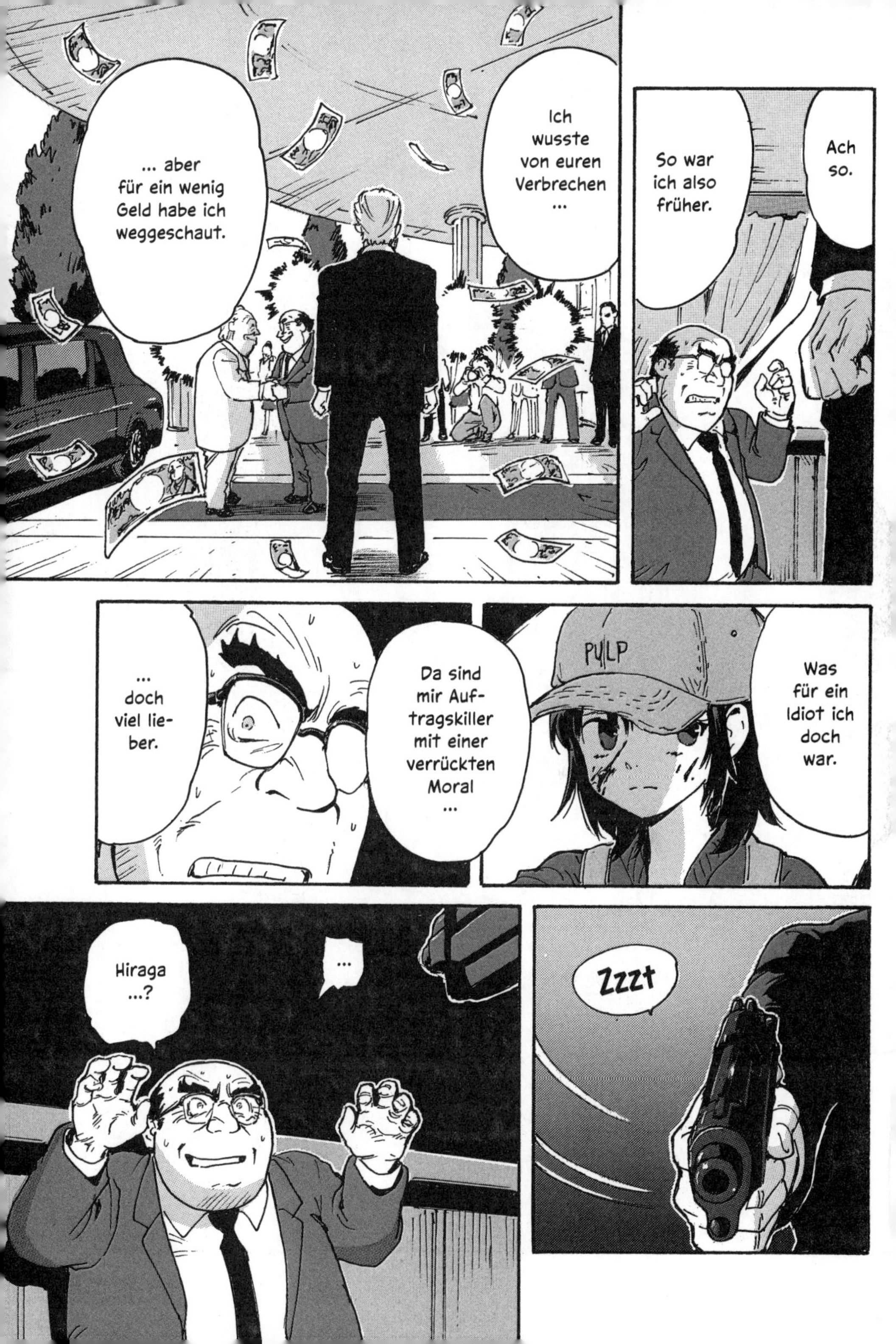
Ach so.
So war ich also früher.
Ich wusste von euren Verbrechen ...
... aber für ein wenig Geld habe ich weggeschaut.
Was für ein Idiot ich doch war.
Da sind mir Auftragskiller mit einer verrückten Moral ...
... doch viel lieber.
PULP
Zzzt
...
Hiraga ...?

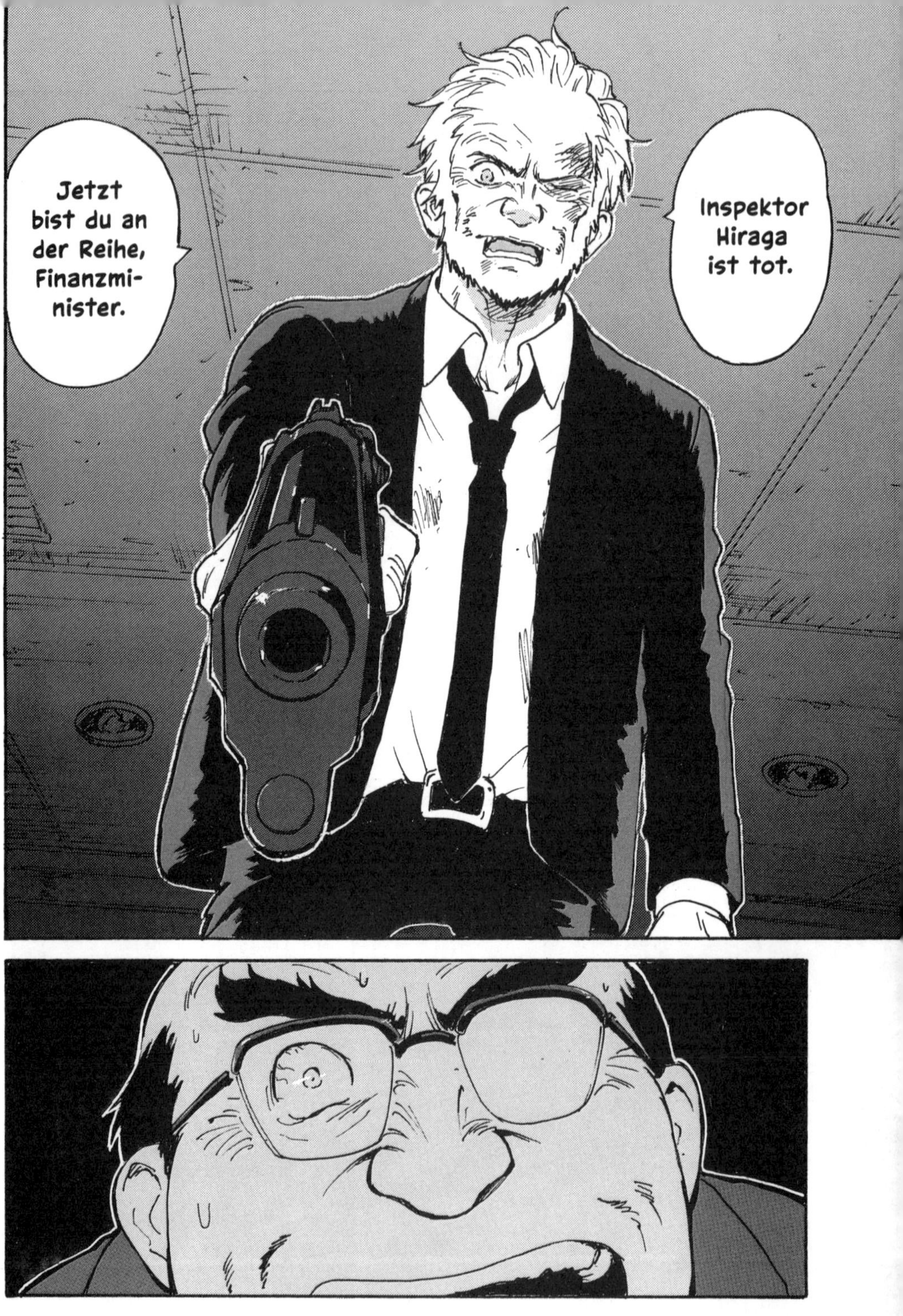
Inspektor Hiraga ist tot.
Jetzt bist du an der Reihe, Finanzminister.

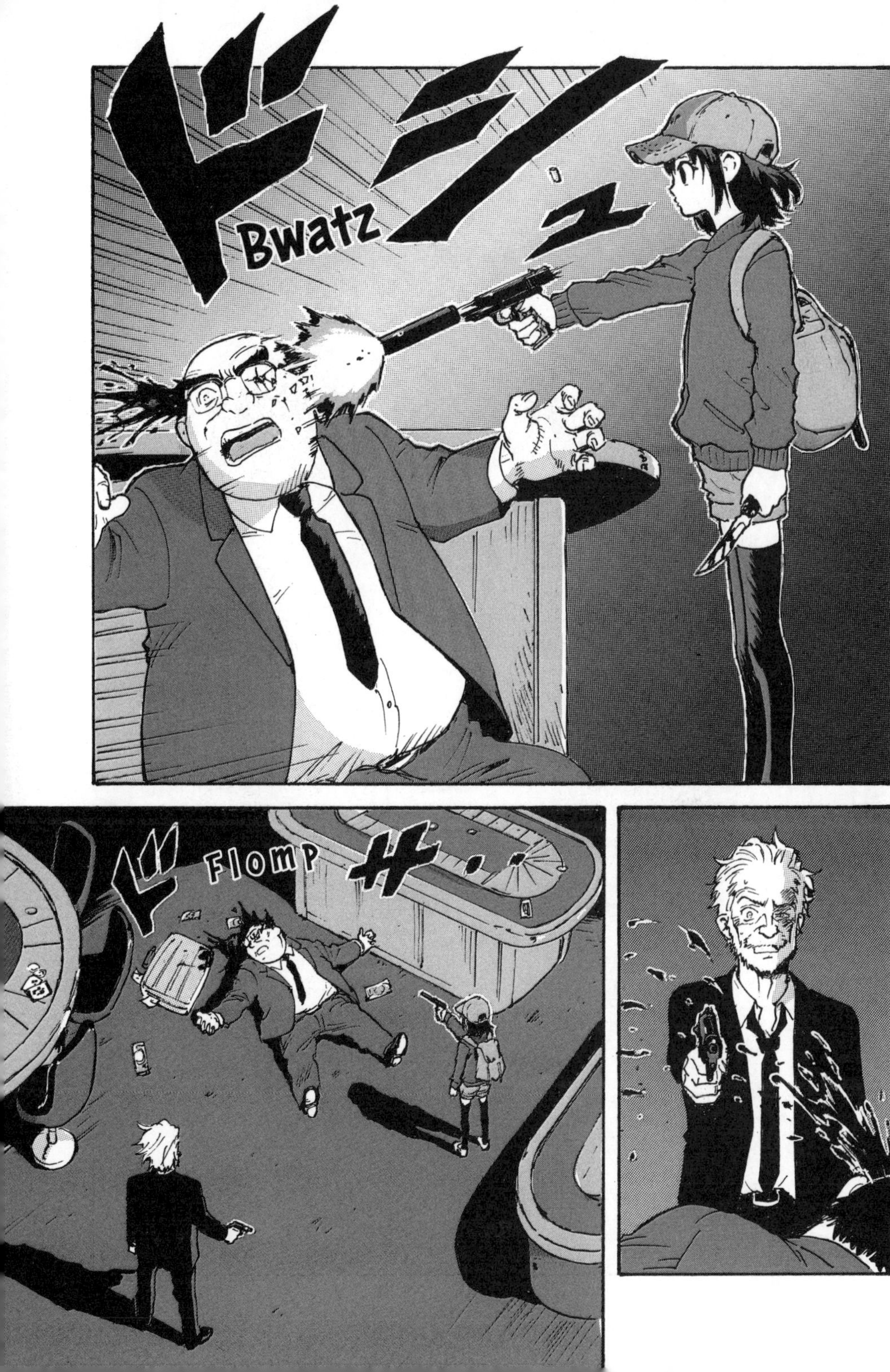
ドシュ
Bwatz
ドサ
Flomp

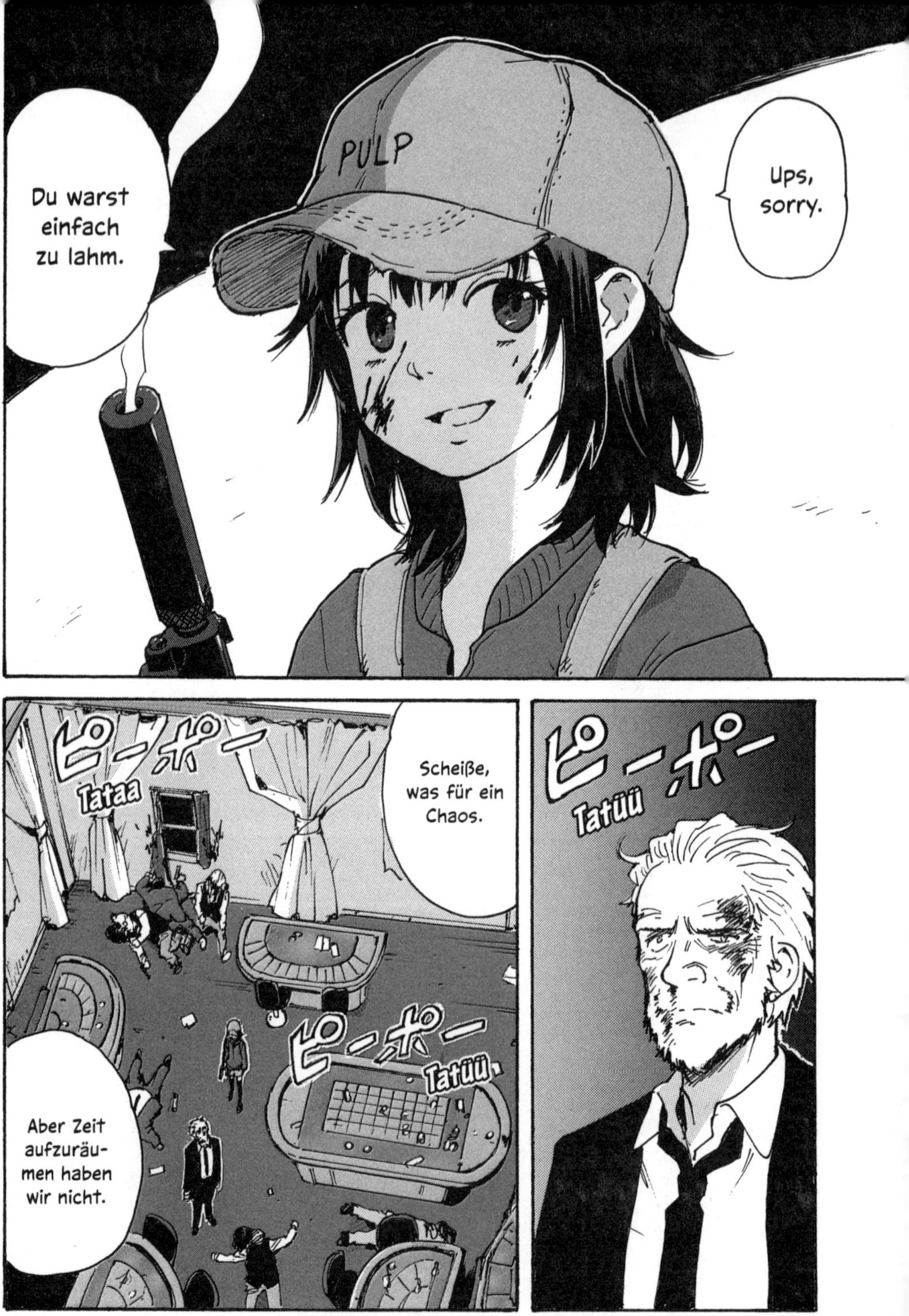
Ups, sorry.
Du warst einfach zu lahm.
Tatüü
Scheiße, was für ein Chaos.
Tataa
Tatüü
Aber Zeit aufzuräumen haben wir nicht.

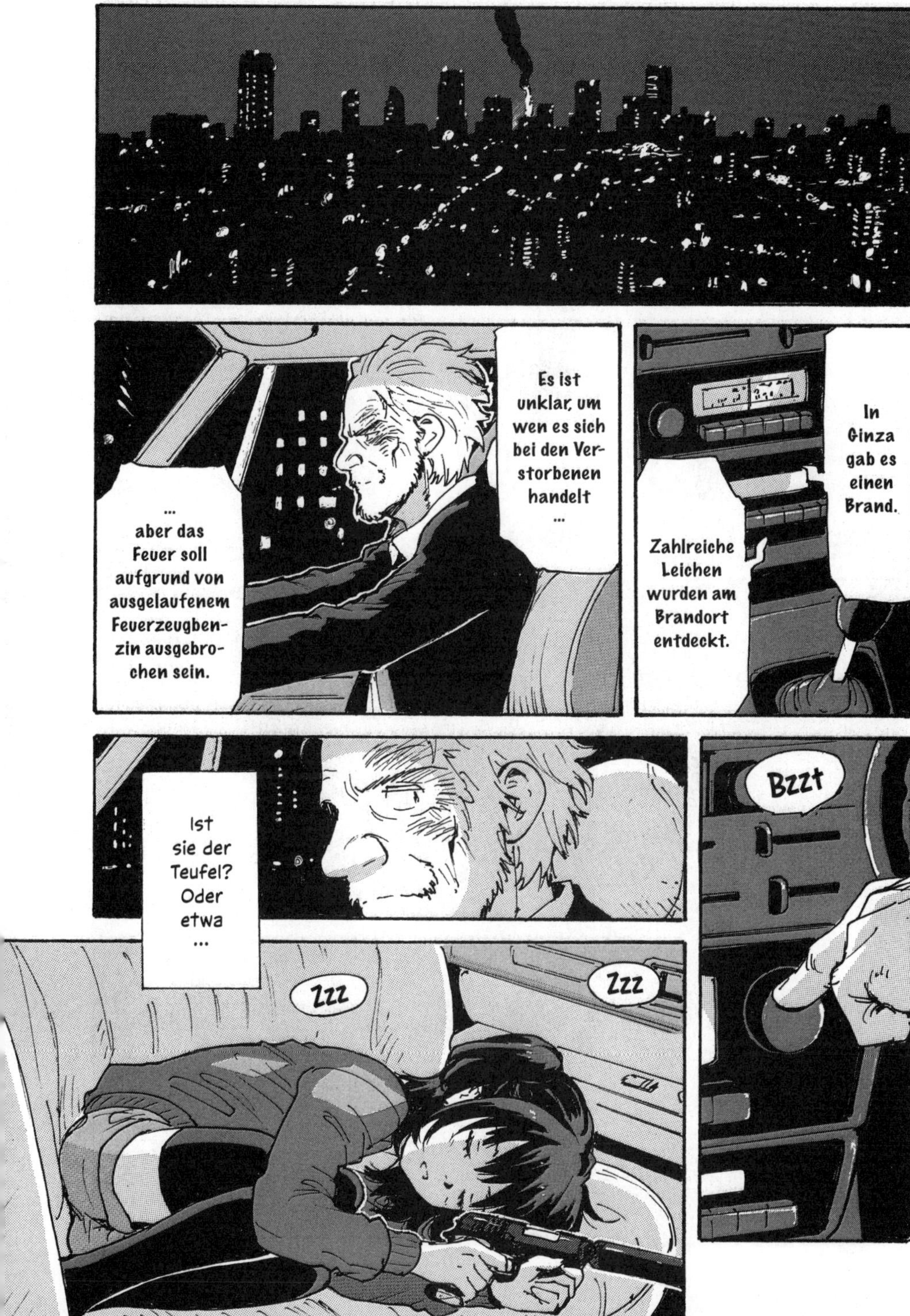
In Ginza gab es einen Brand.
Zahlreiche Leichen wurden am Brandort entdeckt.
Es ist unklar, um wen es sich bei den Verstorbenen handelt ...
... aber das Feuer soll aufgrund von ausgelaufenem Feuerzeugbenzin ausgebrochen sein.
Bzzt
Ist sie der Teufel? Oder etwa ...
Zzz
Zzz

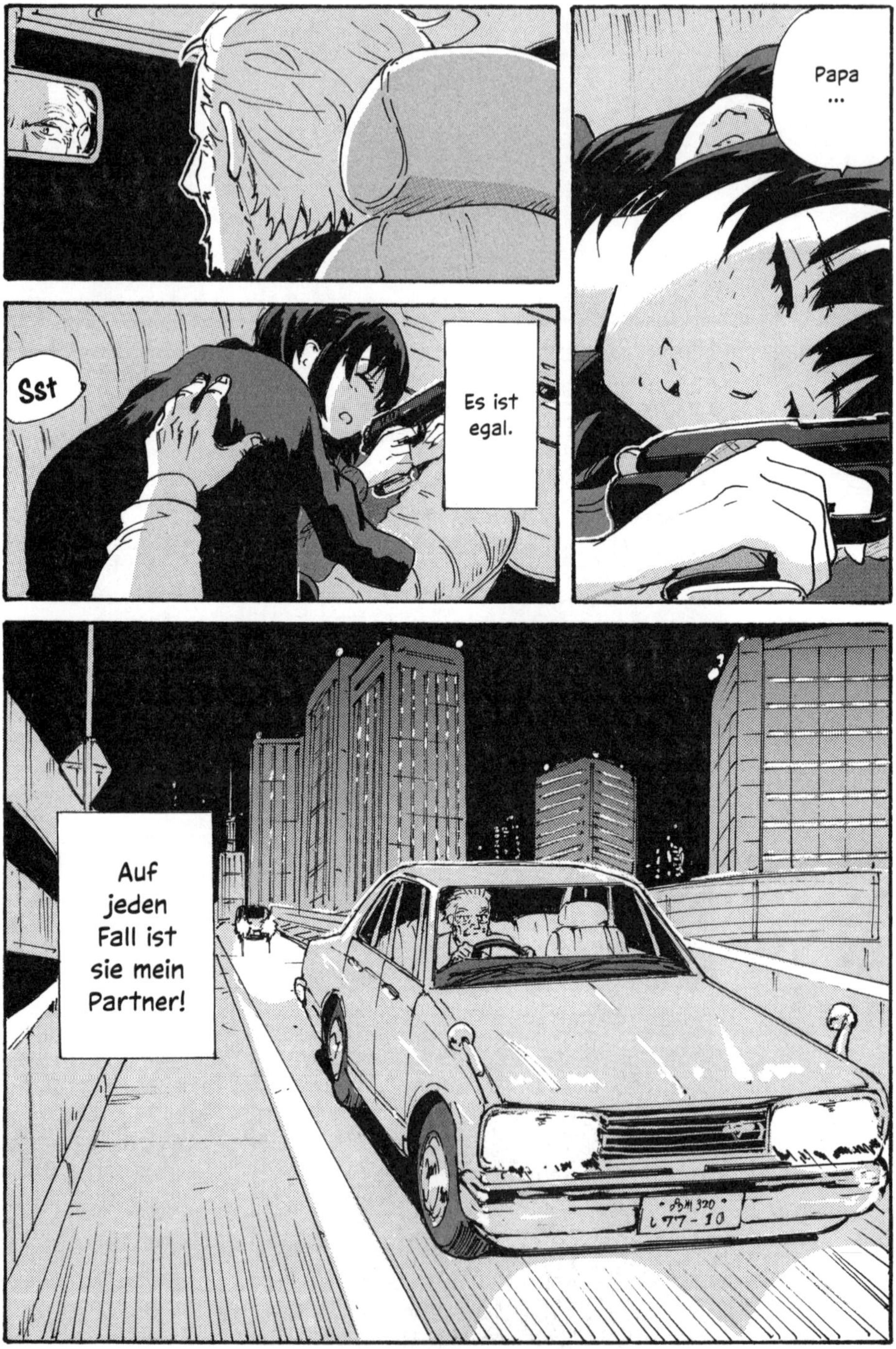
Papa ...
Es ist egal.
Sst
Auf jeden Fall ist sie mein Partner!

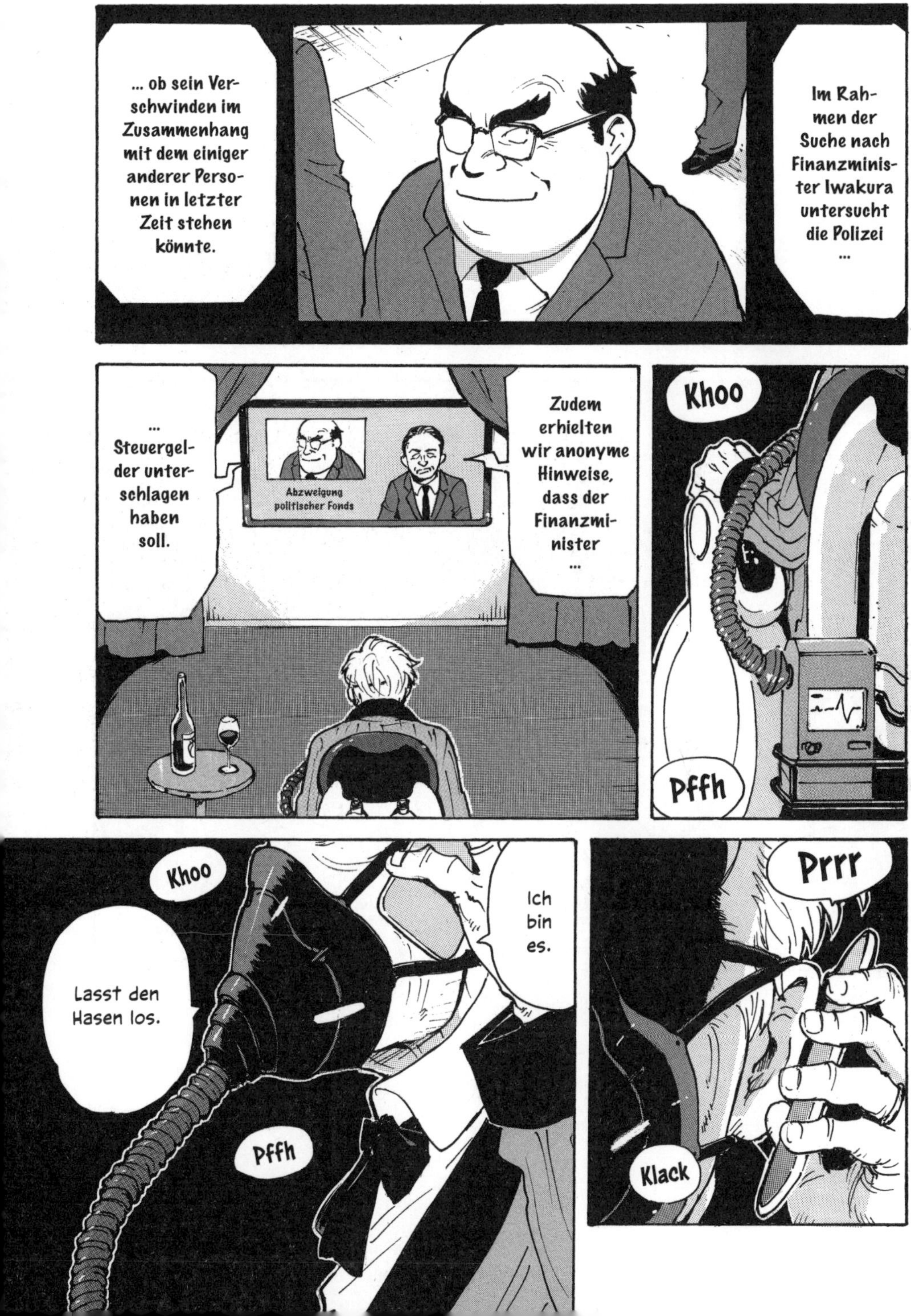
Im Rahmen der Suche nach Finanzminister Iwakura untersucht die Polizei ...
... ob sein Verschwinden im Zusammenhang mit dem einiger anderer Personen in letzter Zeit stehen könnte.
Khoo
Pffh
Zudem erhielten wir anonyme Hinweise, dass der Finanzminister ...
Abzweigung politischer Fonds
... Steuergelder unterschlagen haben soll.
Prrr
Klack
Ich bin es.
Khoo
Lasst den Hasen los.
Pffh

PULP 3 Wie die Tragödie begann

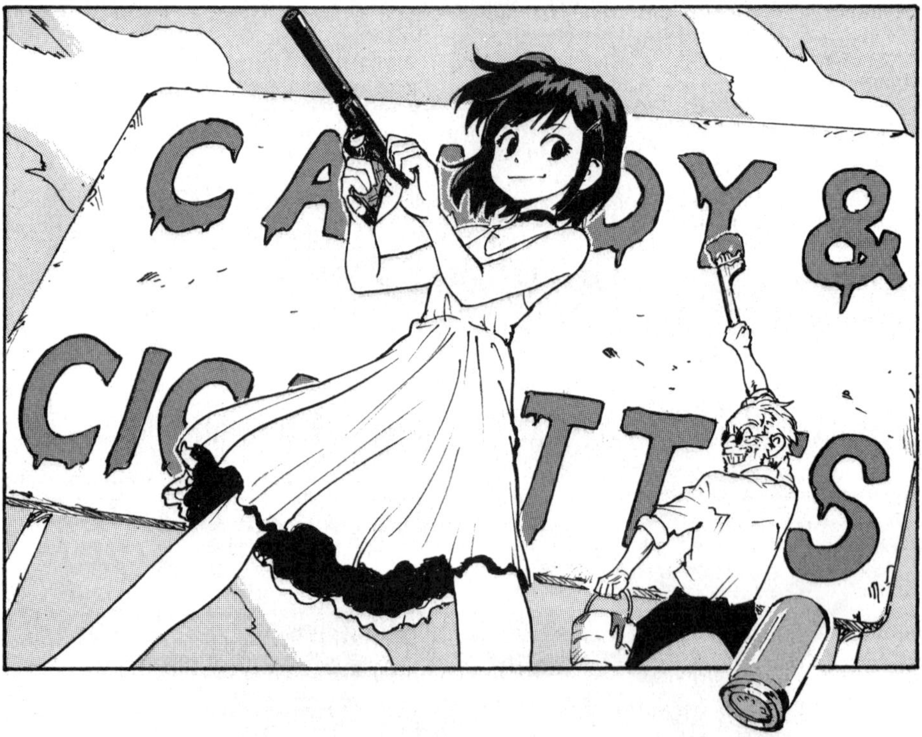

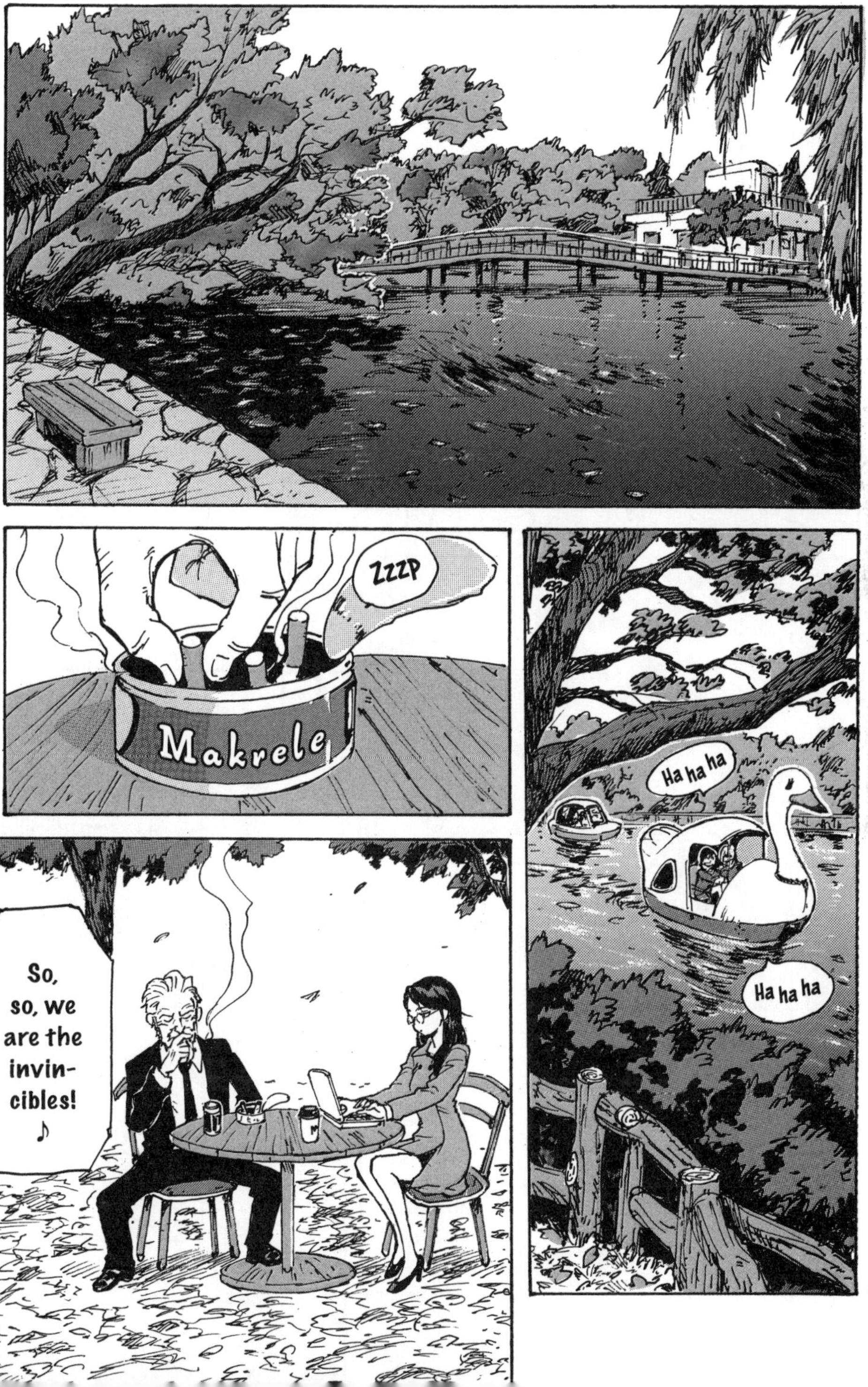
Zzzp
Makrele
Ha ha ha
Ha ha ha
So, so, we are the invincibles! ♪

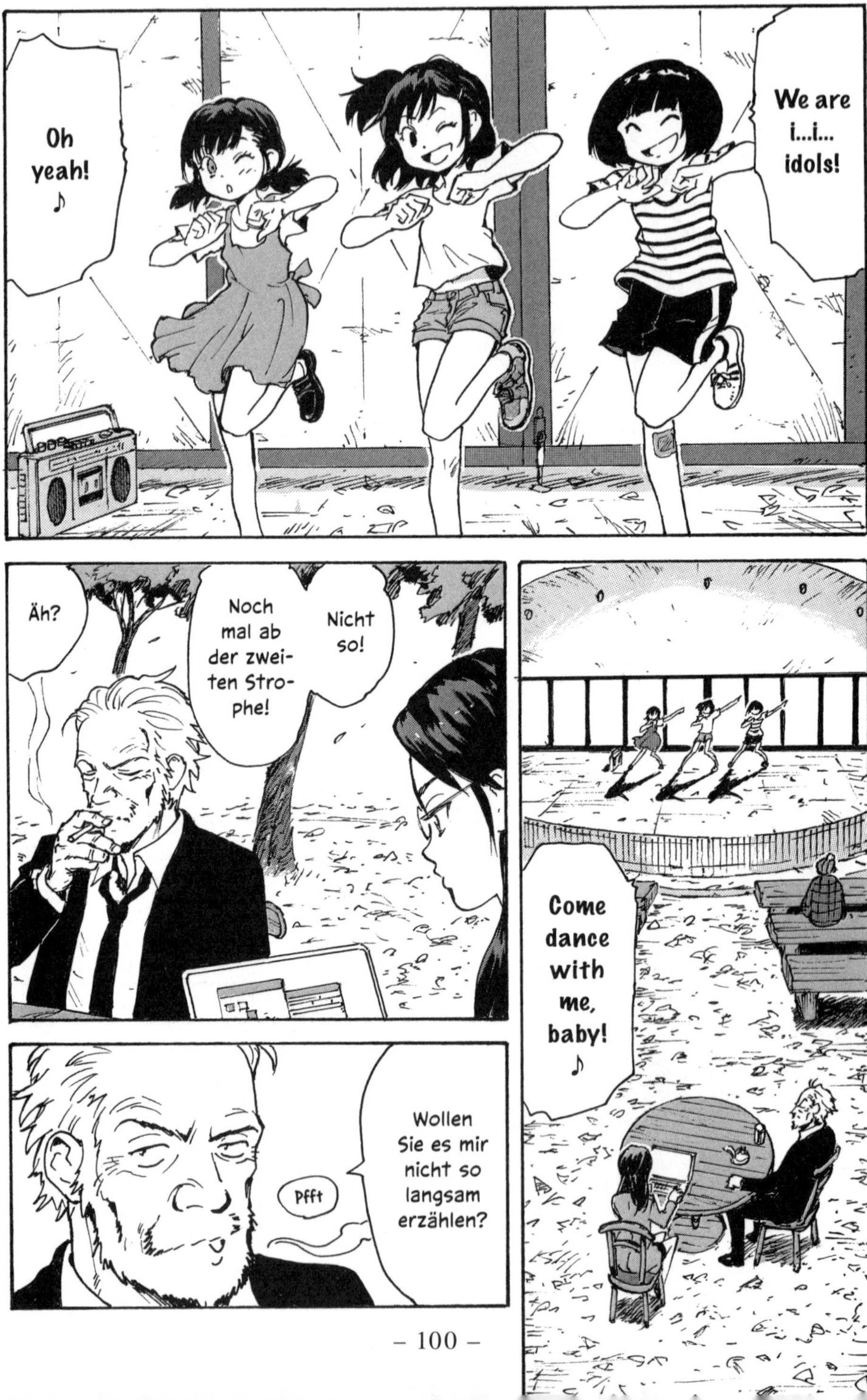
We are i...i... idols!
Oh yeah! ♪
Come dance with me, baby! ♪
Nicht so!
Noch mal ab der zweiten Strophe!
Äh?
Wollen Sie es mir nicht so langsam erzählen?
Pfft

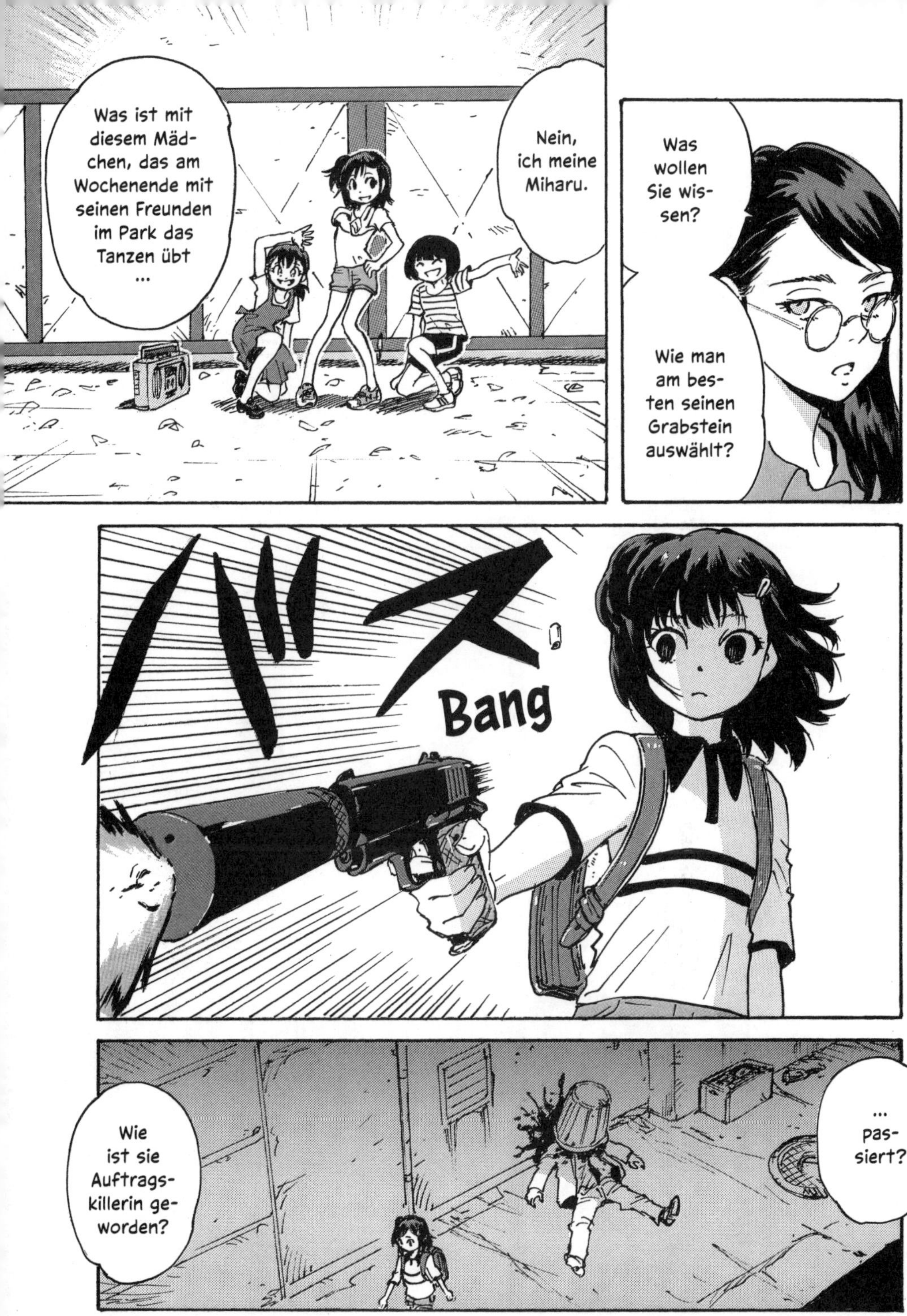
Was wollen Sie wissen?
Wie man am besten seinen Grabstein auswählt?
Nein, ich meine Miharu.
Was ist mit diesem Mädchen, das am Wochenende mit seinen Freunden im Park das Tanzen übt ...
Bang
... passiert?
Wie ist sie Auftragskillerin geworden?

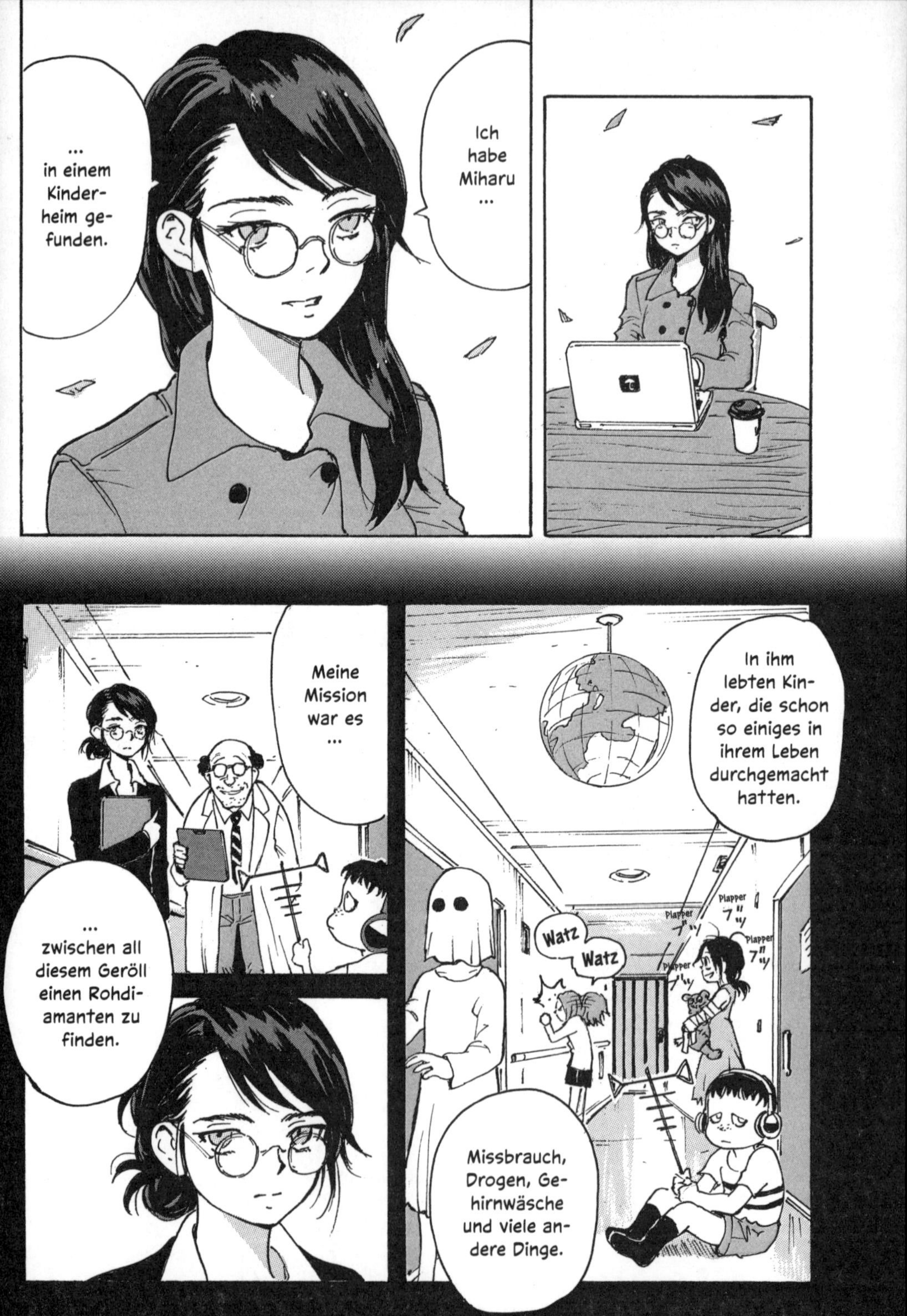

Ich habe Miharu ...
... in einem Kinderheim gefunden.
Meine Mission war es ...
... zwischen all diesem Geröll einen Rohdiamanten zu finden.
In ihm lebten Kinder, die schon so einiges in ihrem Leben durchgemacht hatten.
Watz
Watz
Plapper
Plapper
Plapper
Plapper
Missbrauch, Drogen, Gehirnwäsche und viele andere Dinge.

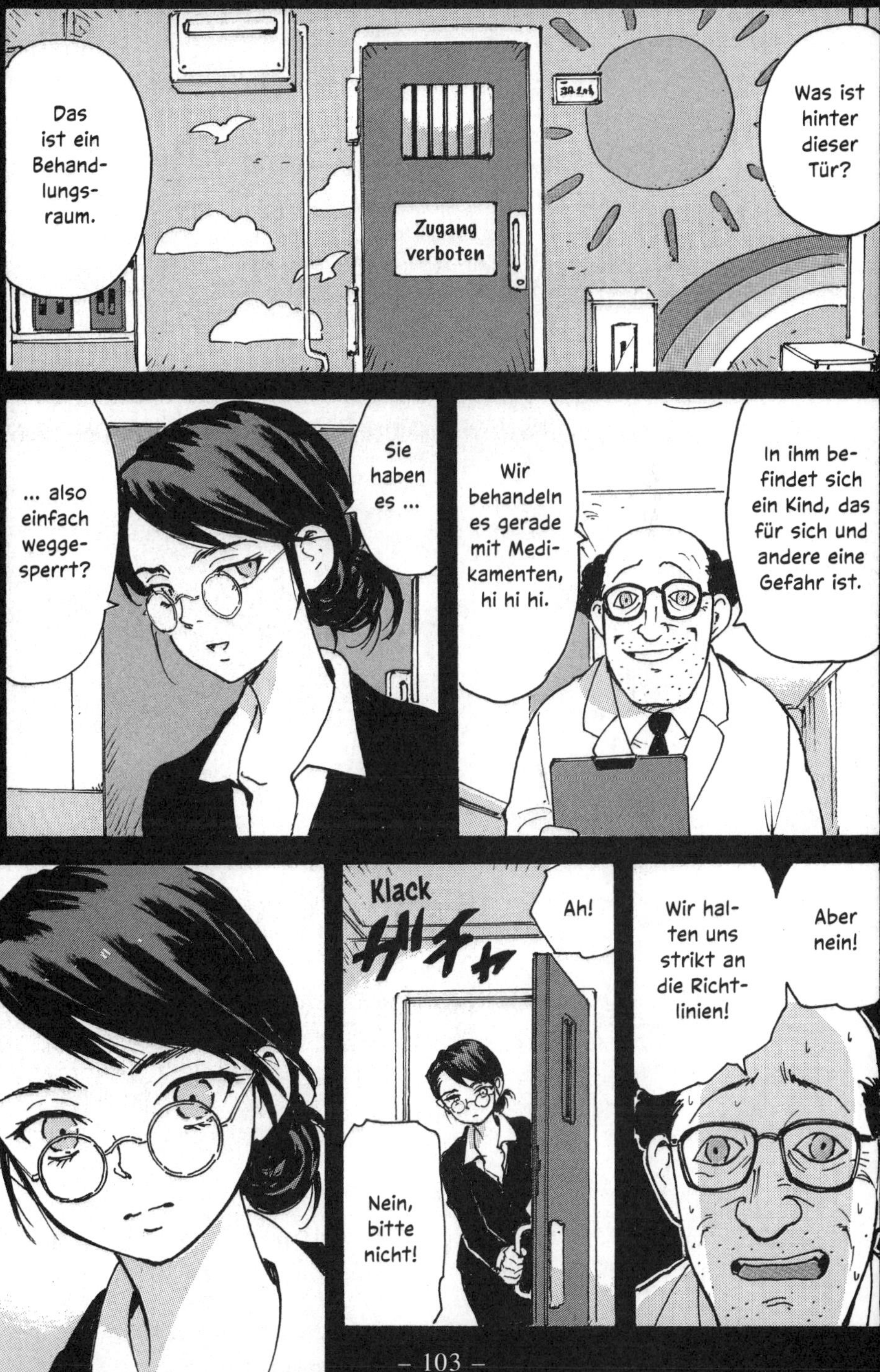
Was ist hinter dieser Tür?
Zugang verboten
Das ist ein Behandlungsraum.
In ihm befindet sich ein Kind, das für sich und andere eine Gefahr ist.
Wir behandeln es gerade mit Medikamenten, hi hi hi.
Sie haben es ...
... also einfach weggesperrt?
Aber nein!
Wir halten uns strikt an die Richtlinien!
Ah!
Klack
Nein, bitte nicht!

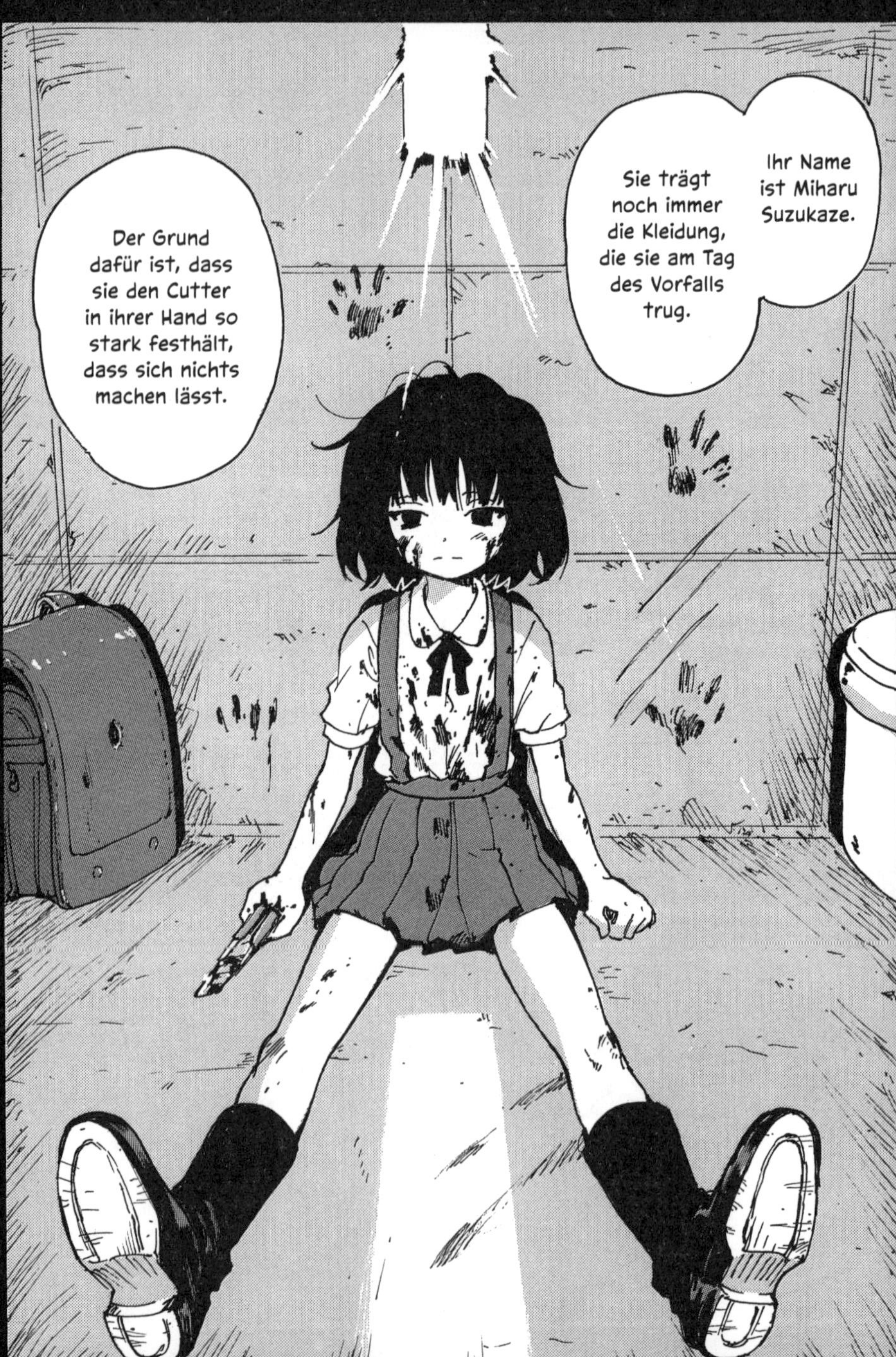
Ihr Name ist Miharu Suzukaze.
Sie trägt noch immer die Kleidung, die sie am Tag des Vorfalls trug.
Der Grund dafür ist, dass sie den Cutter in ihrer Hand so stark festhält, dass sich nichts machen lässt.

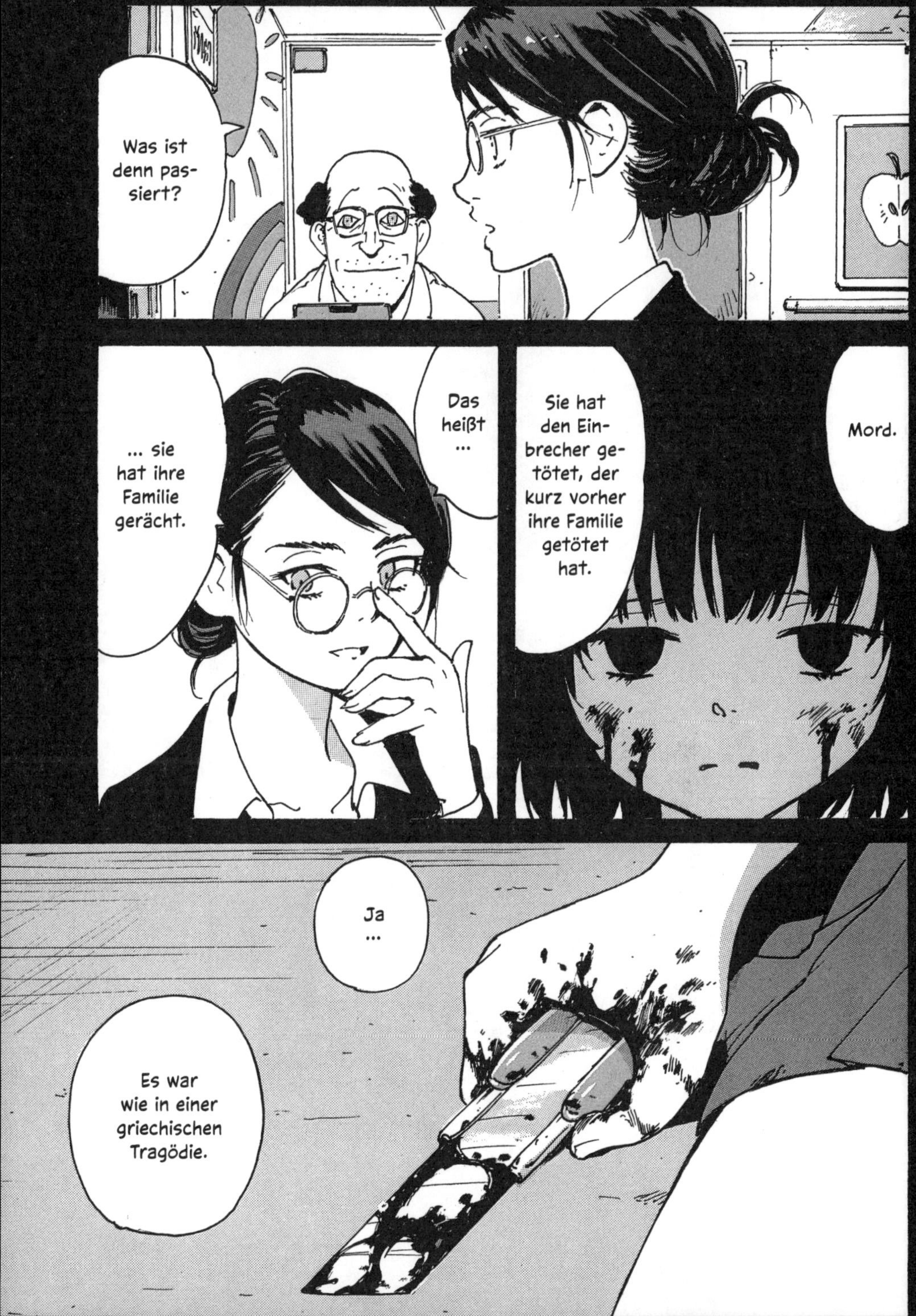
Was ist denn passiert?
Mord.
Sie hat den Einbrecher getötet, der kurz vorher ihre Familie getötet hat.
Das heißt ...
... sie hat ihre Familie gerächt.
Ja ...
Es war wie in einer griechischen Tragödie.

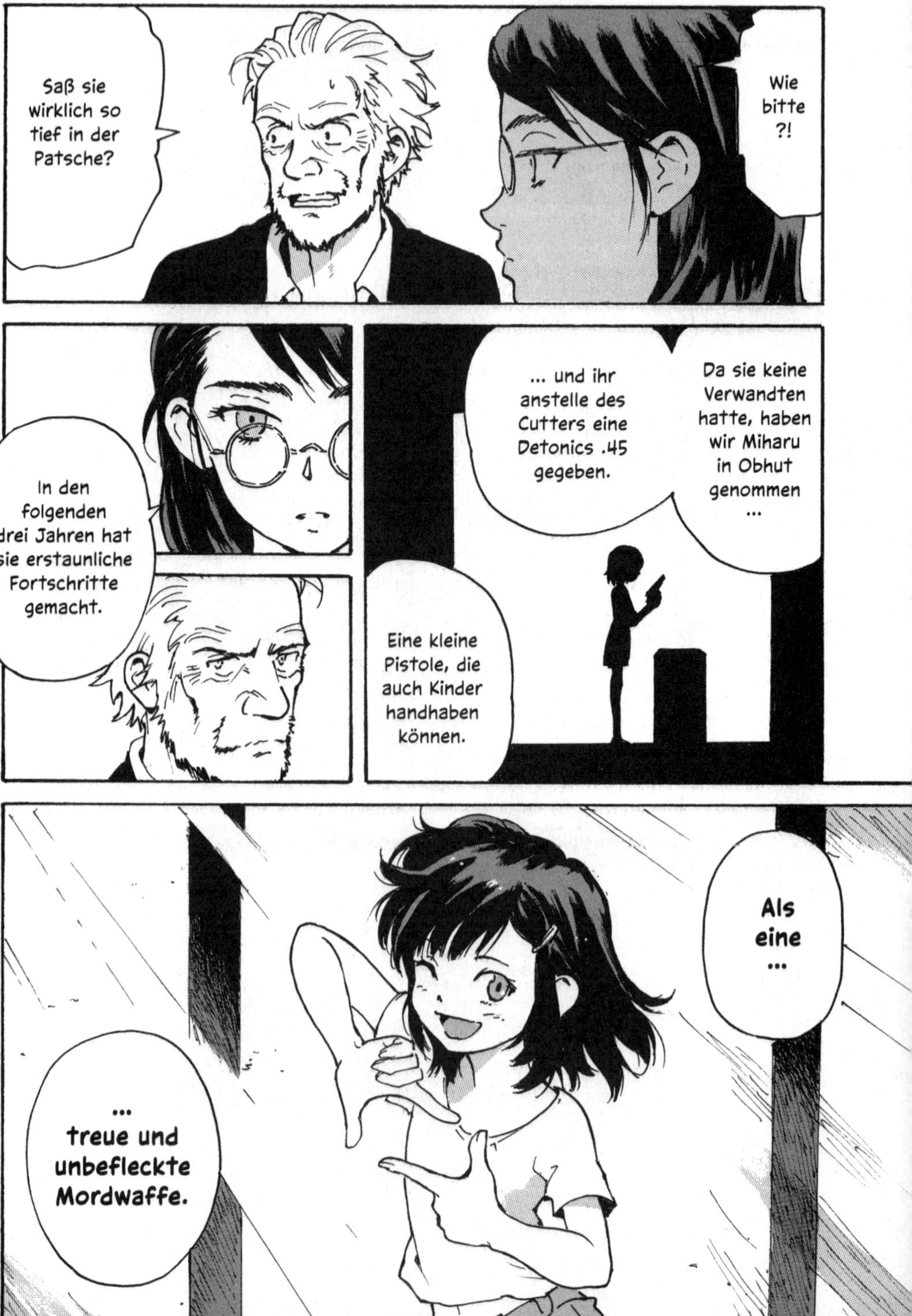
Wie bitte ?!
Saß sie wirklich so tief in der Patsche?
Da sie keine Verwandten hatte, haben wir Miharu in Obhut genommen ...
... und ihr anstelle des Cutters eine Detonics .45 gegeben.
Eine kleine Pistole, die auch Kinder handhaben können.
In den folgenden drei Jahren hat sie erstaunliche Fortschritte gemacht.
Als eine ...
... treue und unbefleckte Mordwaffe.

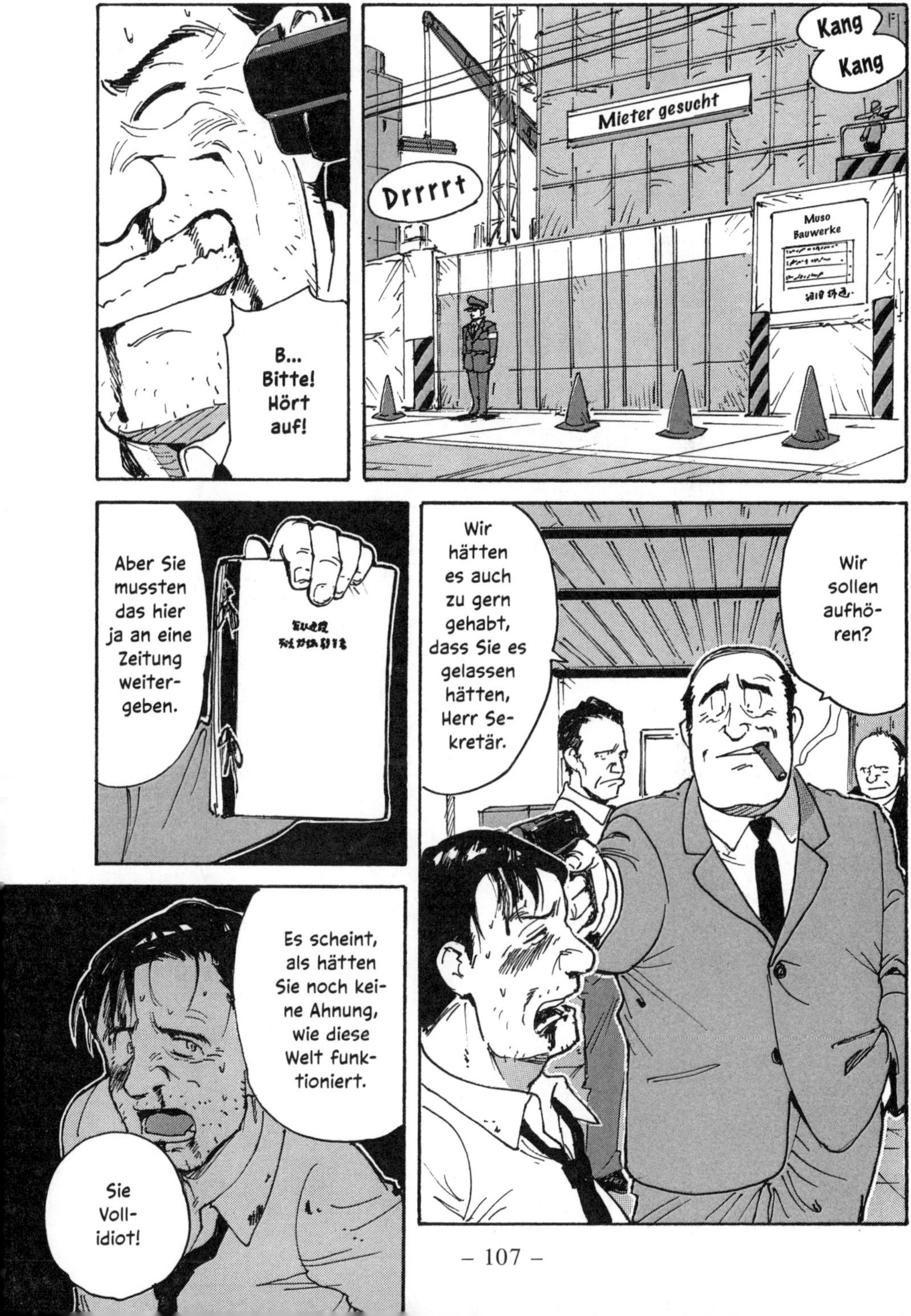
Kang
Kang
Mieter gesucht
Drrrrt
Muso Bauwerke
B... Bitte! Hört auf!
Wir sollen aufhören?
Wir hätten es auch zu gern gehabt, dass Sie es gelassen hätten, Herr Sekretär.
Aber Sie mussten das hier ja an eine Zeitung weitergeben.
Es scheint, als hätten Sie noch keine Ahnung, wie diese Welt funktioniert.
Sie Vollidiot!

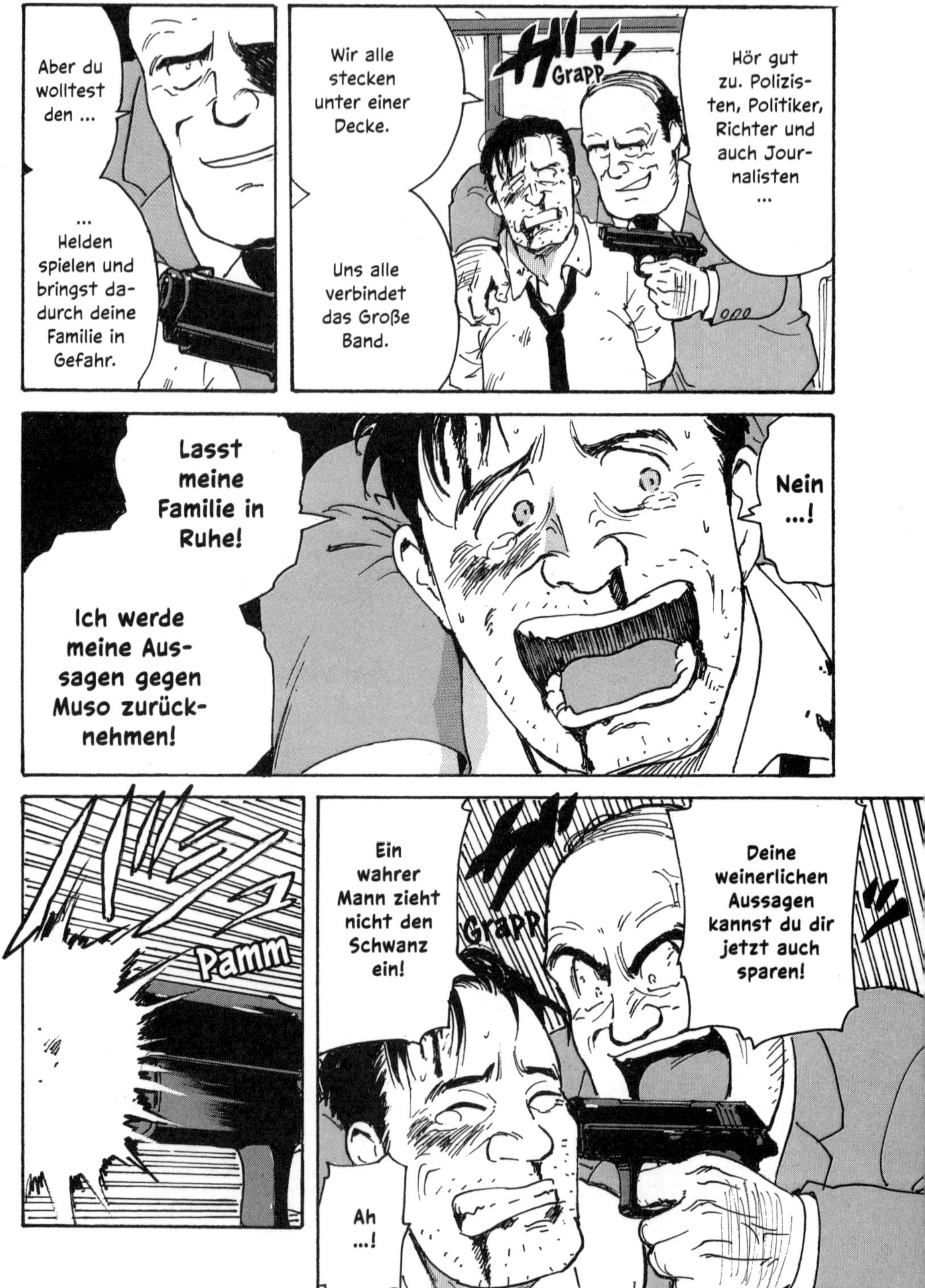
Grapp
Hör gut zu. Polizisten, Politiker, Richter und auch Journalisten ...
Wir alle stecken unter einer Decke.
Uns alle verbindet das Große Band.
Aber du wolltest den ...
... Helden spielen und bringst dadurch deine Familie in Gefahr.
Nein ...!
Lasst meine Familie in Ruhe!
Ich werde meine Aussagen gegen Muso zurücknehmen!
Grapp
Deine weinerlichen Aussagen kannst du dir jetzt auch sparen!
Ein wahrer Mann zieht nicht den Schwanz ein!
Ah ...!
Pamm

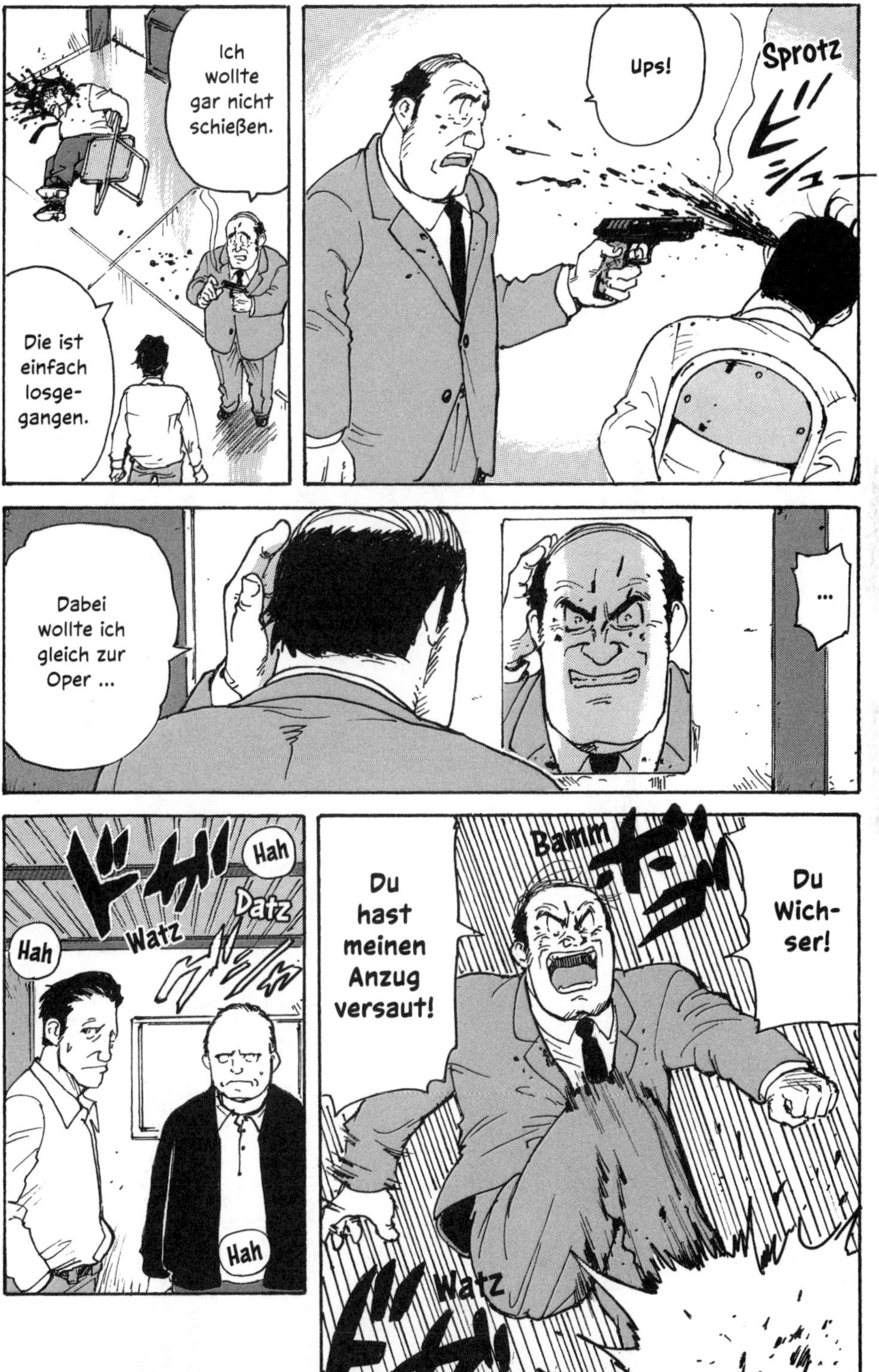
Sprotz
Ups!
Ich wollte gar nicht schießen.
Die ist einfach losgegangen.
...
Dabei wollte ich gleich zur Oper ...
Bamm
Du Wichser!
Du hast meinen Anzug versaut!
Watz
Hah
Datz
Watz
Hah
Hah

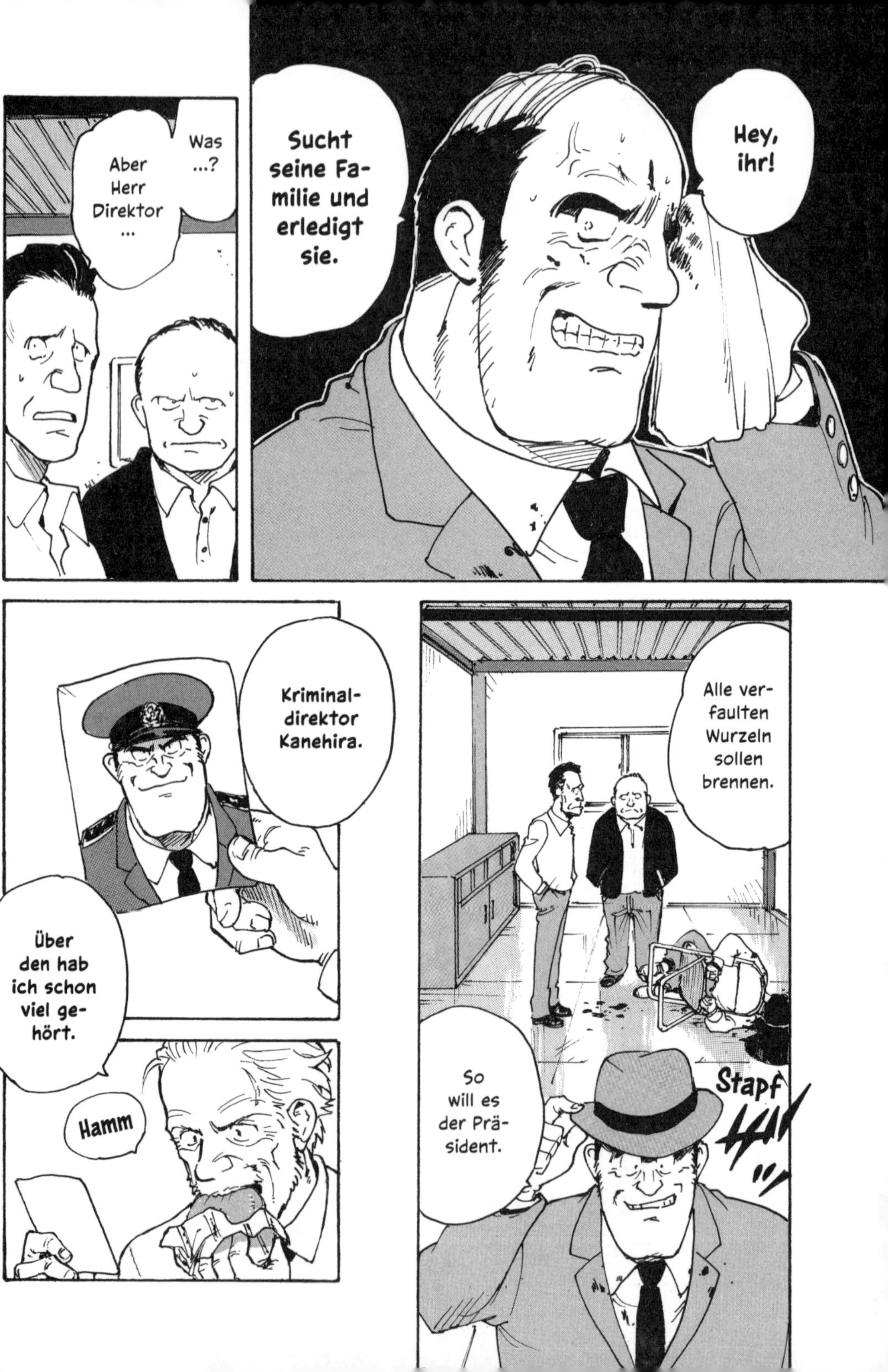
Hey, ihr!
Sucht seine Familie und erledigt sie.
Was ...?
Aber Herr Direktor ...
Alle verfaulten Wurzeln sollen brennen.
So will es der Präsident.
Stapf
Kriminaldirektor Kanehira.
Über den hab ich schon viel gehört.
Hamm

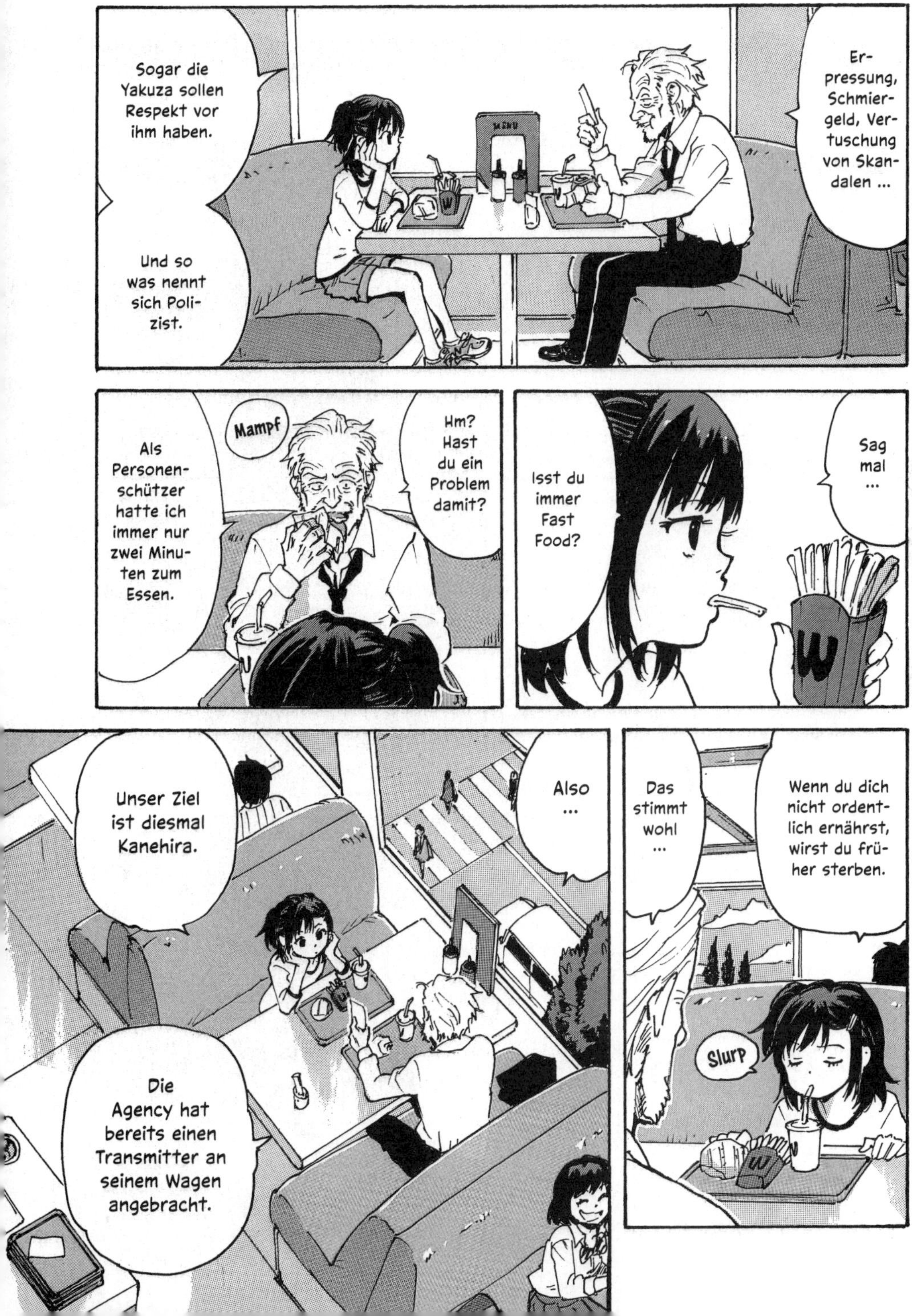

Erpressung, Schmiergeld, Vertuschung von Skandalen ...
Sogar die Yakuza sollen Respekt vor ihm haben.
Und so was nennt sich Polizist.
Sag mal ...
Isst du immer Fast Food?
Hm? Hast du ein Problem damit?
Mampf
Als Personenschützer hatte ich immer nur zwei Minuten zum Essen.
Wenn du dich nicht ordentlich ernährst, wirst du früher sterben.
Das stimmt wohl ...
Slurp
Also ...
Unser Ziel ist diesmal Kanehira.
Die Agency hat bereits einen Transmitter an seinem Wagen angebracht.

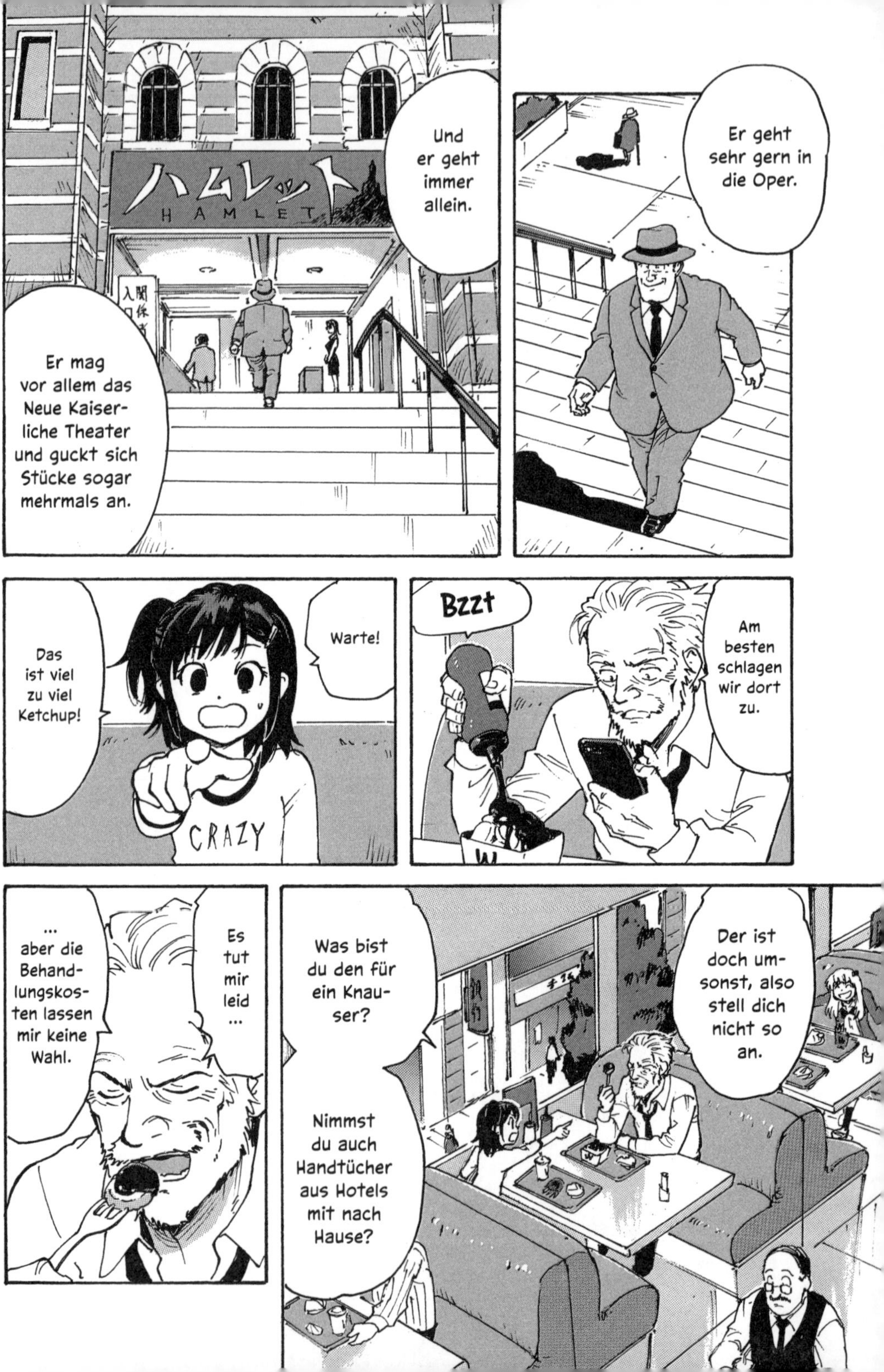
Er geht sehr gern in die Oper.
ハムレット
HAMLET
Und er geht immer allein.
Er mag vor allem das Neue Kaiserliche Theater und guckt sich Stücke sogar mehrmals an.
Bzzt
Am besten schlagen wir dort zu.
Warte!
Das ist viel zu viel Ketchup!
CRAZY
Der ist doch umsonst, also stell dich nicht so an.
Was bist du den für ein Knauser?
Nimmst du auch Handtücher aus Hotels mit nach Hause?
Es tut mir leid ...
... aber die Behandlungskosten lassen mir keine Wahl.

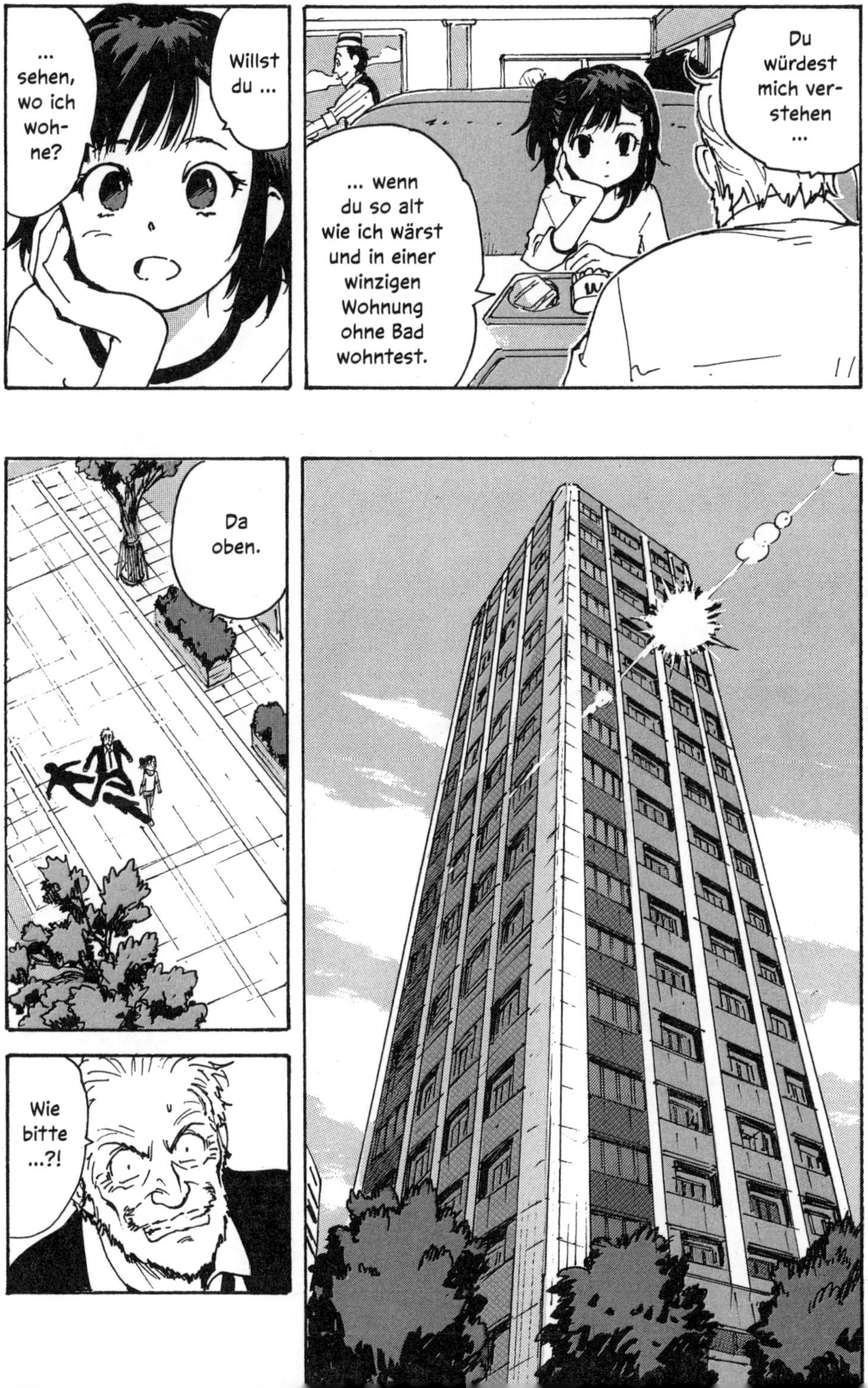
Du würdest mich verstehen ...
... wenn du so alt wie ich wärst und in einer winzigen Wohnung ohne Bad wohntest.
Willst du ...
... sehen, wo ich wohne?
Da oben.
Wie bitte ...?!

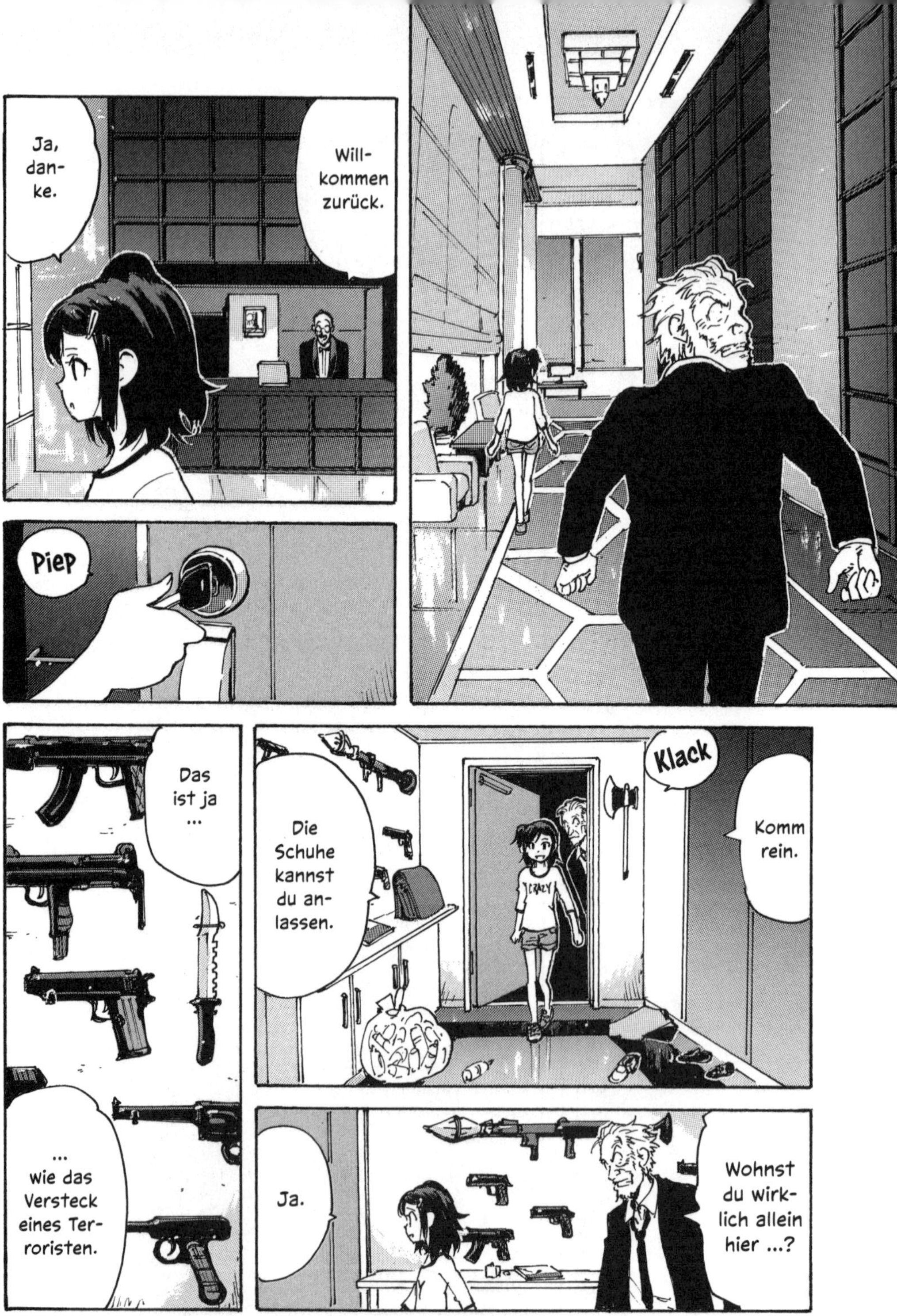
Willkommen zurück.
Ja, danke.
Piep
Klack
Komm rein.
Die Schuhe kannst du anlassen.
Wohnst du wirklich allein hier ...?
Ja.
Das ist ja ...
... wie das Versteck eines Terroristen.

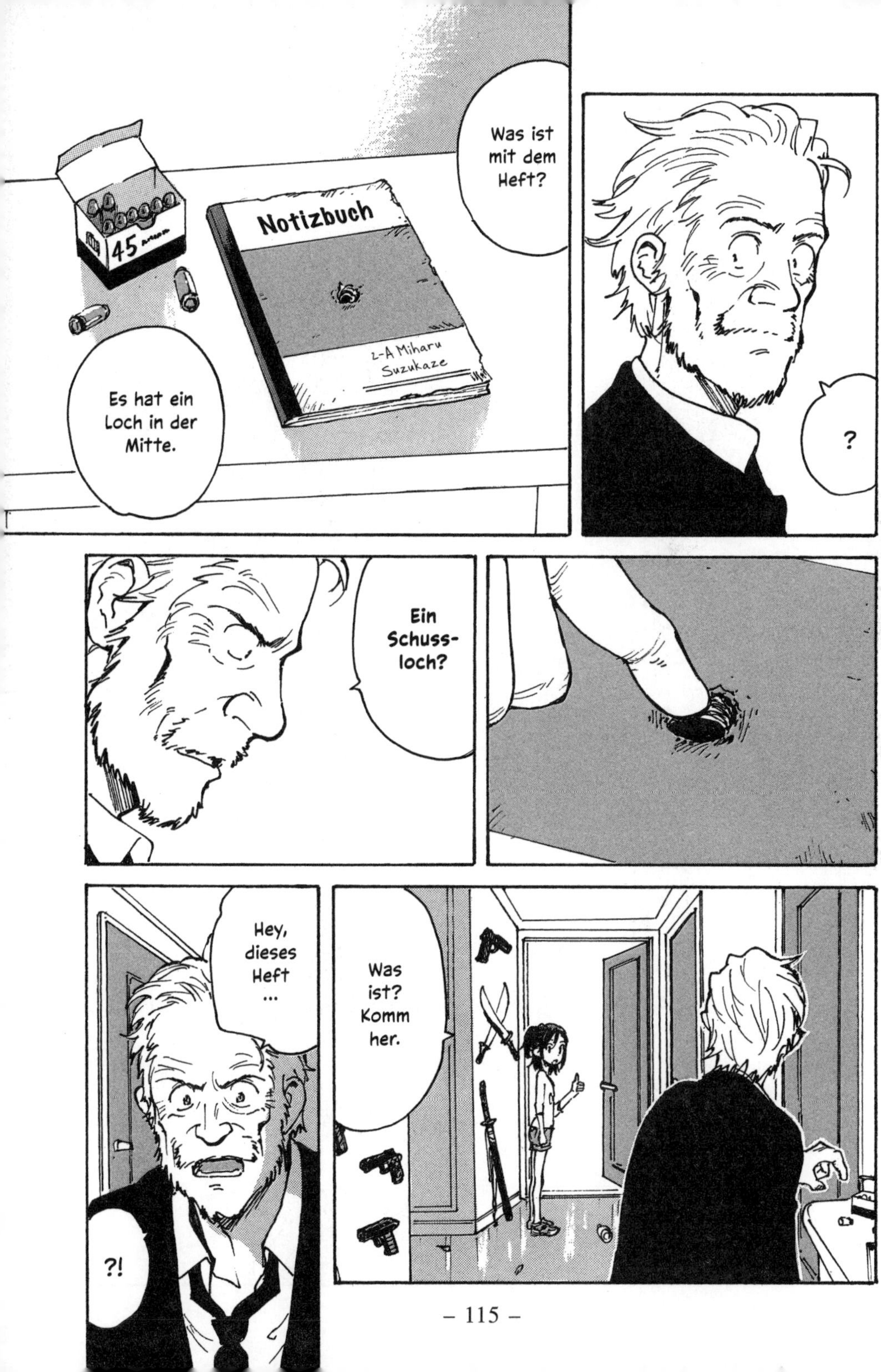
?
Was ist mit dem Heft?
Notizbuch
2-A Miharu Suzukaze
45
Es hat ein Loch in der Mitte.
Ein Schuss-loch?
Was ist? Komm her.
Hey, dieses Heft ...
?!

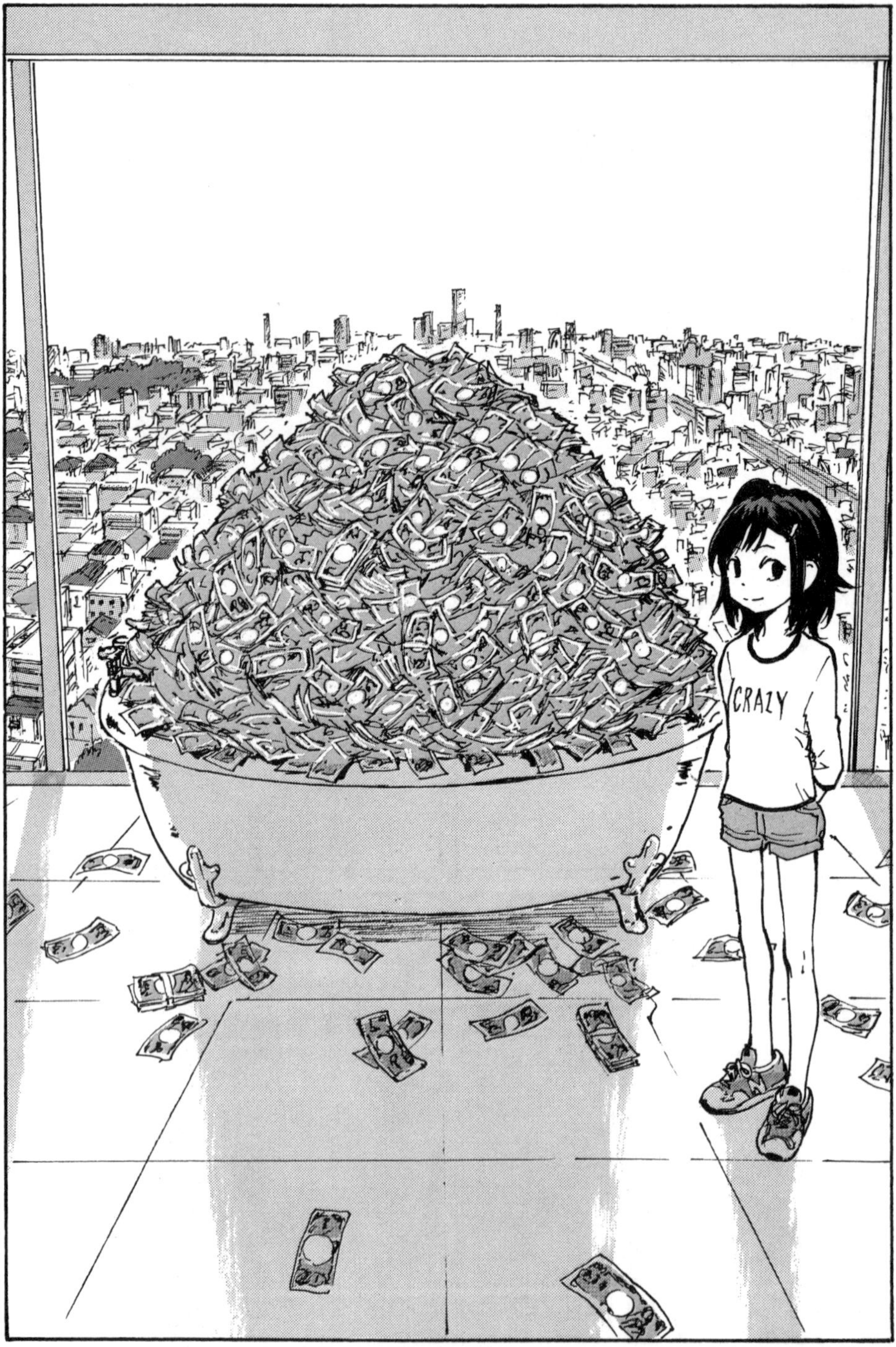
CRAZY

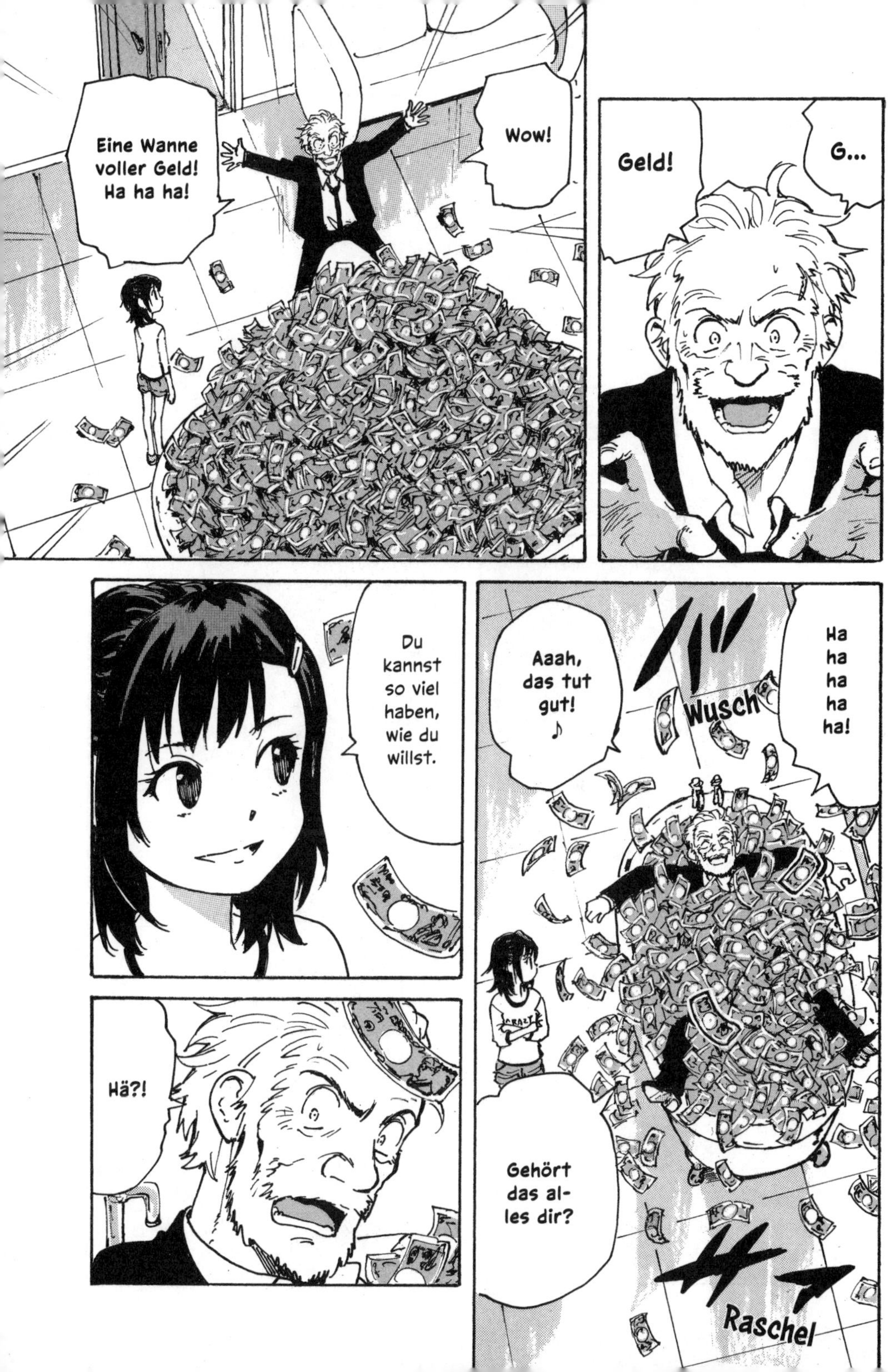
G...
Geld!
Wow!
Eine Wanne voller Geld! Ha ha ha!
Ha ha ha ha ha!
Wusch
Aaah, das tut gut! ♪
Du kannst so viel haben, wie du willst.
Gehört das alles dir?
Raschel
Hä?!

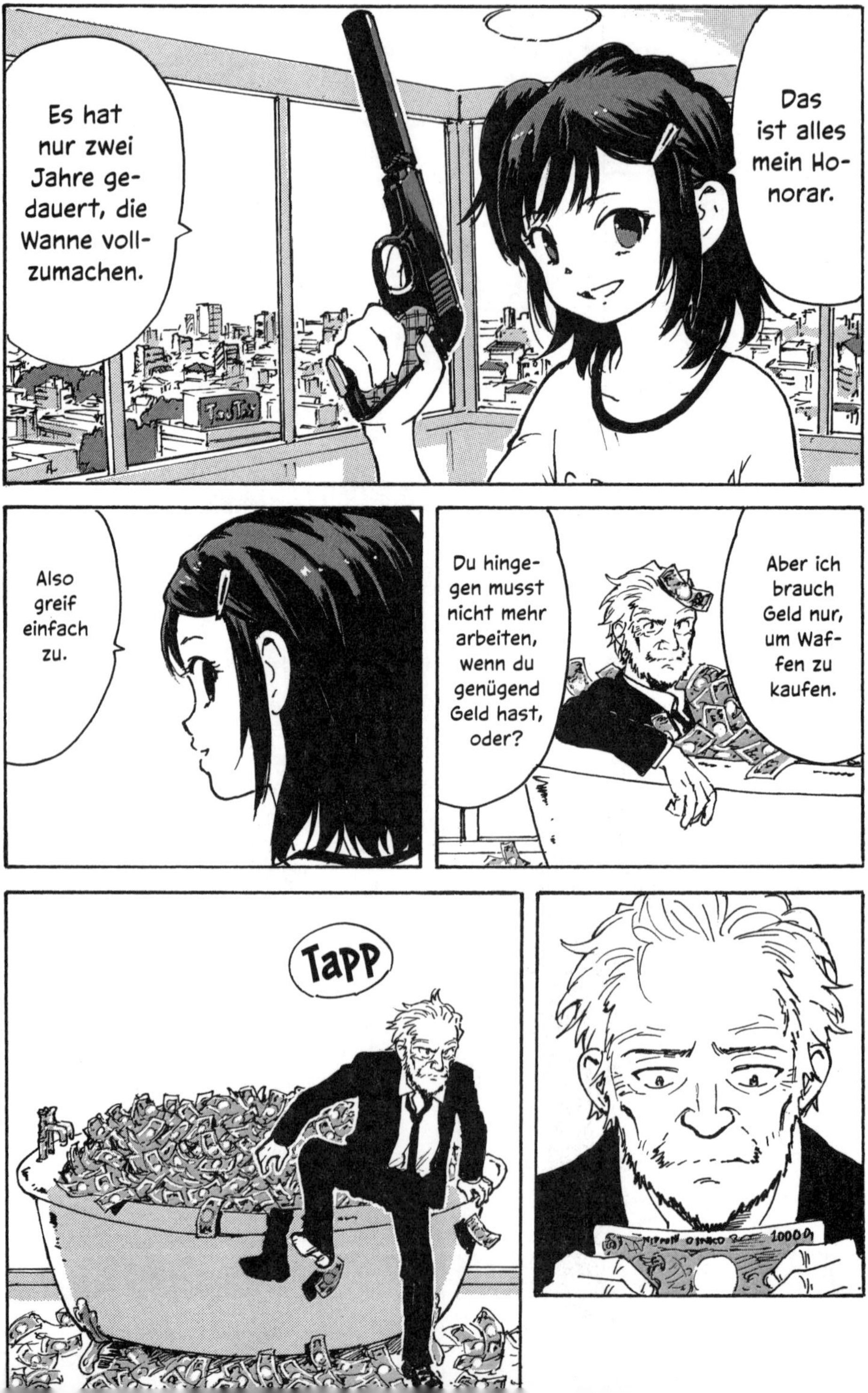

Das ist alles mein Honorar.
Es hat nur zwei Jahre gedauert, die Wanne vollzumachen.
Aber ich brauch Geld nur, um Waffen zu kaufen.
Du hingegen musst nicht mehr arbeiten, wenn du genügend Geld hast, oder?
Also greif einfach zu.
Tapp

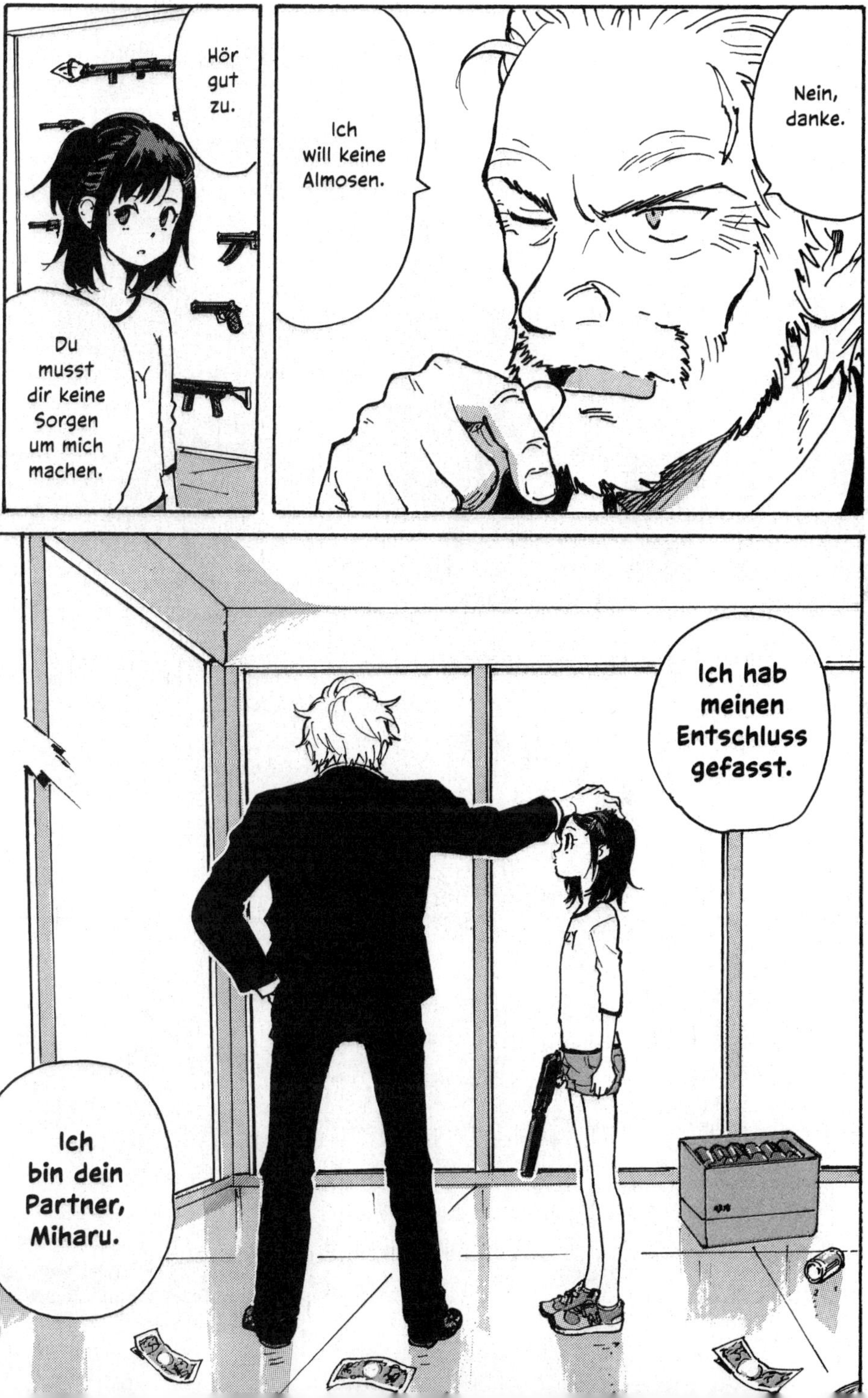
Nein, danke.
Ich will keine Almosen.
Hör gut zu.
Du musst dir keine Sorgen um mich machen.
Ich hab meinen Entschluss gefasst.
Ich bin dein Partner, Miharu.

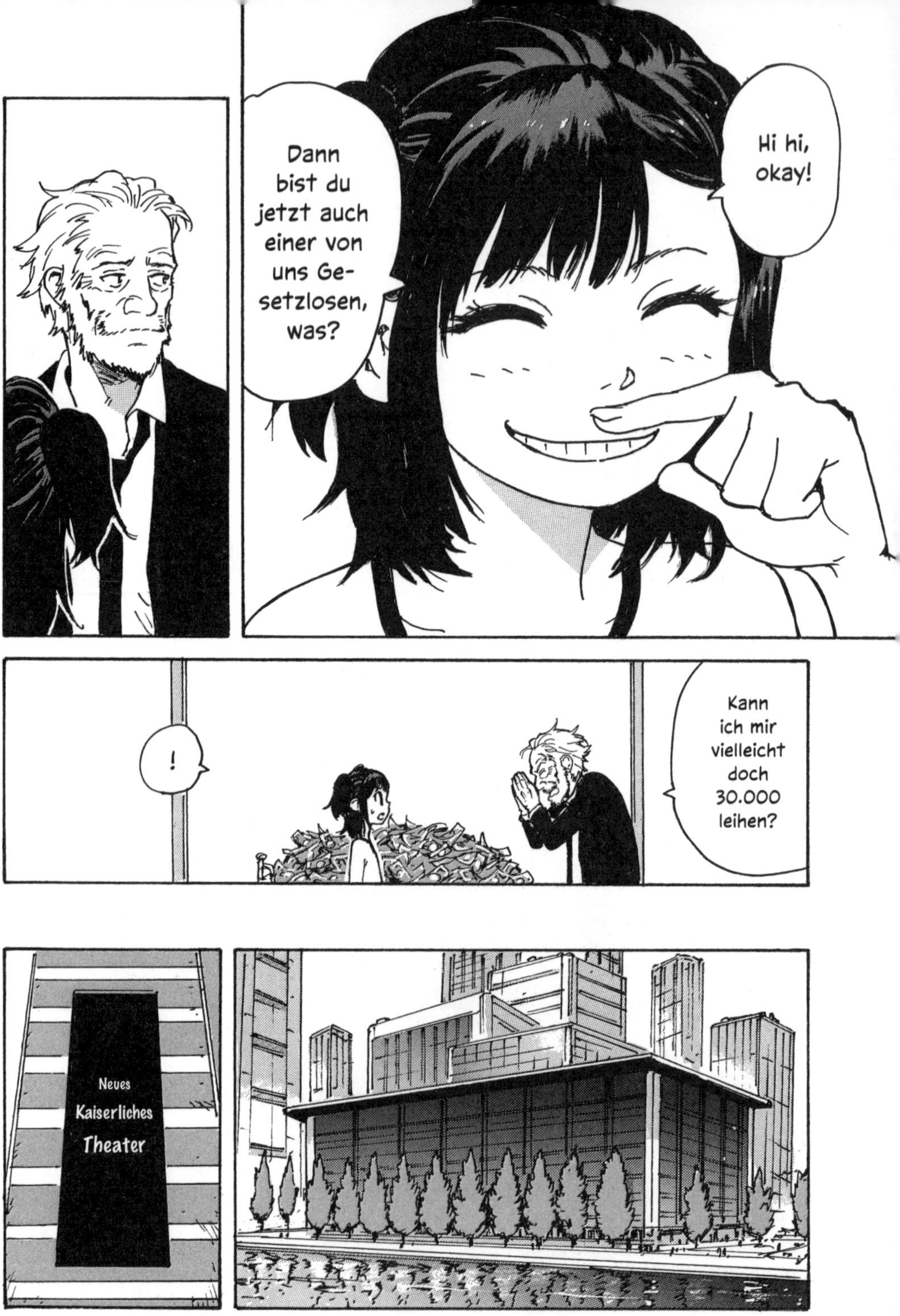
Hi hi, okay!
Dann bist du jetzt auch einer von uns Gesetzlosen, was?
Kann ich mir vielleicht doch 30.000 leihen?
!
Neues Kaiserliches Theater

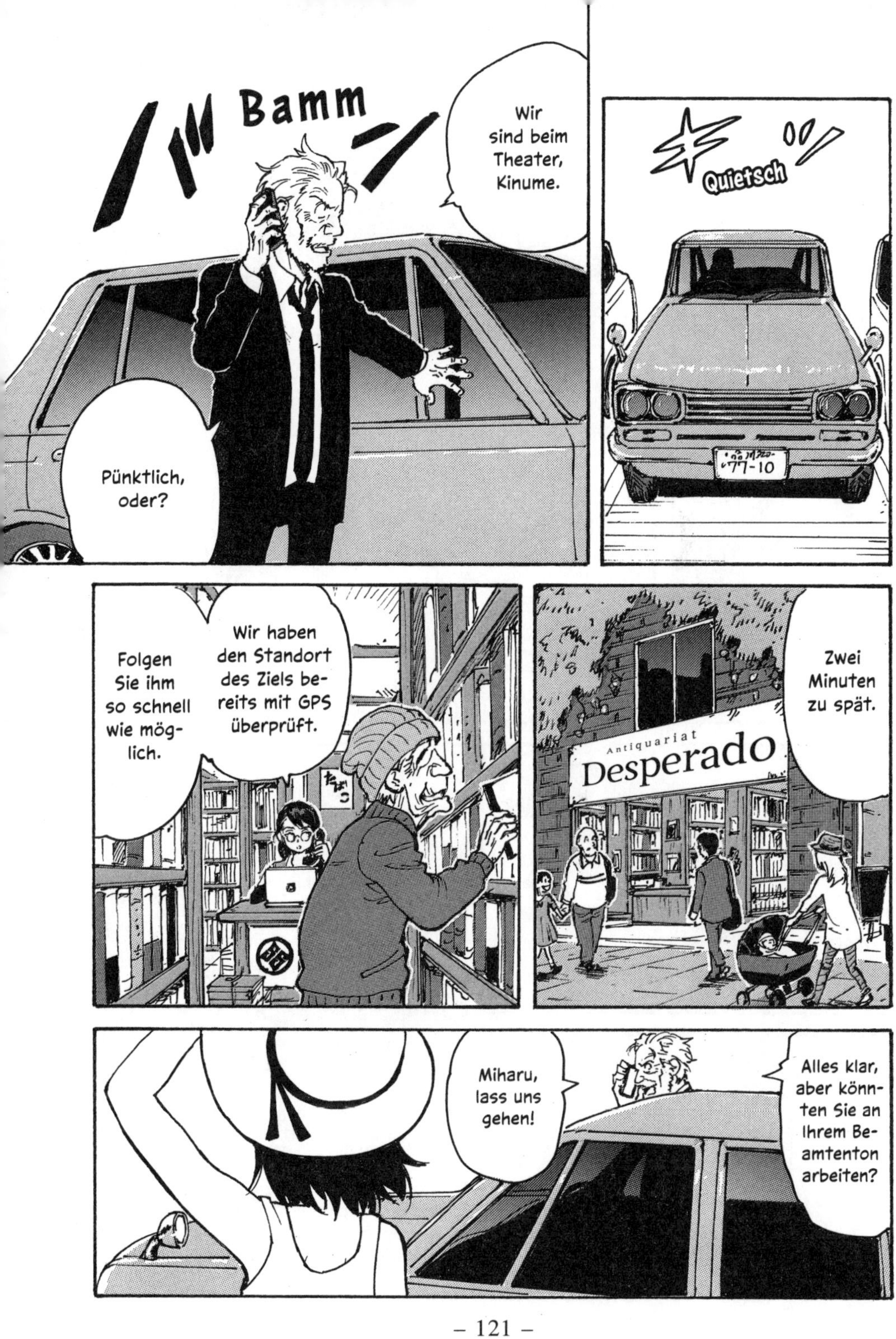
Quietsch
Bamm
Wir sind beim Theater, Kinume.
Pünktlich, oder?
Zwei Minuten zu spät.
Antiquariat Desperado
Wir haben den Standort des Ziels bereits mit GPS überprüft.
Folgen Sie ihm so schnell wie möglich.
Alles klar, aber könnten Sie an Ihrem Beamtenton arbeiten?
Miharu, lass uns gehen!

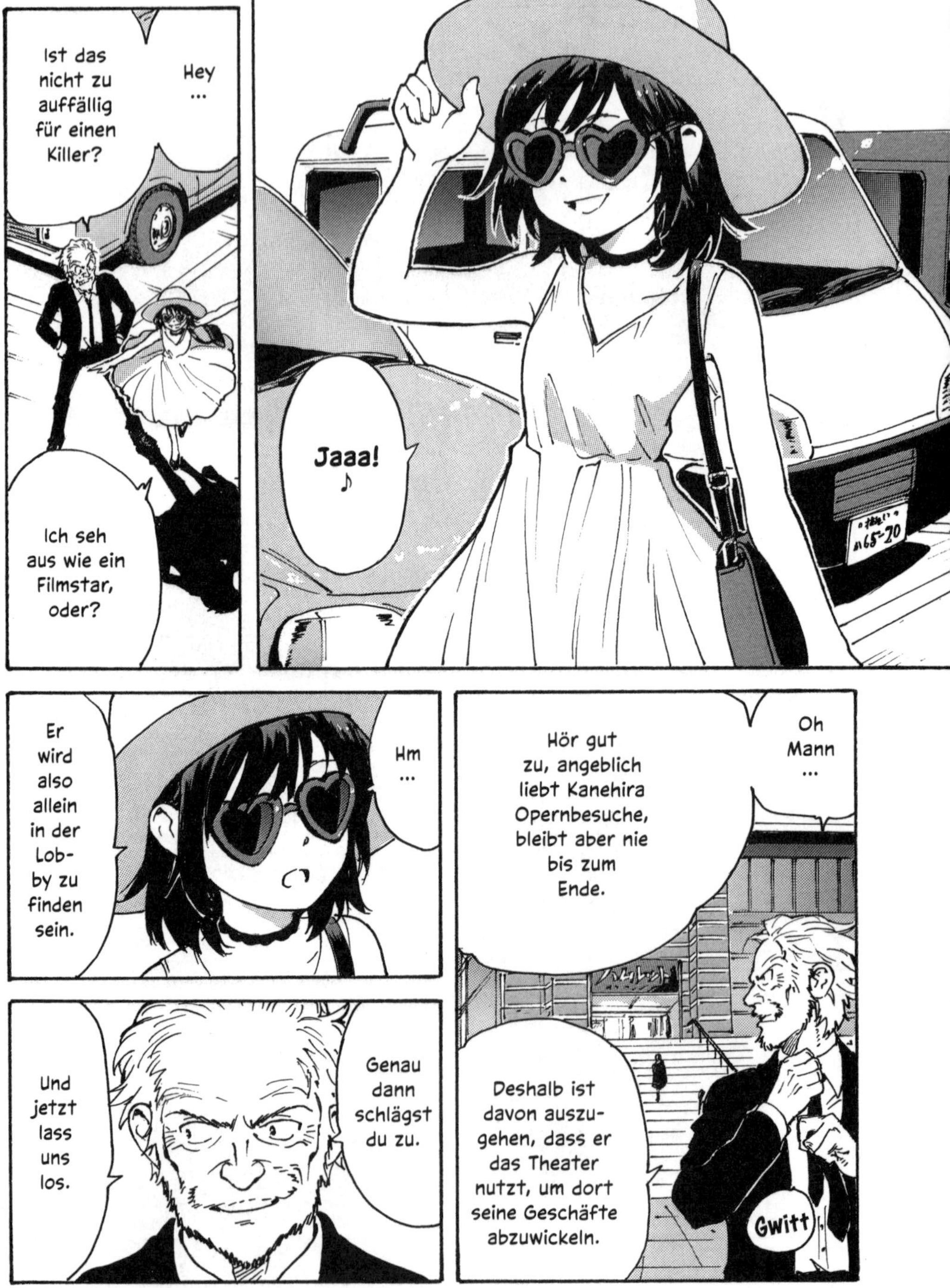
Jaaa! ♪
Hey ...
Ist das nicht zu auffällig für einen Killer?
Ich seh aus wie ein Filmstar, oder?
Oh Mann ...
Hör gut zu, angeblich liebt Kanehira Opernbesuche, bleibt aber nie bis zum Ende.
Hm ...
Er wird also allein in der Lob-by zu finden sein.
Deshalb ist davon auszu-gehen, dass er das Theater nutzt, um dort seine Geschäfte abzuwickeln.
Gwitt
Genau dann schlägst du zu.
Und jetzt lass uns los.

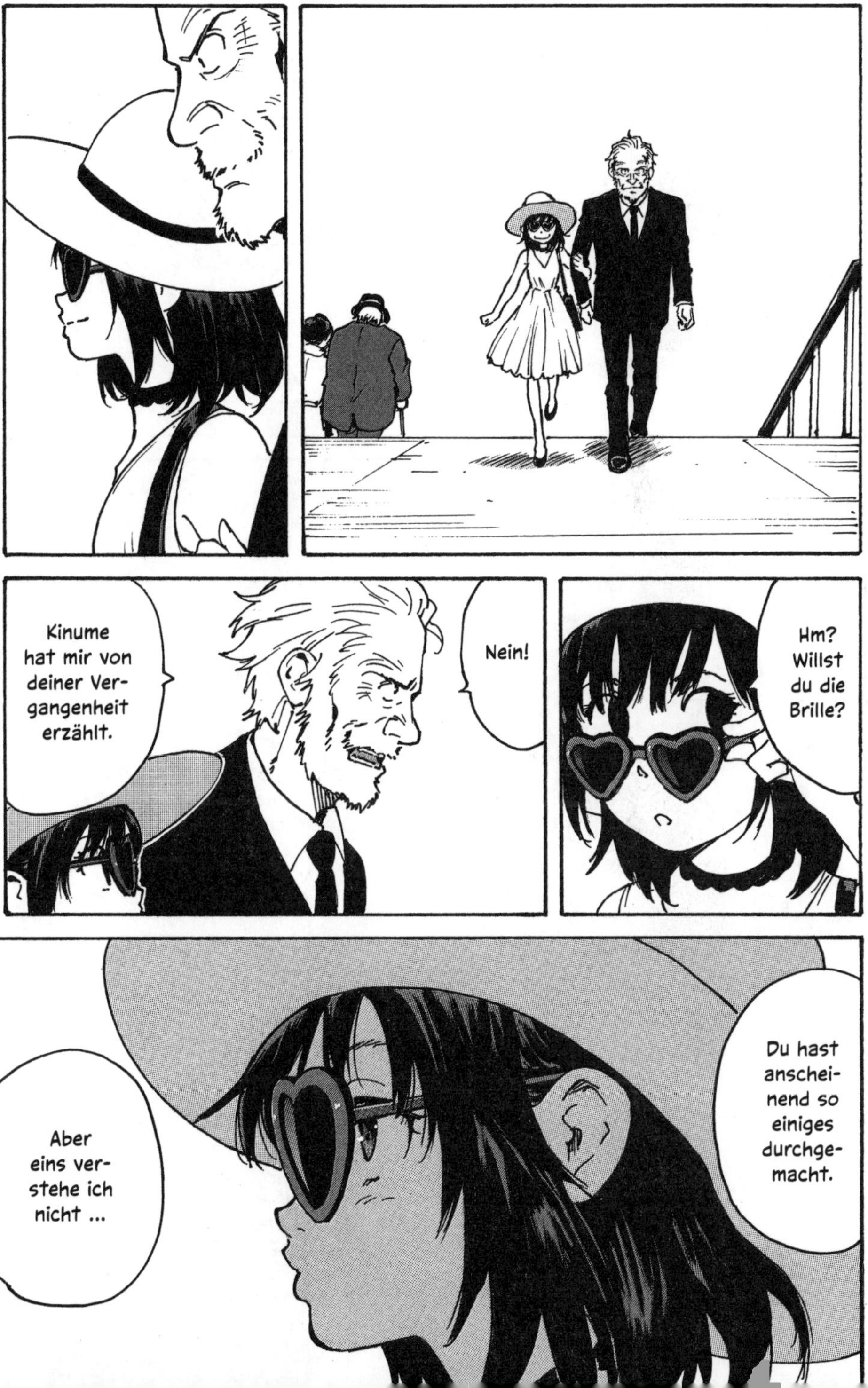
Hm? Willst du die Brille?
Nein!
Kinume hat mir von deiner Vergangenheit erzählt.
Du hast anscheinend so einiges durchgemacht.
Aber eins verstehe ich nicht ...

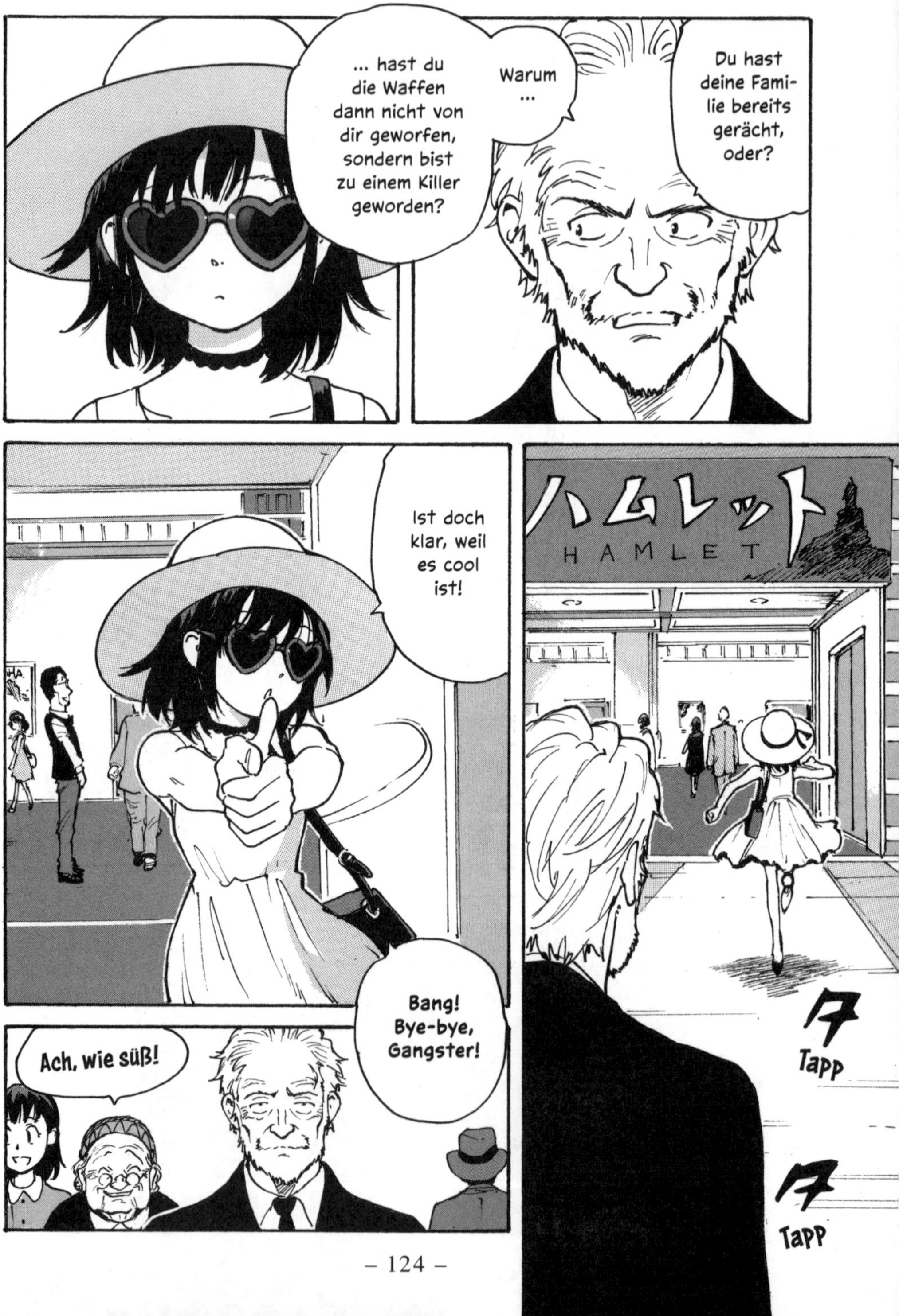
Du hast deine Familie bereits gerächt, oder?
Warum ...
... hast du die Waffen dann nicht von dir geworfen, sondern bist zu einem Killer geworden?
Ist doch klar, weil es cool ist!
Bang! Bye-bye, Gangster!
Ach, wie süß!
ハムレット
HAMLET
タ
Tapp
タ
Tapp

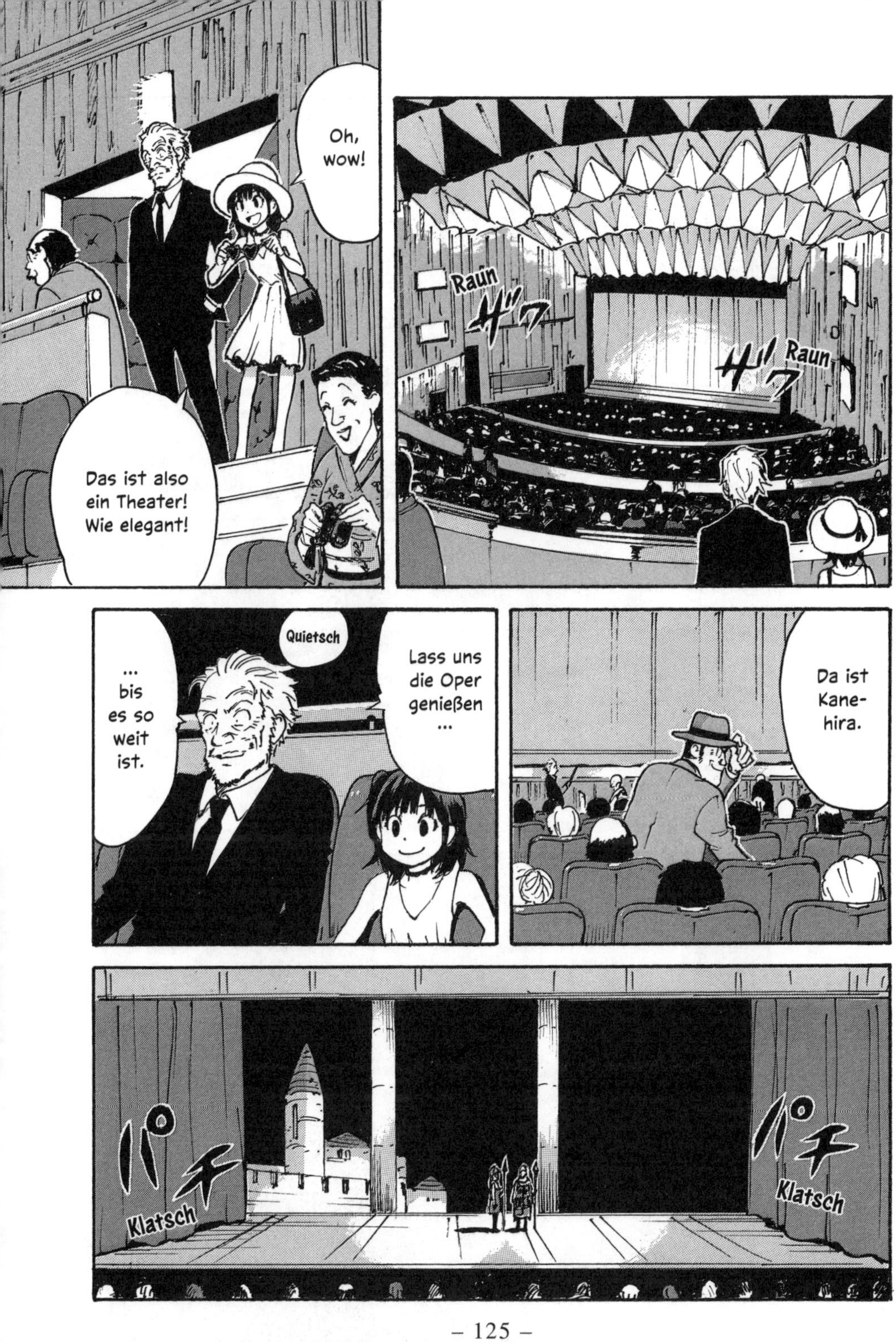

Raun
ザワ
Raun
ザワ
Oh, wow!
Das ist also ein Theater! Wie elegant!
Da ist Kane-hira.
Quietsch
Lass uns die Oper genießen ...
... bis es so weit ist.
パチ
Klatsch
パチ
Klatsch

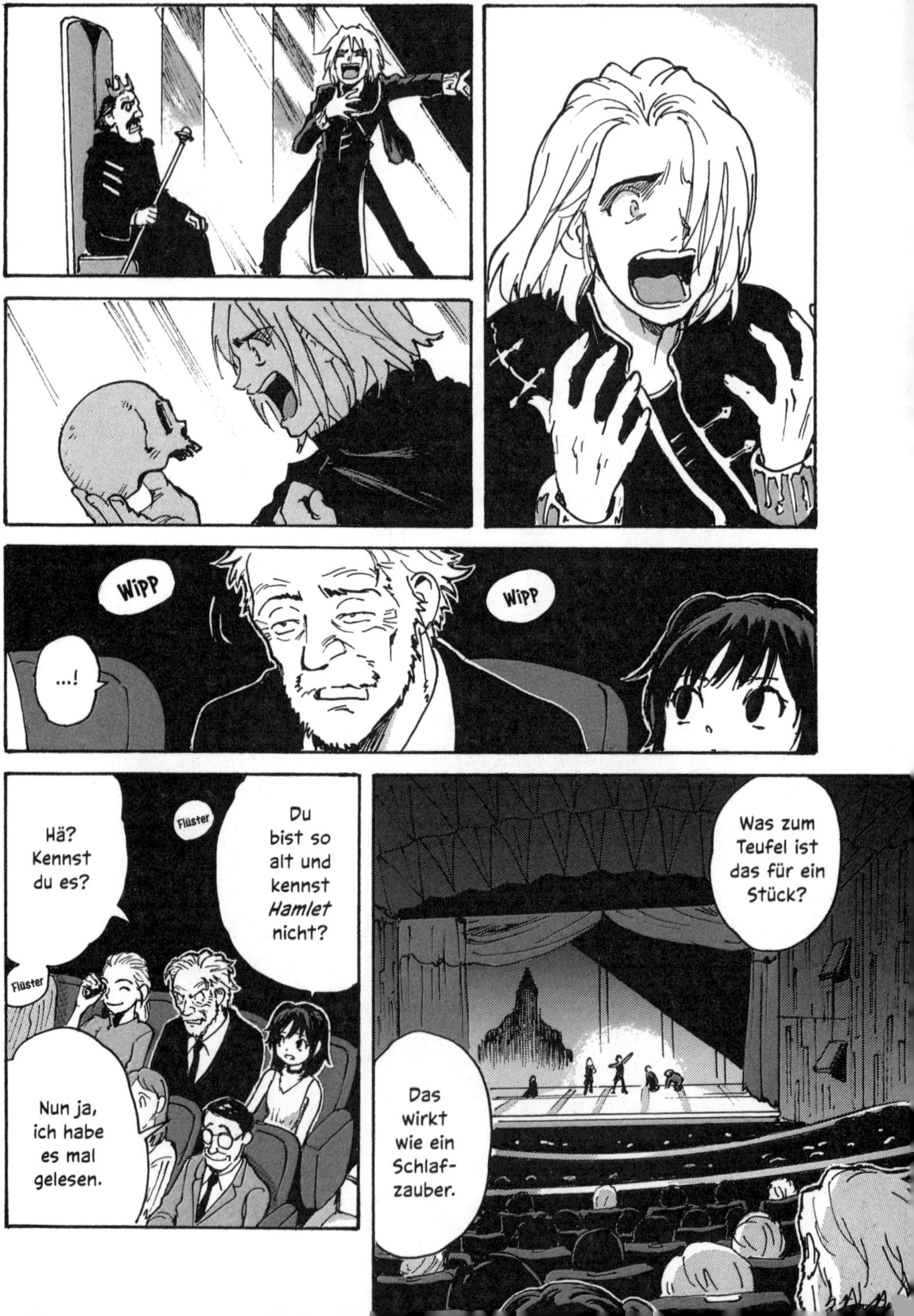
WIPP
WIPP
...!
Hä? Kennst du es?
Flüster
Du bist so alt und kennst *Hamlet* nicht?
Flüster
Nun ja, ich habe es mal gelesen.
Was zum Teufel ist das für ein Stück?
Das wirkt wie ein Schlaf- zauber.

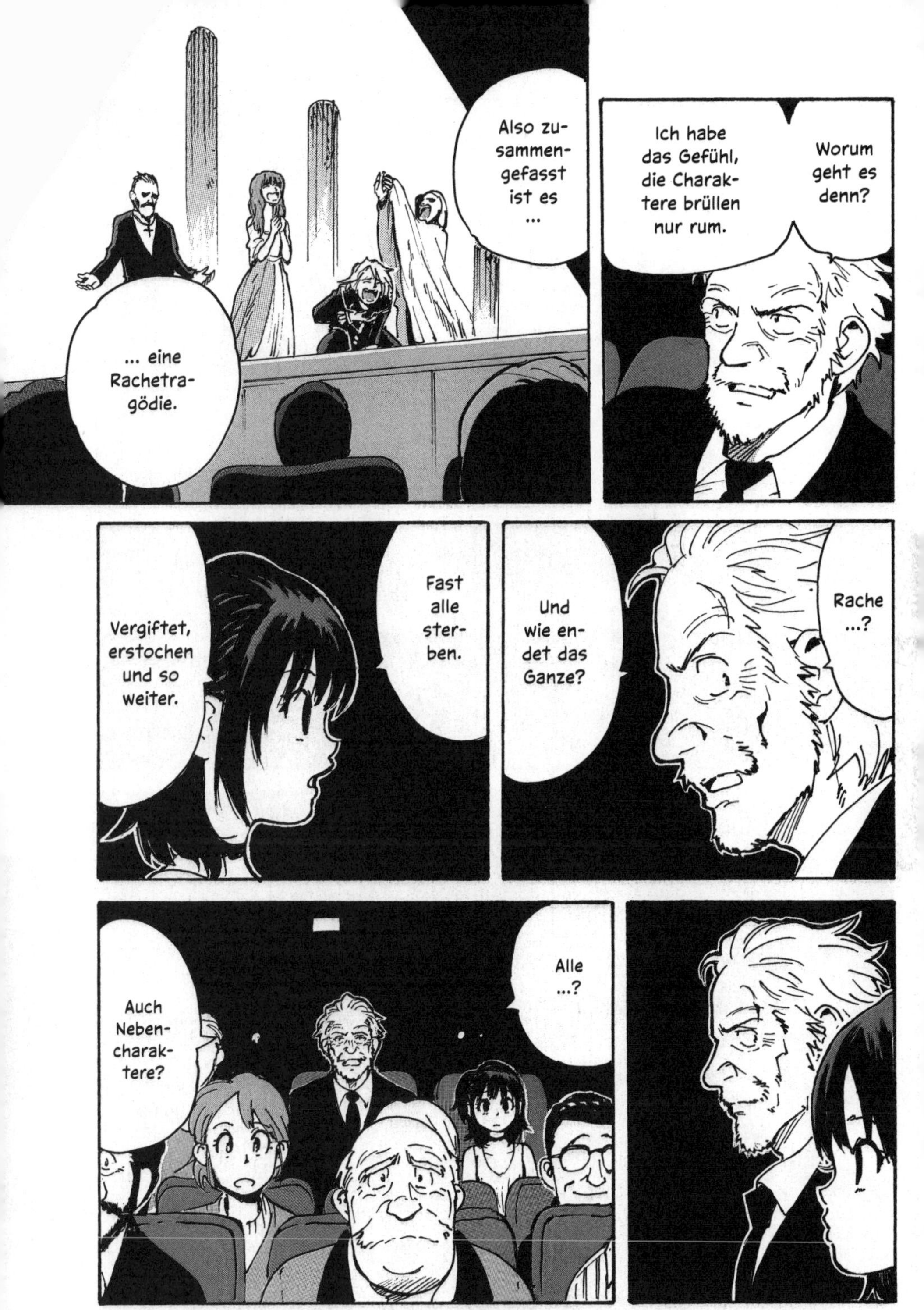
Worum geht es denn?
Ich habe das Gefühl, die Charaktere brüllen nur rum.
Also zusammengefasst ist es ...
... eine Rachetragödie.
Rache ...?
Und wie endet das Ganze?
Fast alle sterben.
Vergiftet, erstochen und so weiter.
Alle ...?
Auch Nebencharaktere?

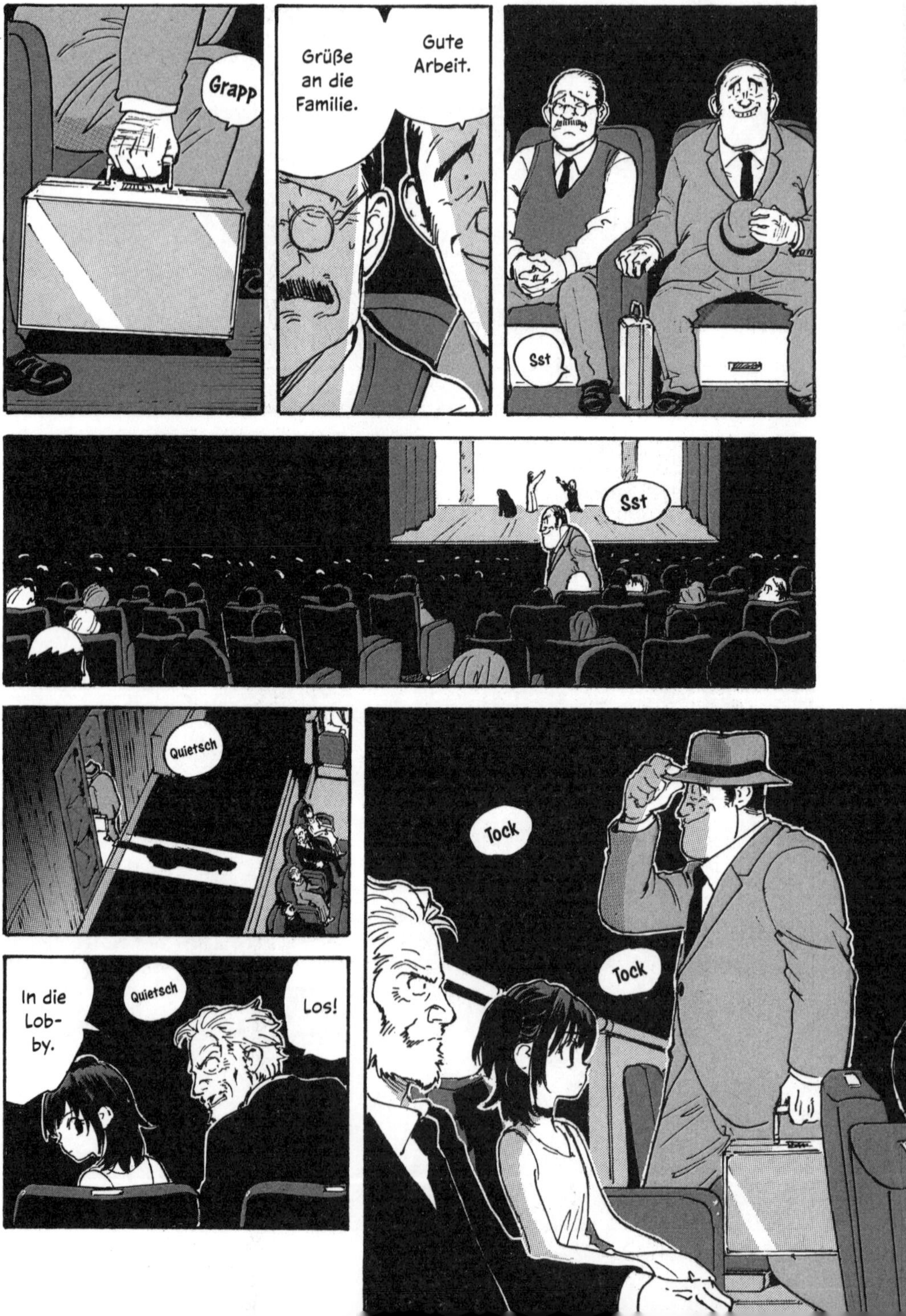
Sst
Gute Arbeit.
Grüße an die Familie.
Grapp
Sst
Tock
Tock
Quietsch
Los!
Quietsch
In die Lob-by.

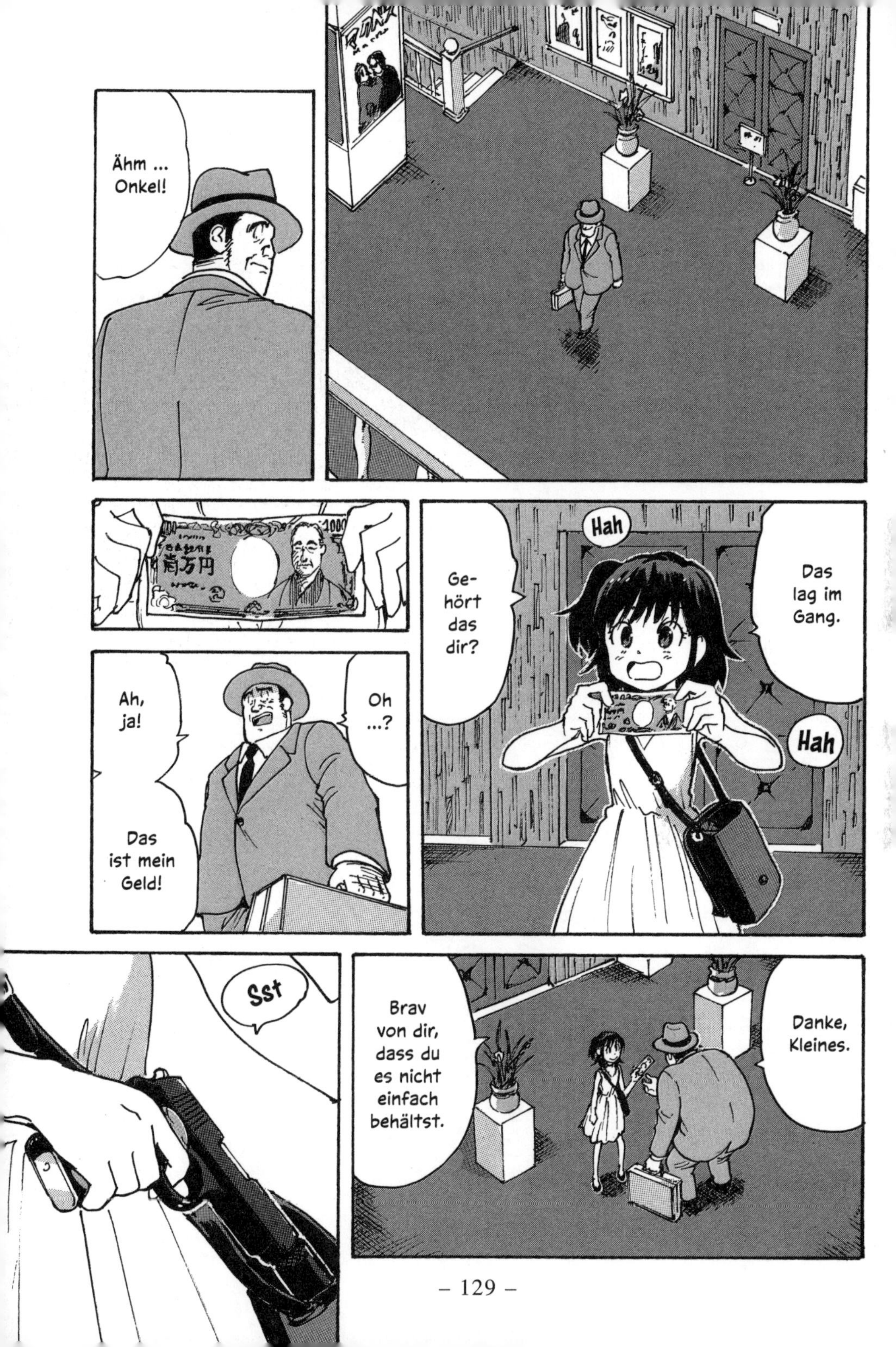

Ähm ... Onkel!
Hah
Das lag im Gang.
Ge-hört das dir?
Hah
Oh ...?
Ah, ja!
Das ist mein Geld!
Danke, Kleines.
Brav von dir, dass du es nicht einfach behältst.
Sst

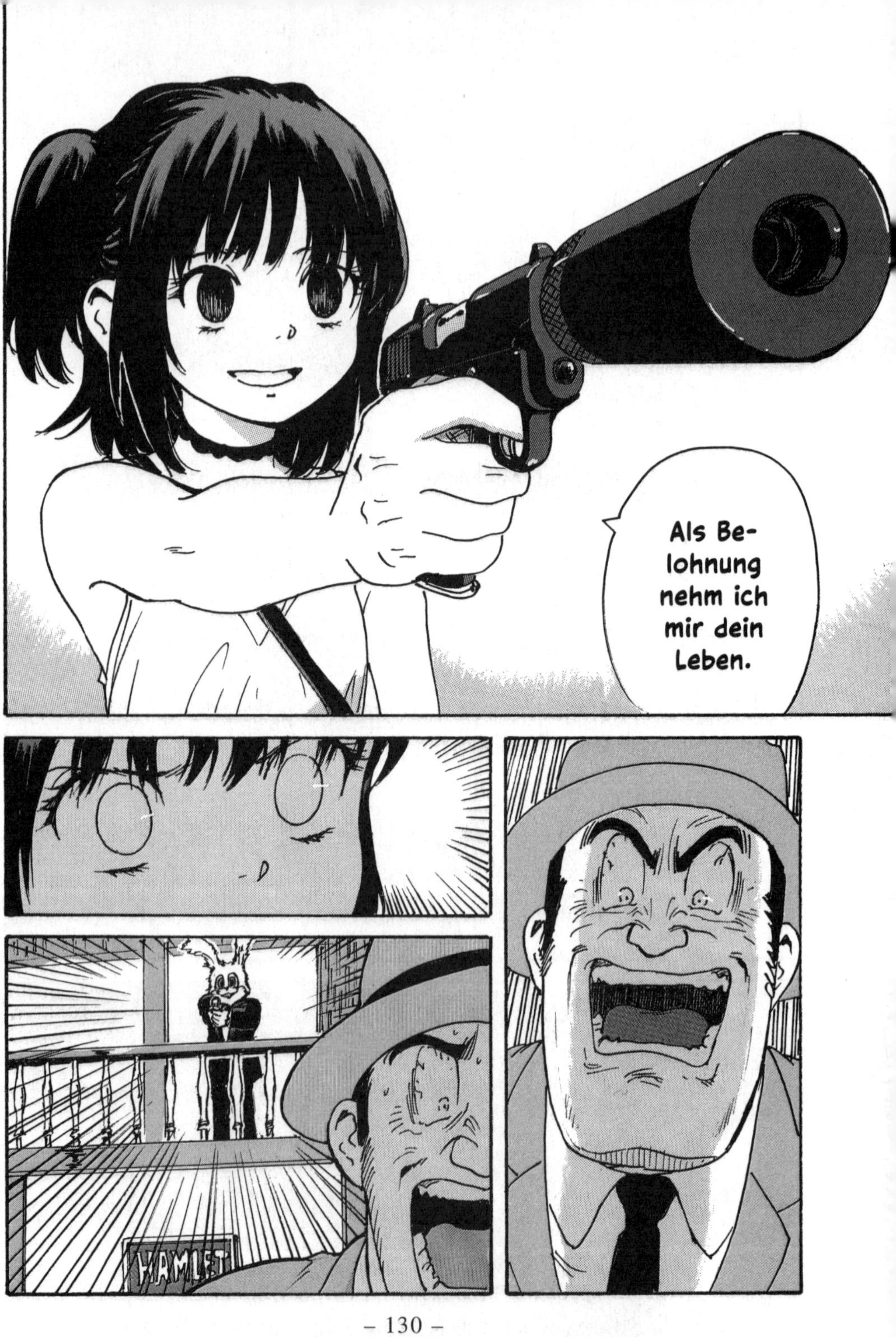
Als Belohnung nehm ich mir dein Leben.
HAMLET

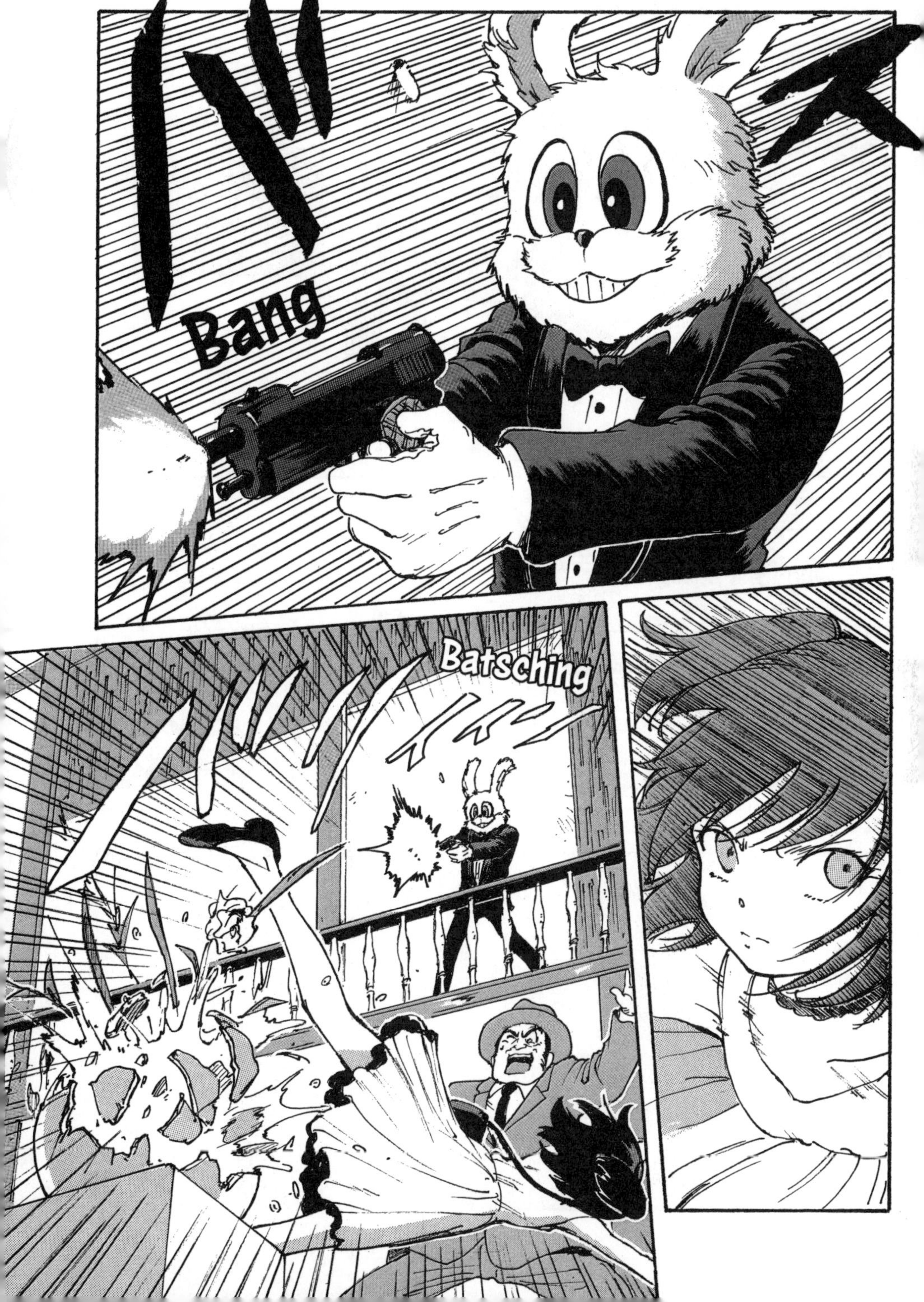

Bang
Batsching

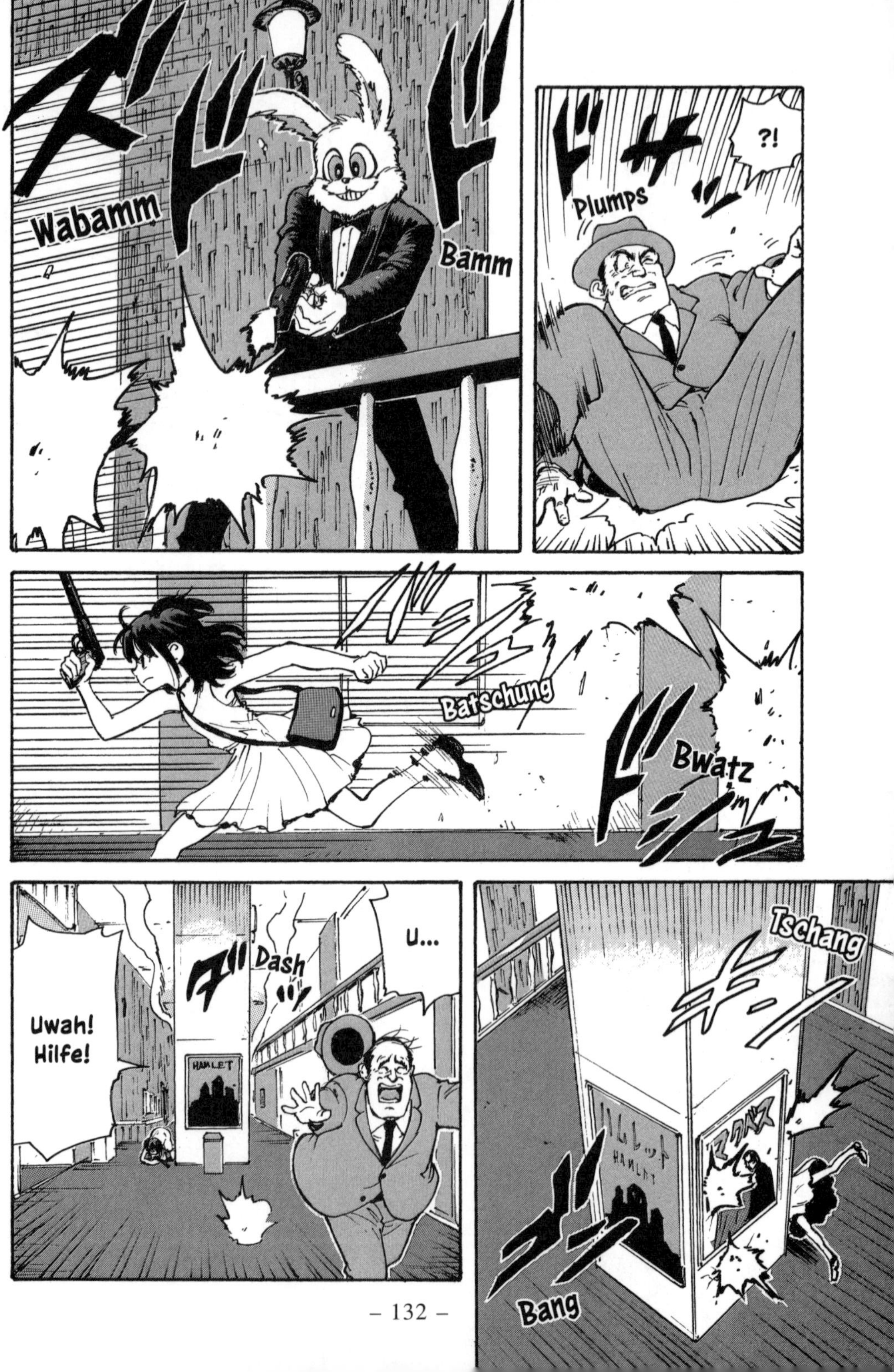

?!
Plumps
Bamm
Wabamm
Bwatz
Batschung
Tschang
Bang
U...
Dash
Uwah!
Hilfe!
HAMLET

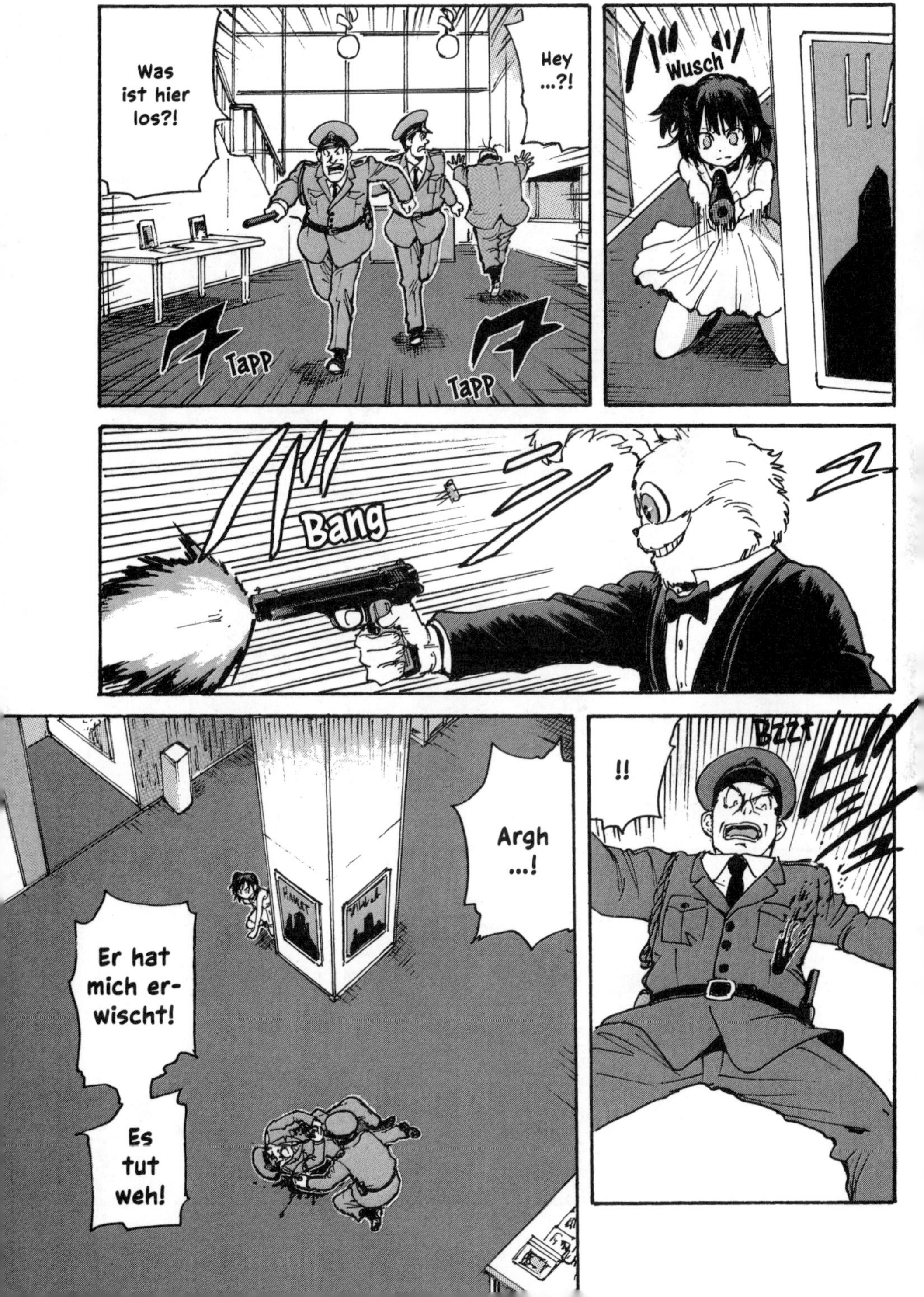
Was ist hier los?!
Hey ...?!
Tapp
Tapp
Wusch
Bang
!!
Bzzt
Argh ...!
Er hat mich er-wischt!
Es tut weh!

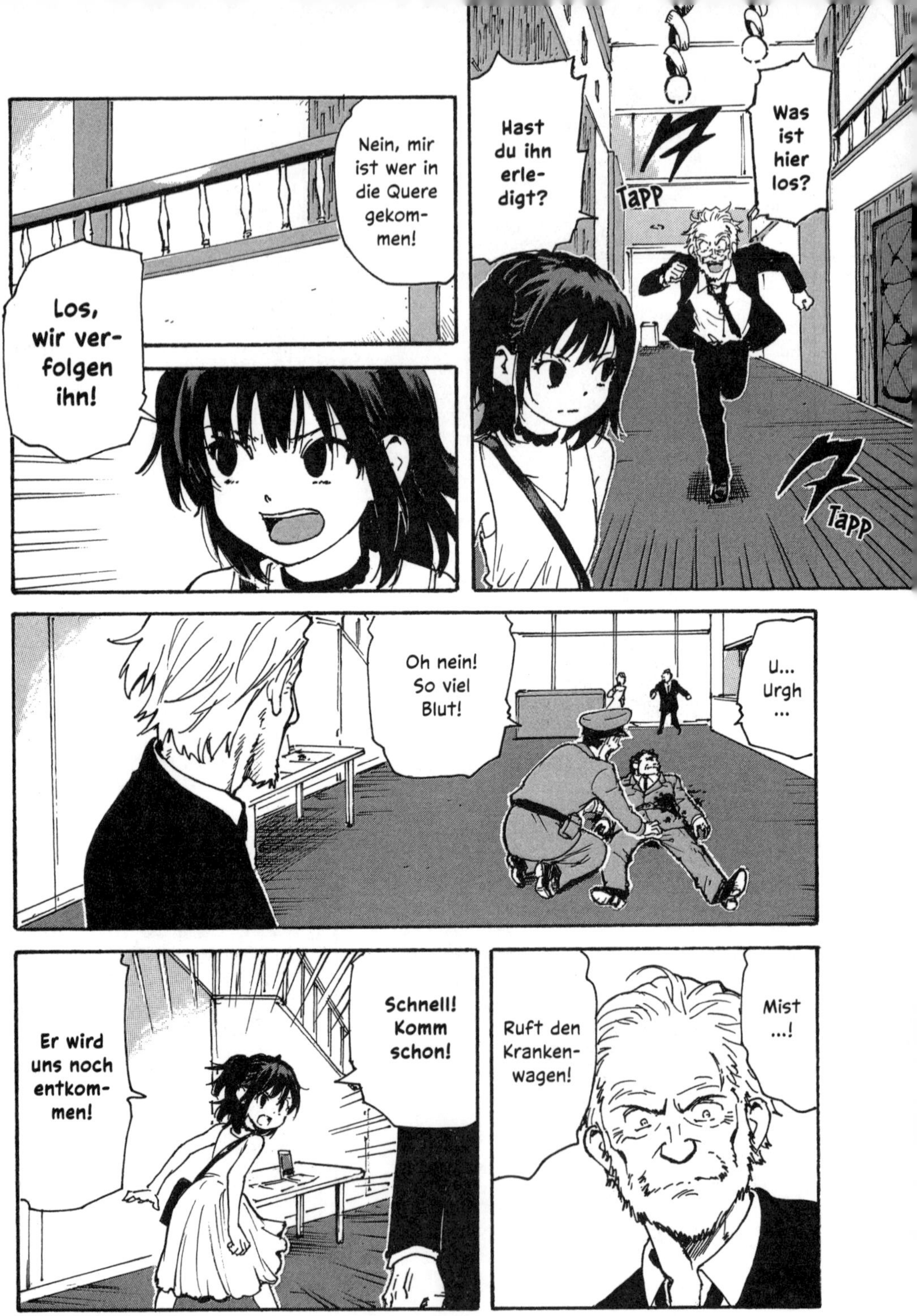
Was ist hier los?
Hast du ihn erledigt?
Tapp
Tapp
Nein, mir ist wer in die Quere gekommen!
Los, wir verfolgen ihn!
U... Urgh ...
Oh nein! So viel Blut!
Mist ...!
Ruft den Krankenwagen!
Schnell! Komm schon!
Er wird uns noch entkommen!

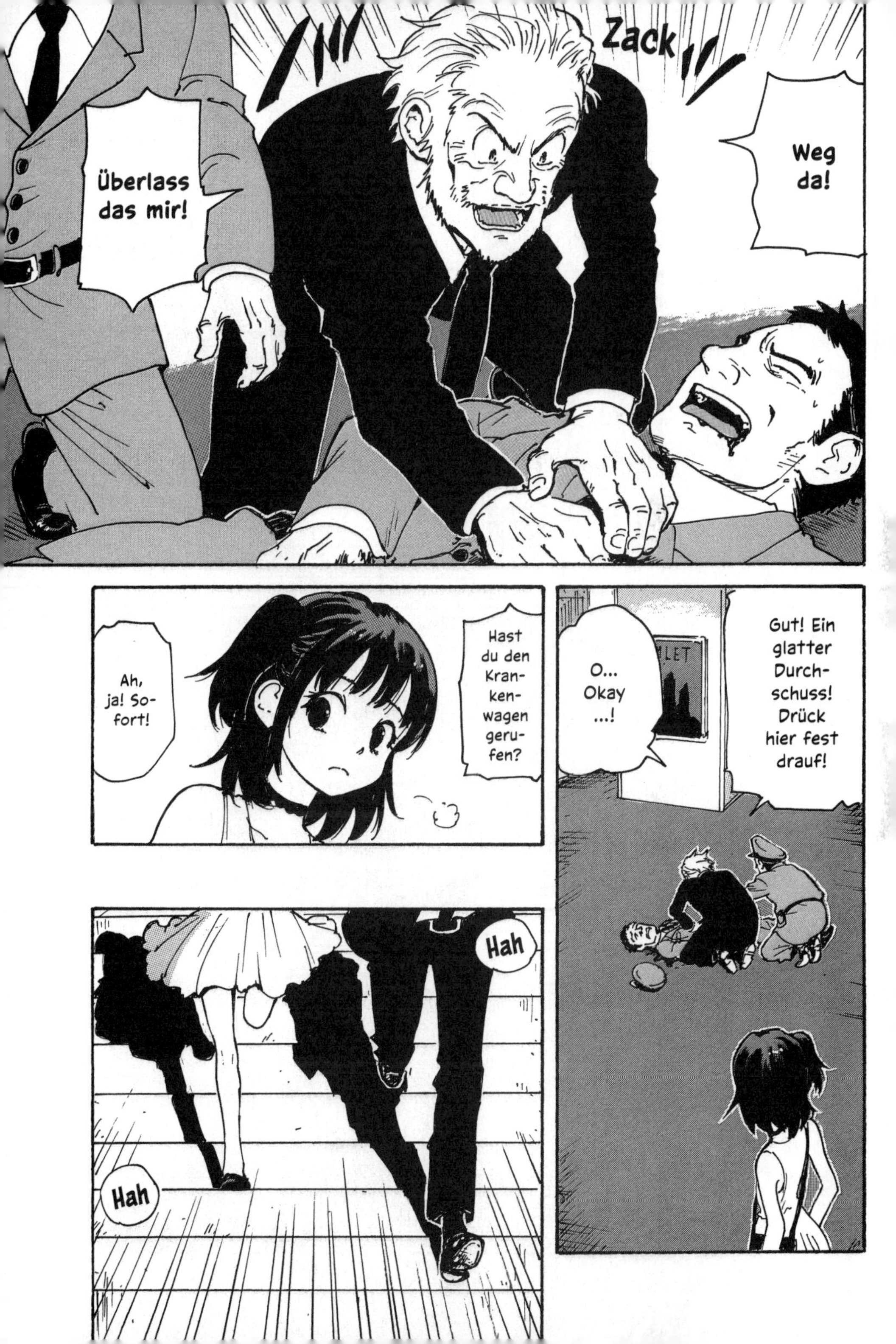

Zack
Weg da!
Überlass das mir!
Gut! Ein glatter Durchschuss! Drück hier fest drauf!
O... Okay ...!
LET
Hast du den Kranken-wagen geru-fen?
Ah, ja! So-fort!
Hah
Hah

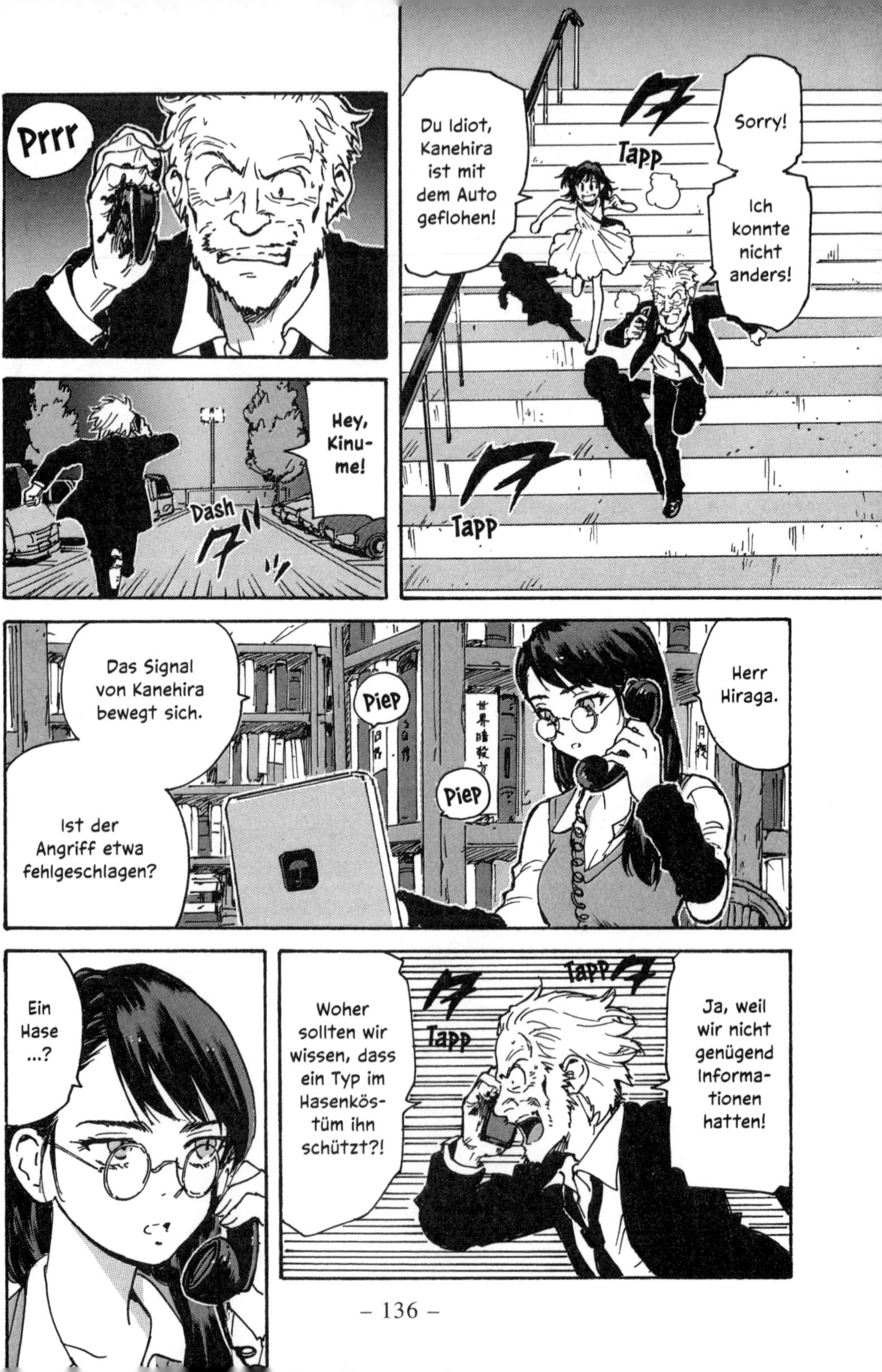
Tapp
Du Idiot, Kanehira ist mit dem Auto geflohen!
Sorry!
Ich konnte nicht anders!
Tapp
Prrr
Hey, Kinume!
Dash
Herr Hiraga.
Piep
Piep
Das Signal von Kanehira bewegt sich.
Ist der Angriff etwa fehlgeschlagen?
Tapp
Tapp
Ja, weil wir nicht genügend Informationen hatten!
Woher sollten wir wissen, dass ein Typ im Hasenkös-tüm ihn schützt?!
Ein Hase ...?

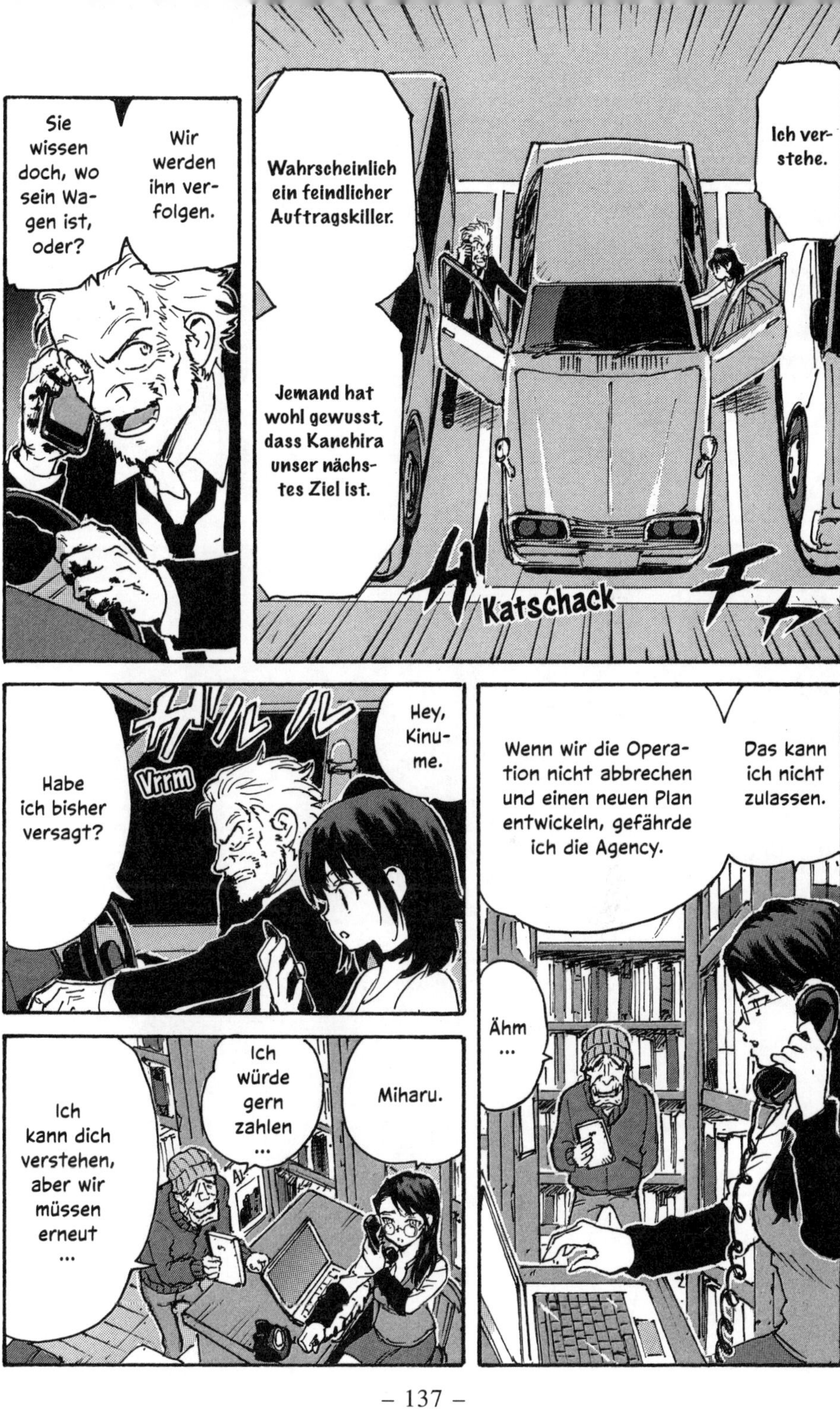
Ich verstehe.
Wahrscheinlich ein feindlicher Auftragskiller.
Jemand hat wohl gewusst, dass Kanehira unser nächstes Ziel ist.
Katschack
Wir werden ihn verfolgen.
Sie wissen doch, wo sein Wagen ist, oder?
Das kann ich nicht zulassen.
Wenn wir die Operation nicht abbrechen und einen neuen Plan entwickeln, gefährde ich die Agency.
Ähm ...
Hey, Kinume.
Vrrm
Habe ich bisher versagt?
Miharu.
Ich würde gern zahlen ...
Ich kann dich verstehen, aber wir müssen erneut ...

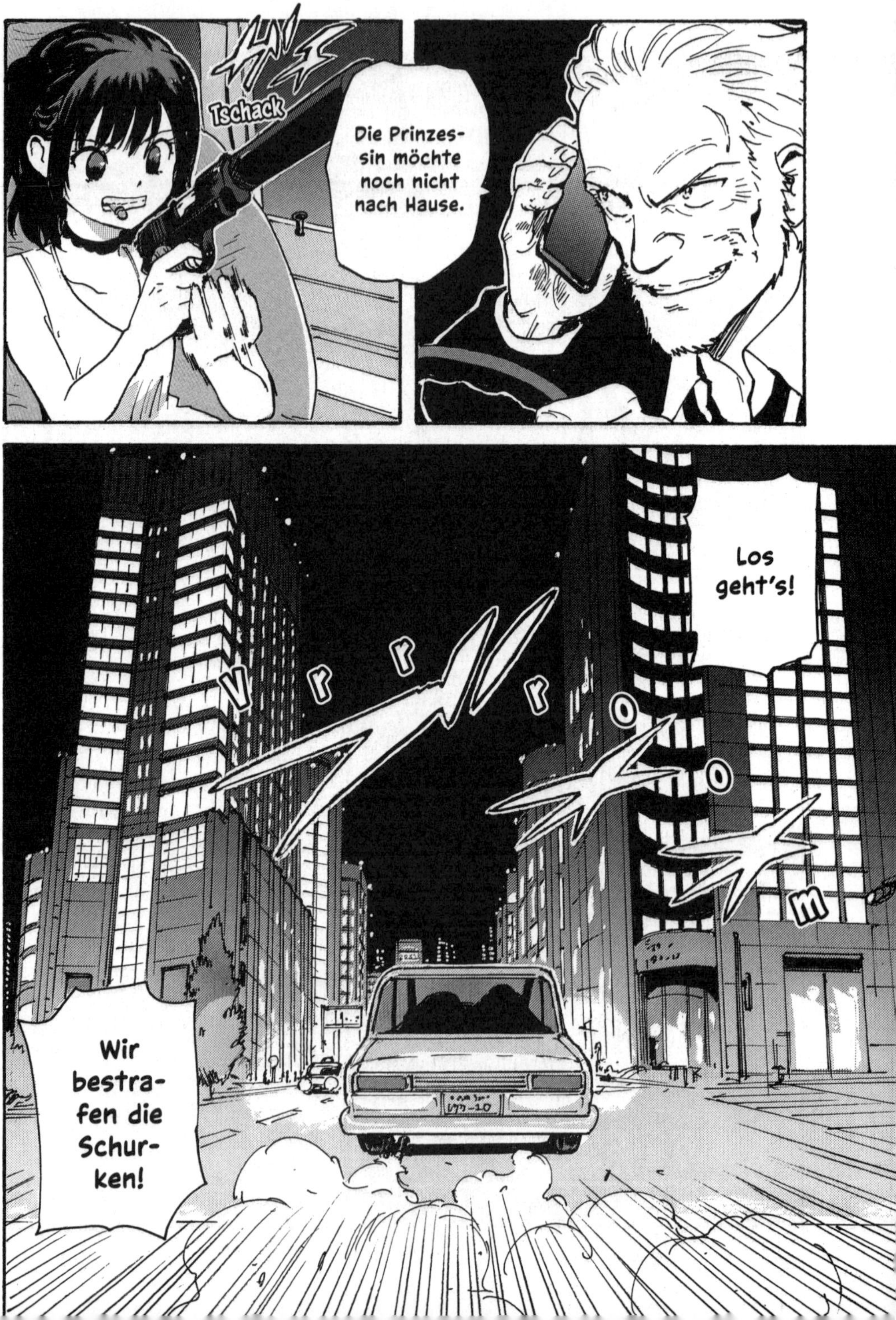
Tschack
Die Prinzes-
sin möchte
noch nicht
nach Hause.
Los
geht's!
Vrrrooom
Wir
bestra-
fen die
Schur-
ken!

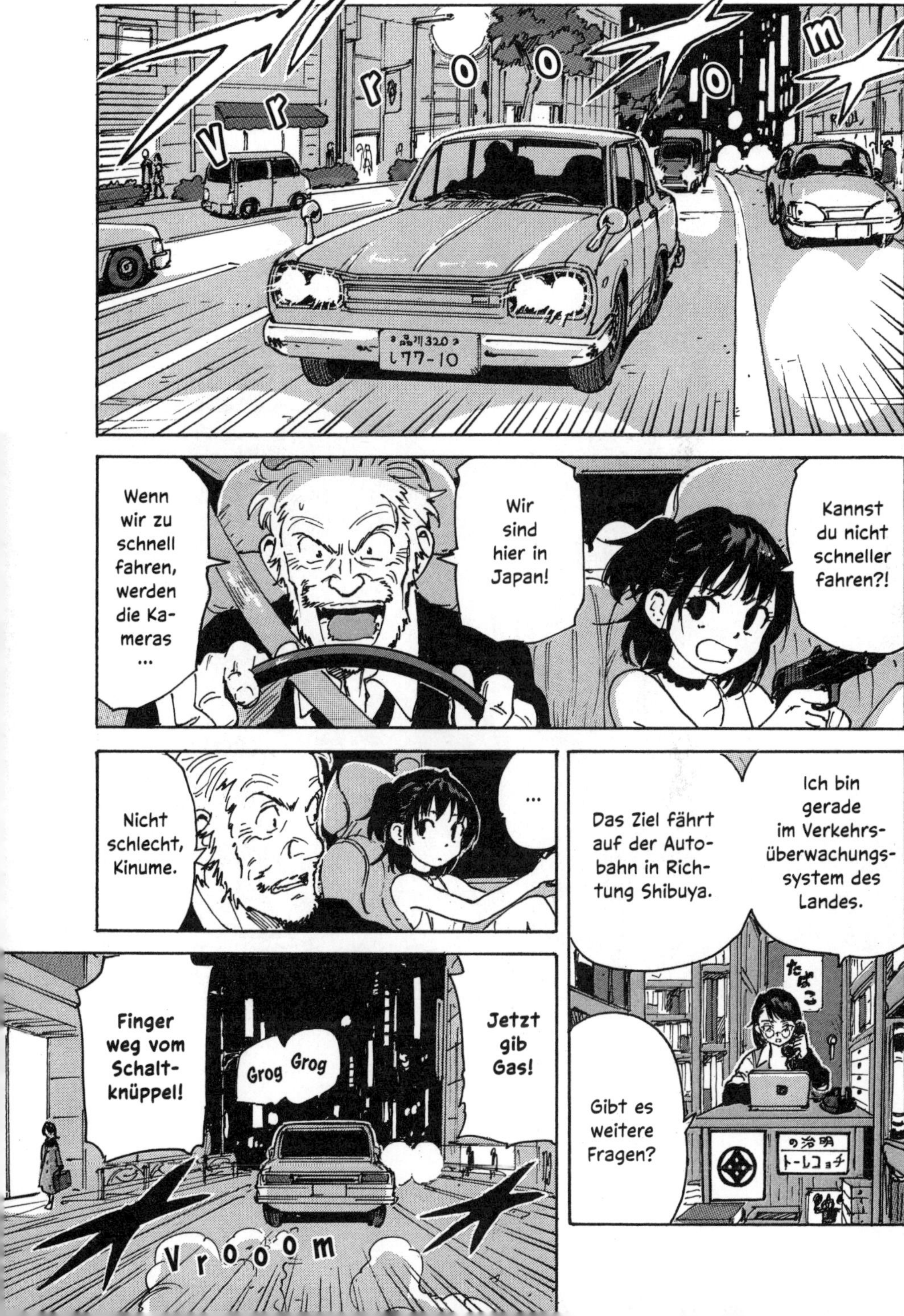
Vrrooom
Kannst du nicht schneller fahren?!
Wir sind hier in Japan!
Wenn wir zu schnell fahren, werden die Kameras ...
Ich bin gerade im Verkehrsüberwachungssystem des Landes.
Das Ziel fährt auf der Autobahn in Richtung Shibuya.
...
Nicht schlecht, Kinume.
Gibt es weitere Fragen?
Jetzt gib Gas!
Grog Grog
Finger weg vom Schaltknüppel!
Vrooom

PULP 4 Rache schmeckt nach Regen

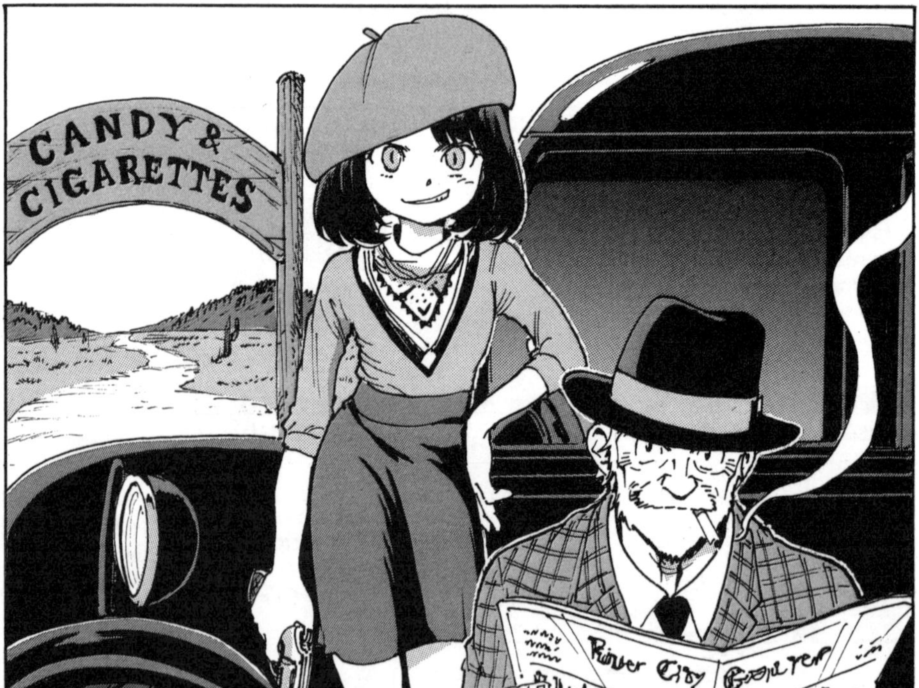

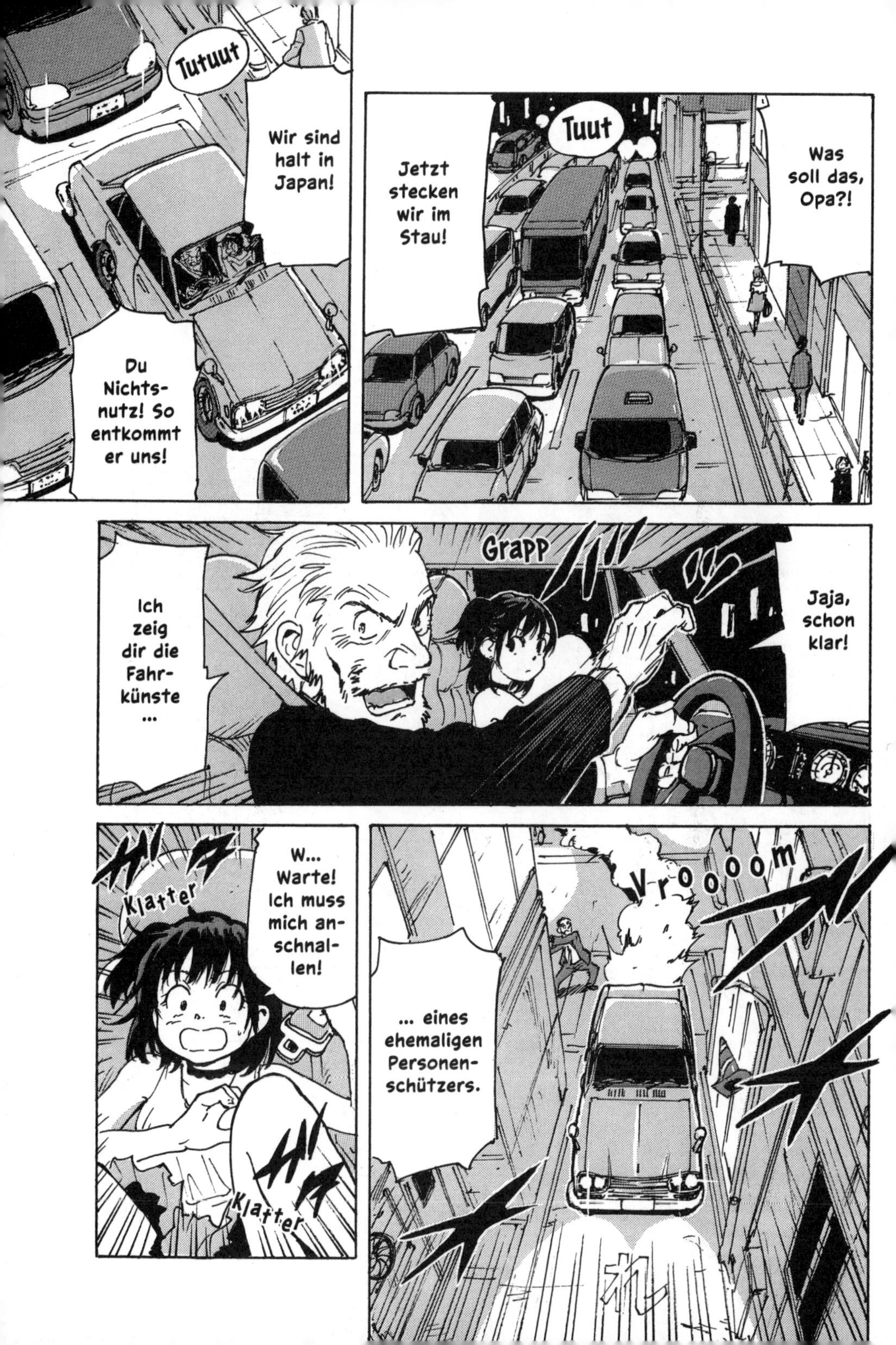
Was soll das, Opa?!
Tuut
Jetzt stecken wir im Stau!
Tutuut
Wir sind halt in Japan!
Du Nichtsnutz! So entkommt er uns!
Jaja, schon klar!
Grapp
Ich zeig dir die Fahrkünste ...
Vroooom
... eines ehemaligen Personenschützers.
W... Warte! Ich muss mich anschnallen!
Klatter
Klatter

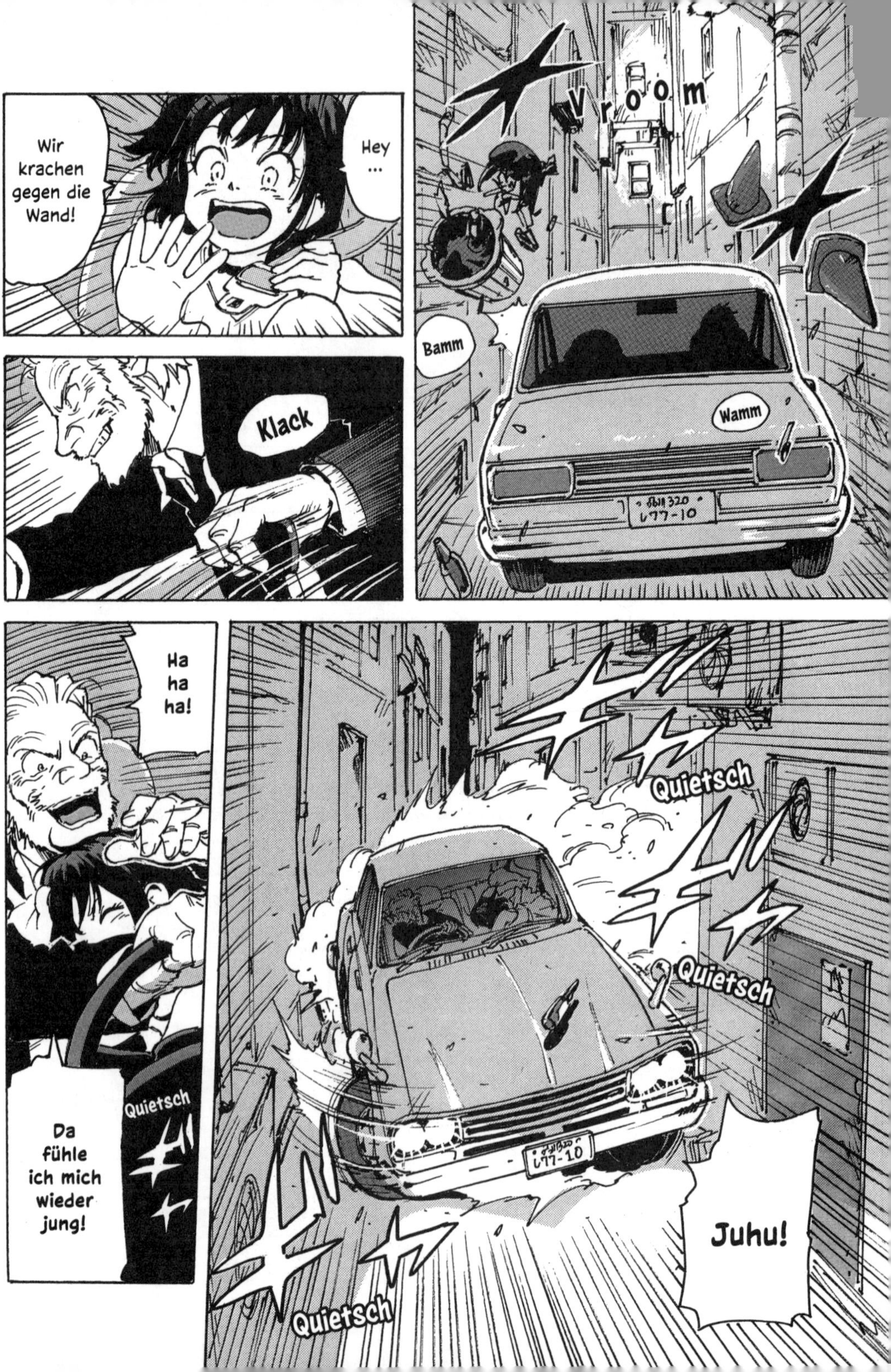

Vroom
Bamm
Wamm
Hey ...
Wir krachen gegen die Wand!
Klack
Quietsch
Quietsch
Juhu!
Quietsch
Ha ha ha!
Quietsch
Da fühle ich mich wieder jung!

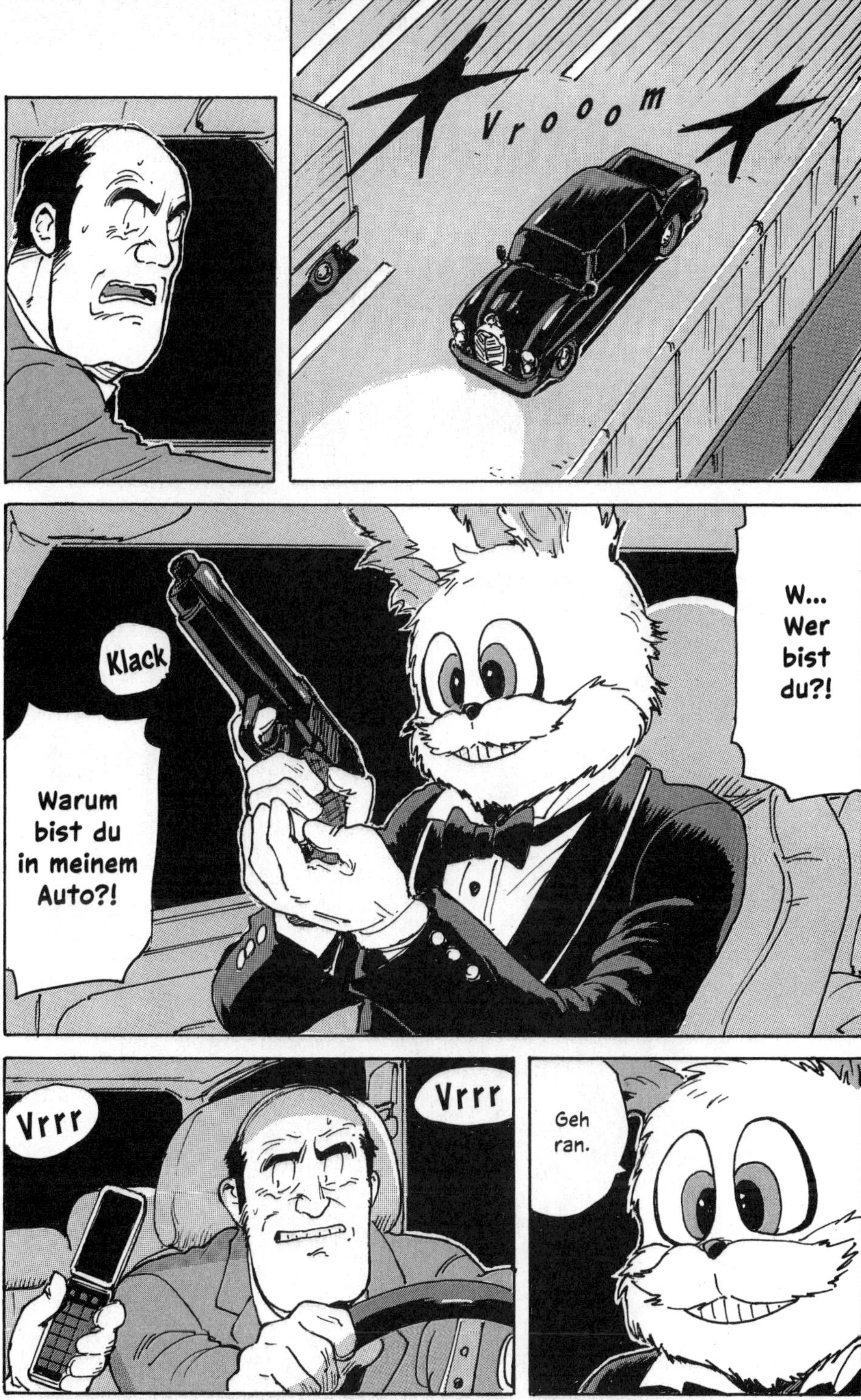
Vroooom
W... Wer bist du?!
Klack
Warum bist du in meinem Auto?!
Geh ran.
Vrrr
Vrrr

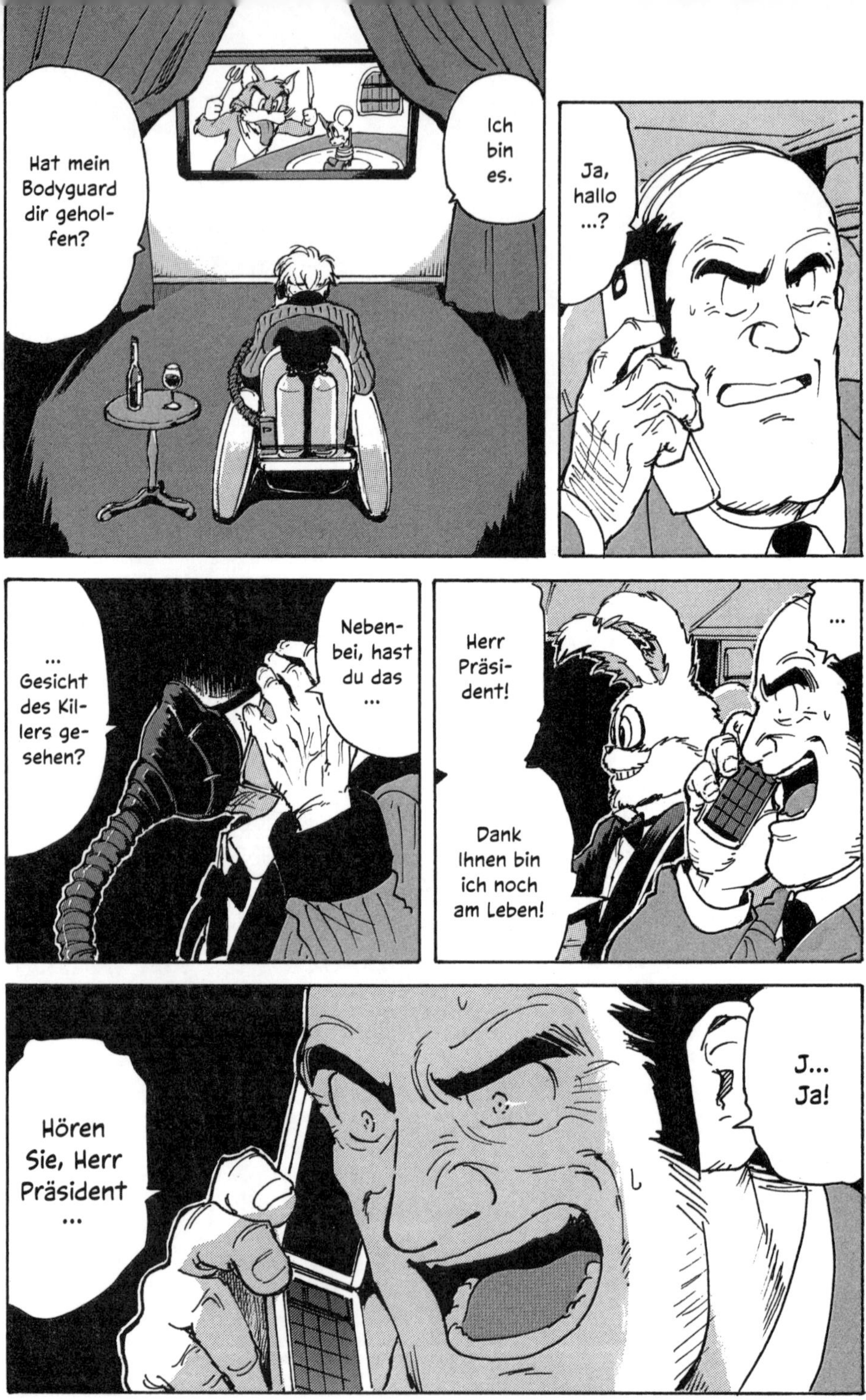

Ja, hallo ...?
Ich bin es.
Hat mein Bodyguard dir geholfen?
...
Herr Präsident!
Dank Ihnen bin ich noch am Leben!
Nebenbei, hast du das ...
... Gesicht des Killers gesehen?
J... Ja!
Hören Sie, Herr Präsident ...

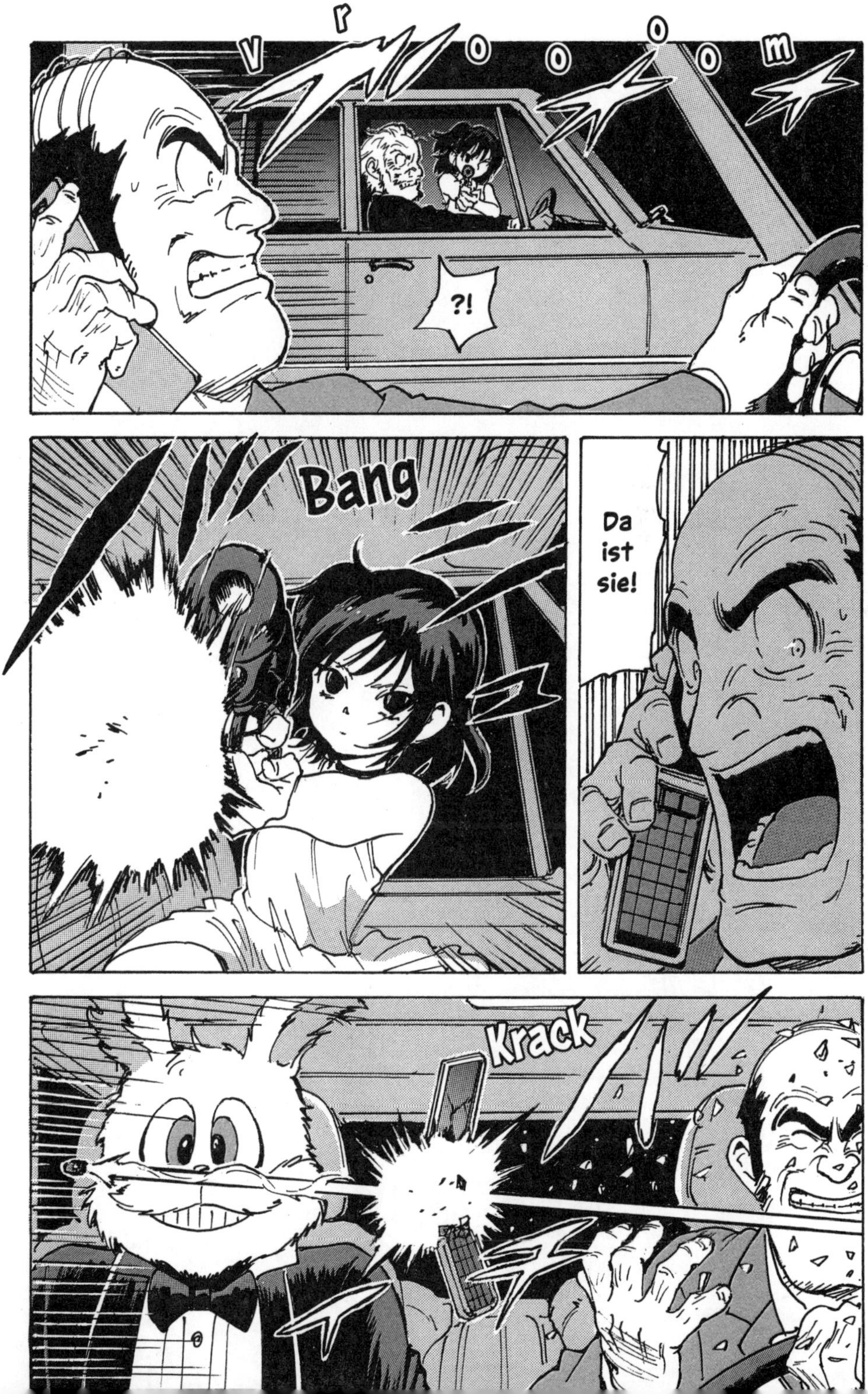

vroooom
?!
Bang
Da ist sie!
Krack

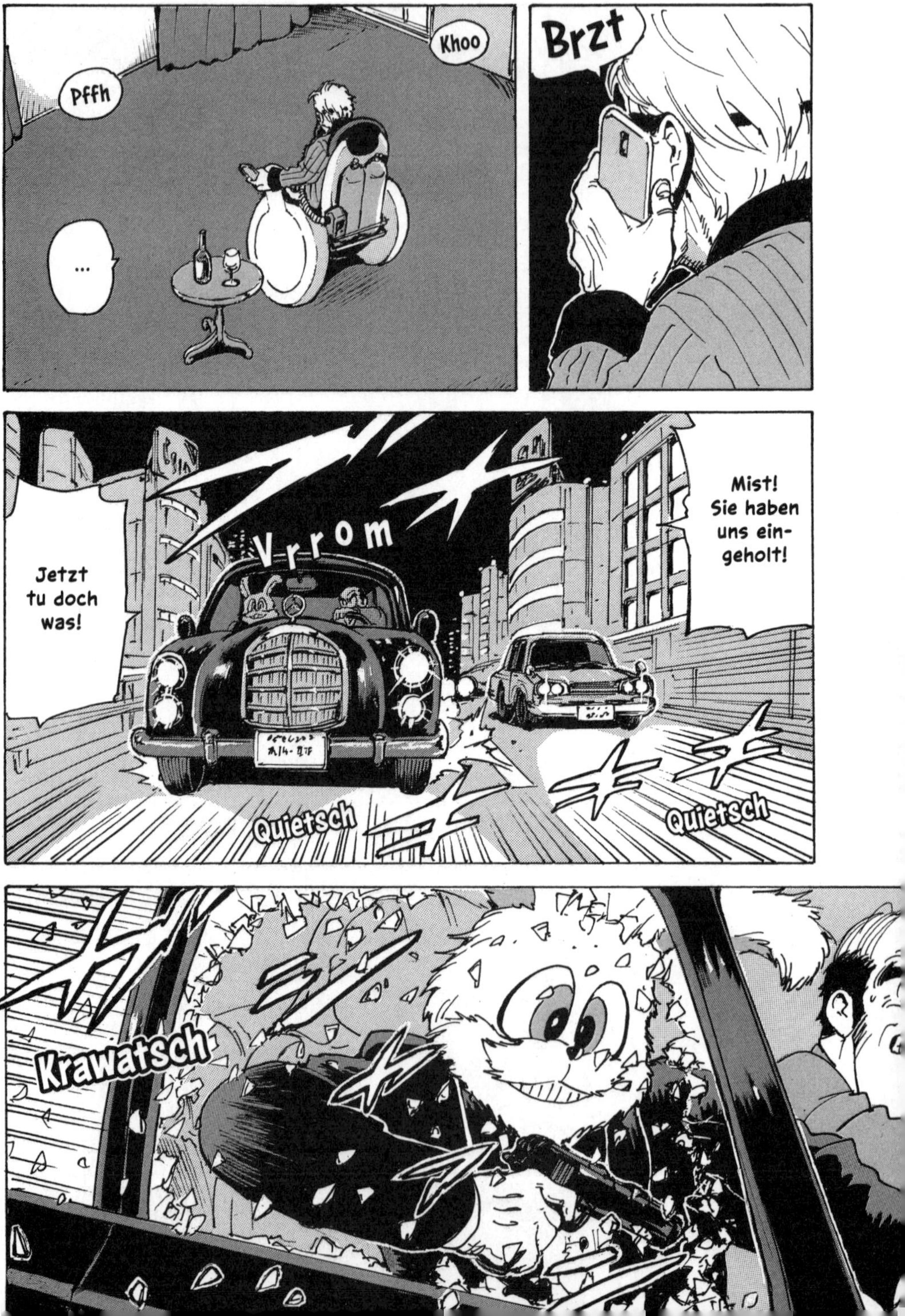
Khoo
Pffh
...
Brzt
Vrrom
Mist! Sie haben uns eingeholt!
Jetzt tu doch was!
Quietsch
Quietsch
Krawatsch

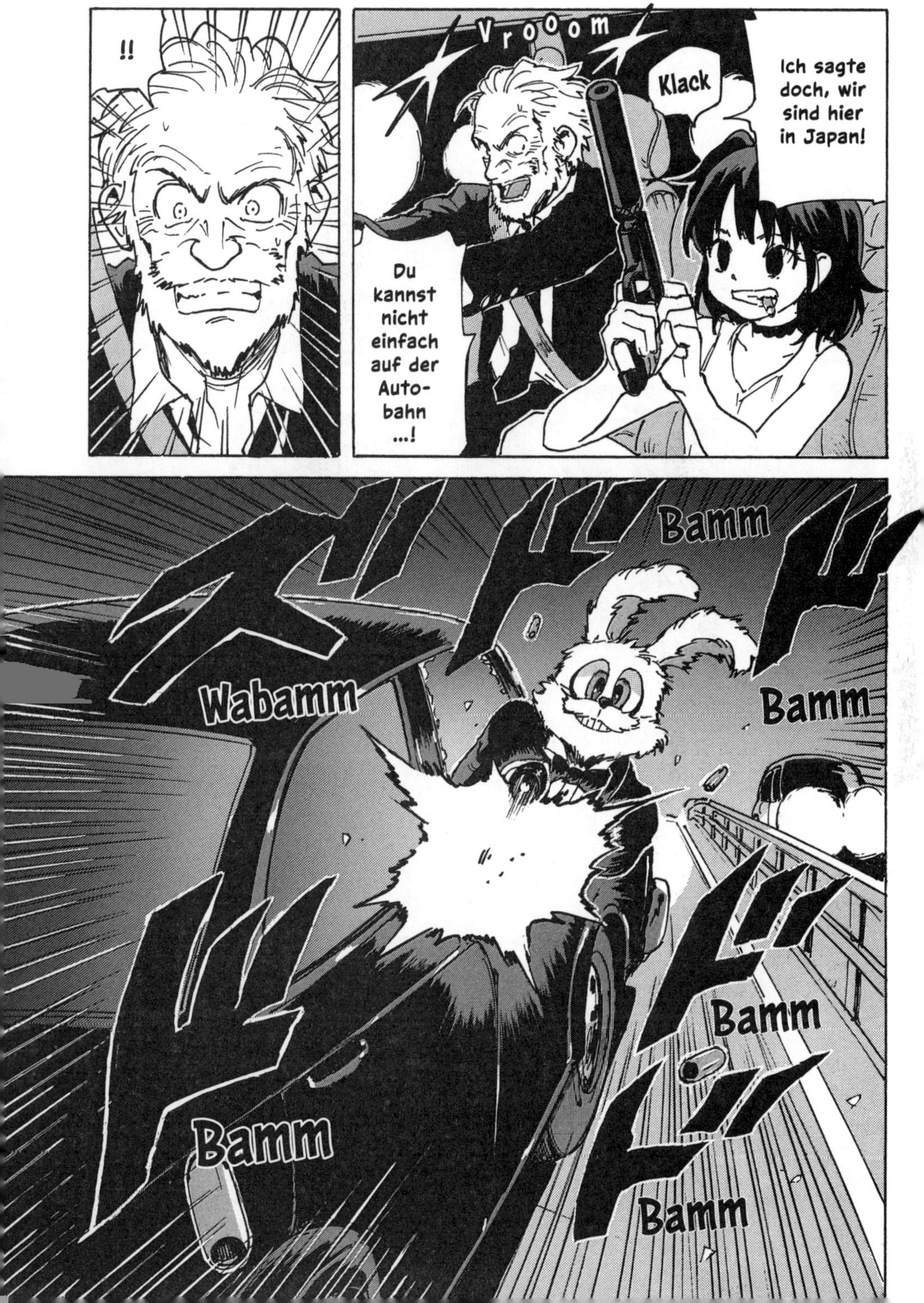
Ich sagte doch, wir sind hier in Japan!
Klack
Vroooom
Du kannst nicht einfach auf der Autobahn ...!
!!
Bamm
Bamm
Wabamm
Bamm
Bamm
Bamm

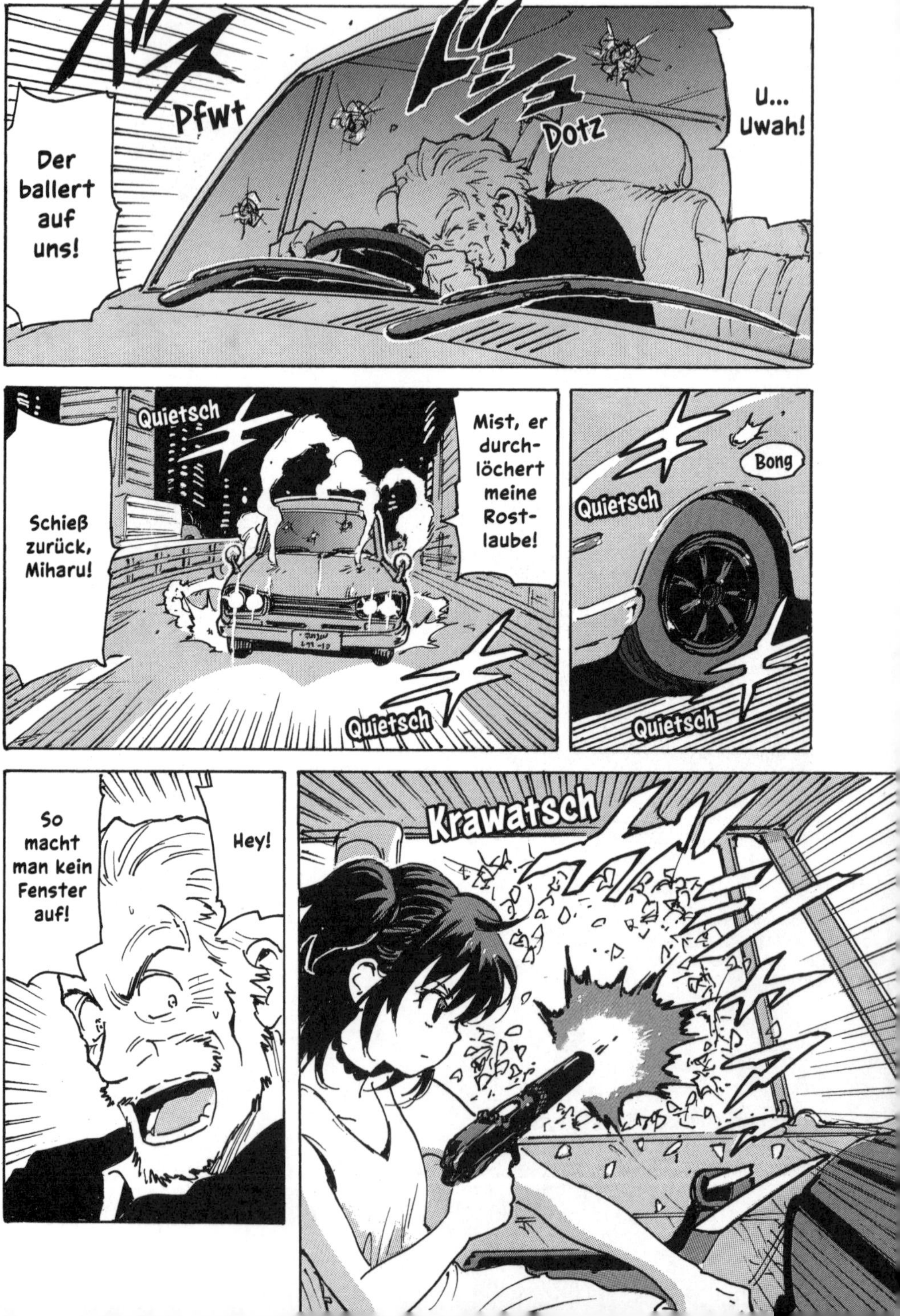
U...
Uwah!
Dotz
Pfwt
Der ballert auf uns!
Bong
Quietsch
Quietsch
Mist, er durch-löchert meine Rost-laube!
Quietsch
Schieß zurück, Miharu!
Quietsch
Krawatsch
Hey!
So macht man kein Fenster auf!

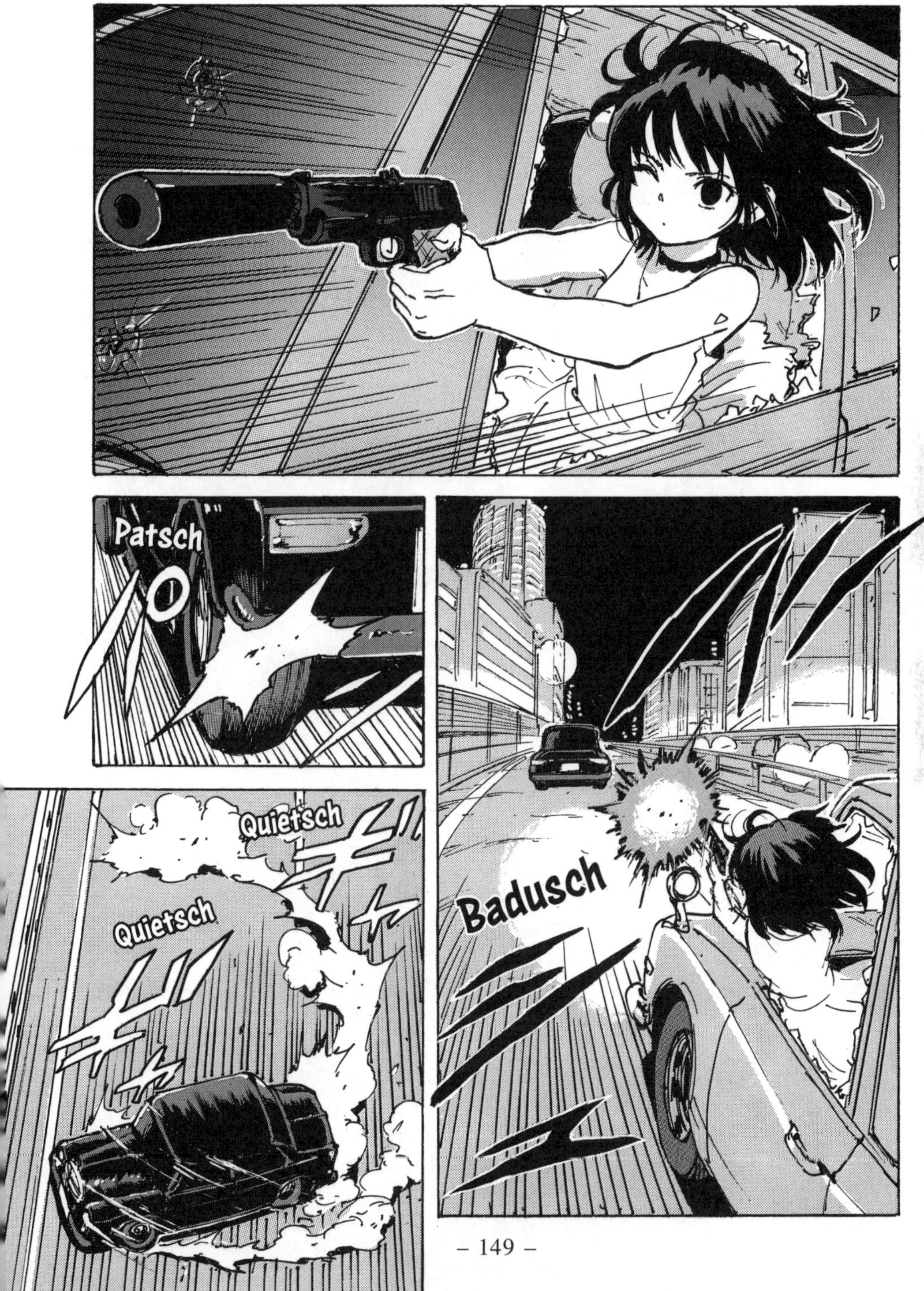
Patsch
Badusch
Quietsch
Quietsch

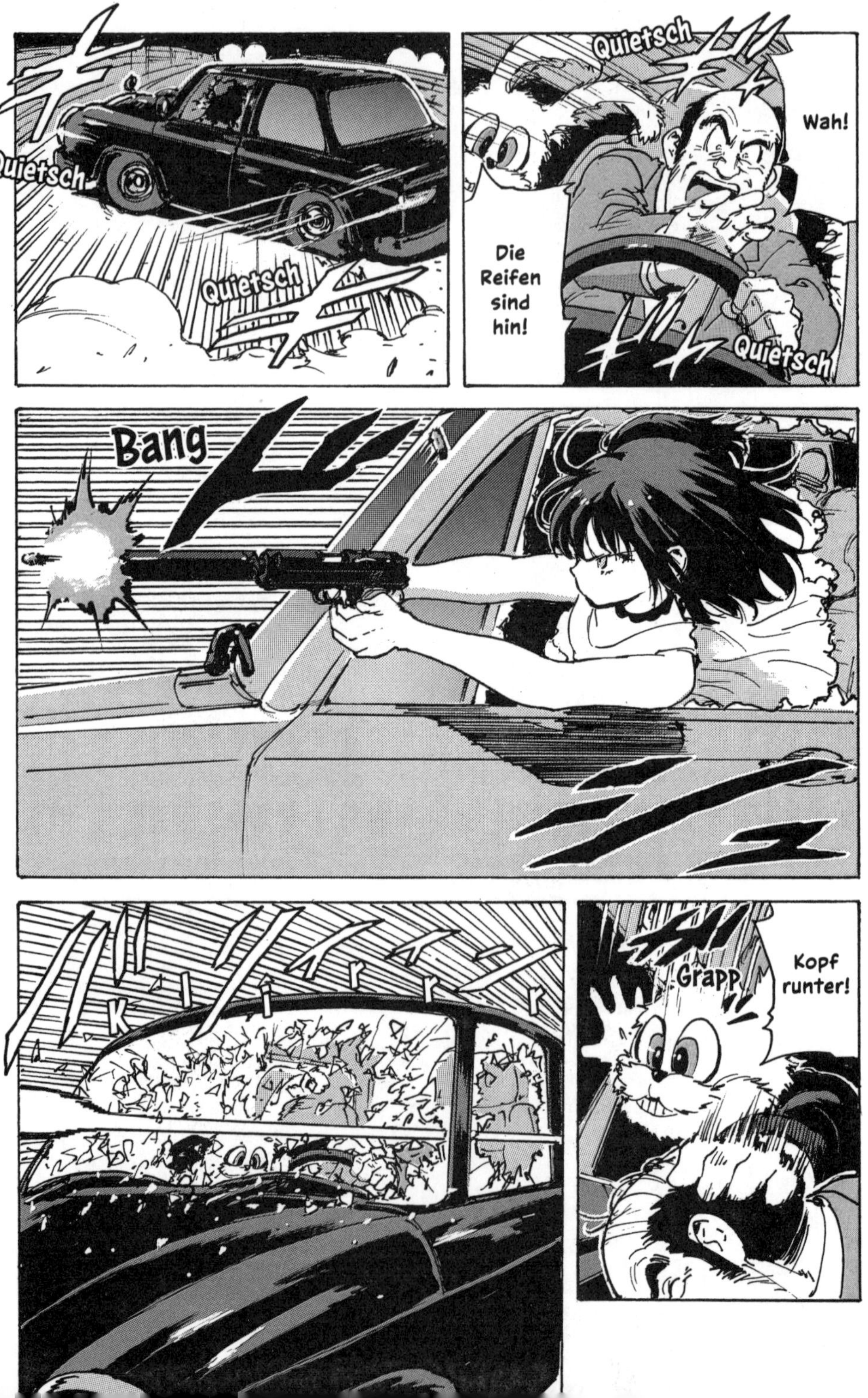
Quietsch
Wah!
Die Reifen sind hin!
Quietsch
Quietsch
Quietsch
Quietsch
Bang
Grapp
Kopf runter!
Klirrr

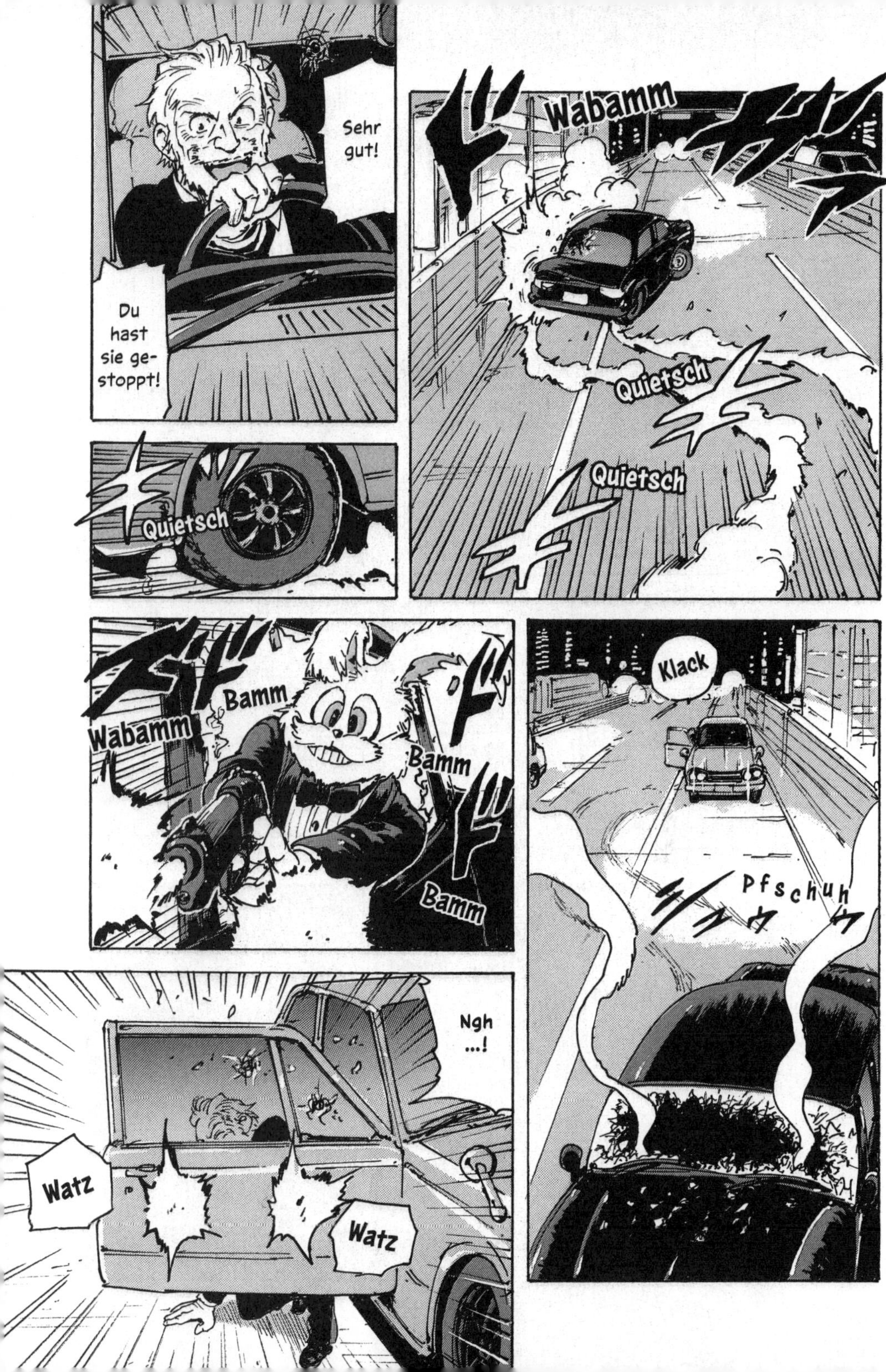

Wabamm
Quietsch
Quietsch
Sehr gut!
Du hast sie gestoppt!
Quietsch
Klack
Pfschuh
Wabamm
Bamm
Bamm
Bamm
Ngh ...!
Watz
Watz

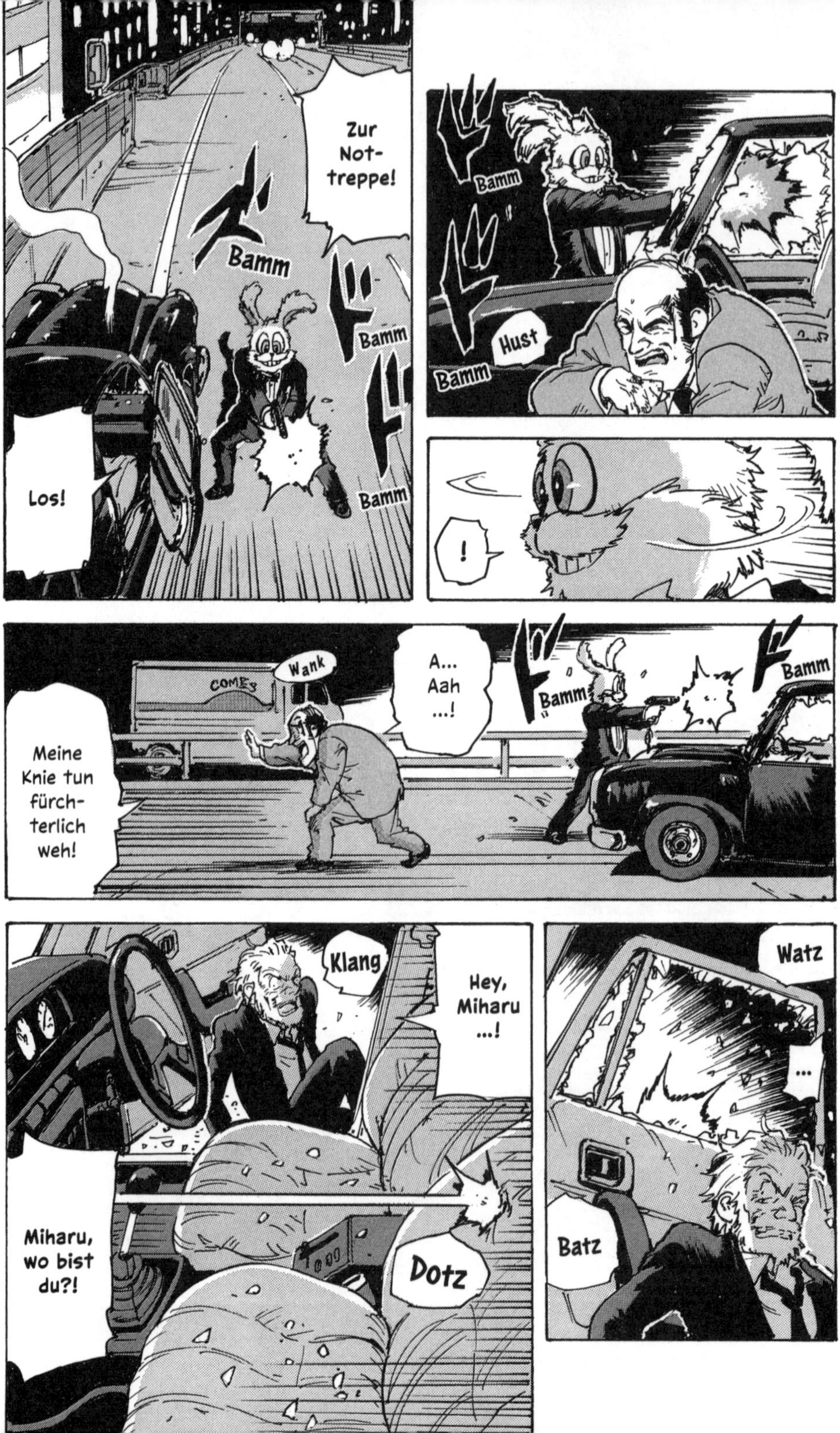

Bamm
Bamm
Hust
Bamm
!
Zur Not-treppe!
Bamm
Bamm
Bamm
Los!
Bamm
Bamm
A... Aah ...!
Wank
Meine Knie tun fürchterlich weh!
Watz
...
Batz
Hey, Miharu ...!
Klang
Dotz
Miharu, wo bist du?!

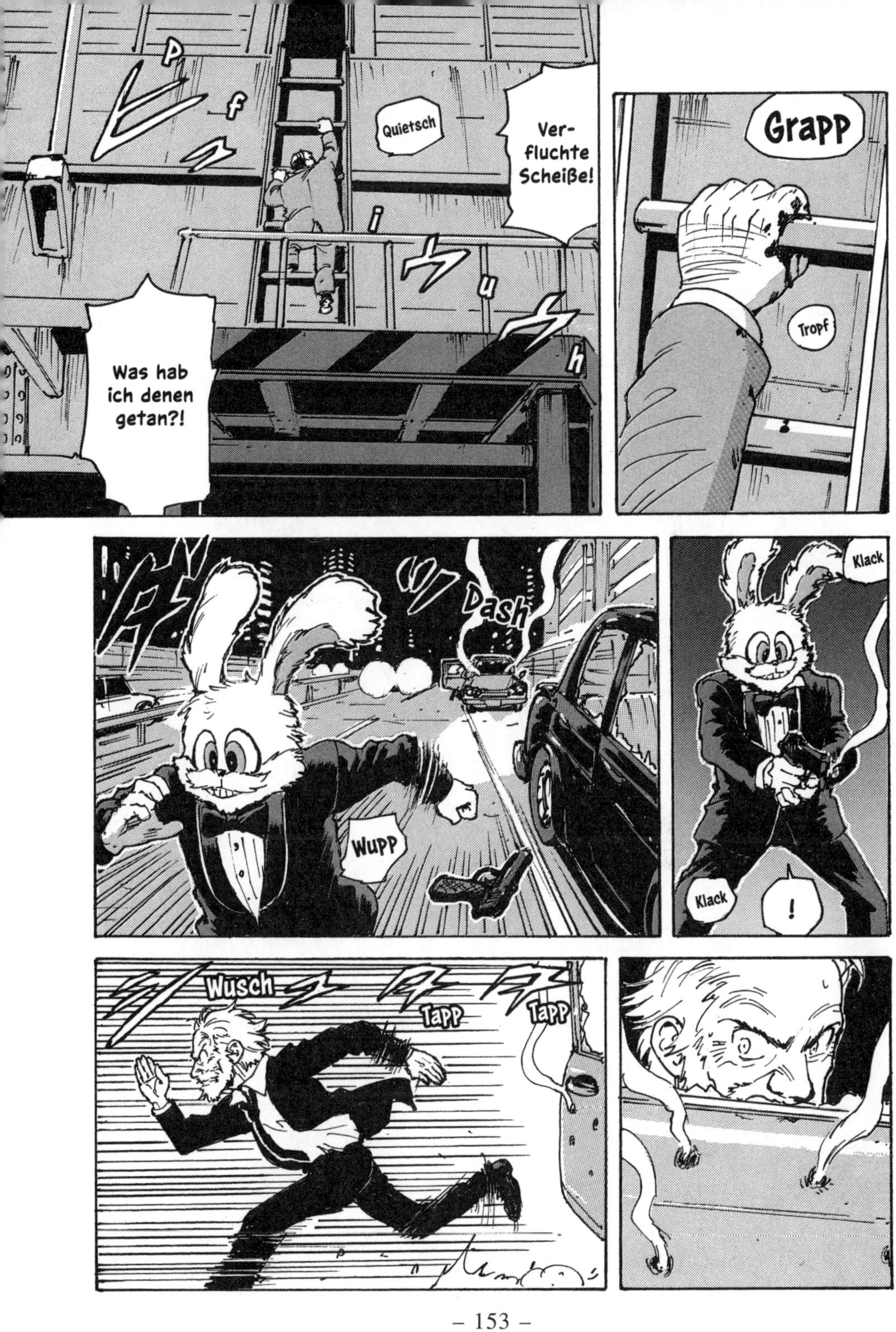
Verfluchte Scheiße!
Quietsch
Was hab ich denen getan?!
Grapp
Tropf
Klack
Dash
Wupp
Klack
!
Wusch
Tapp
Tapp

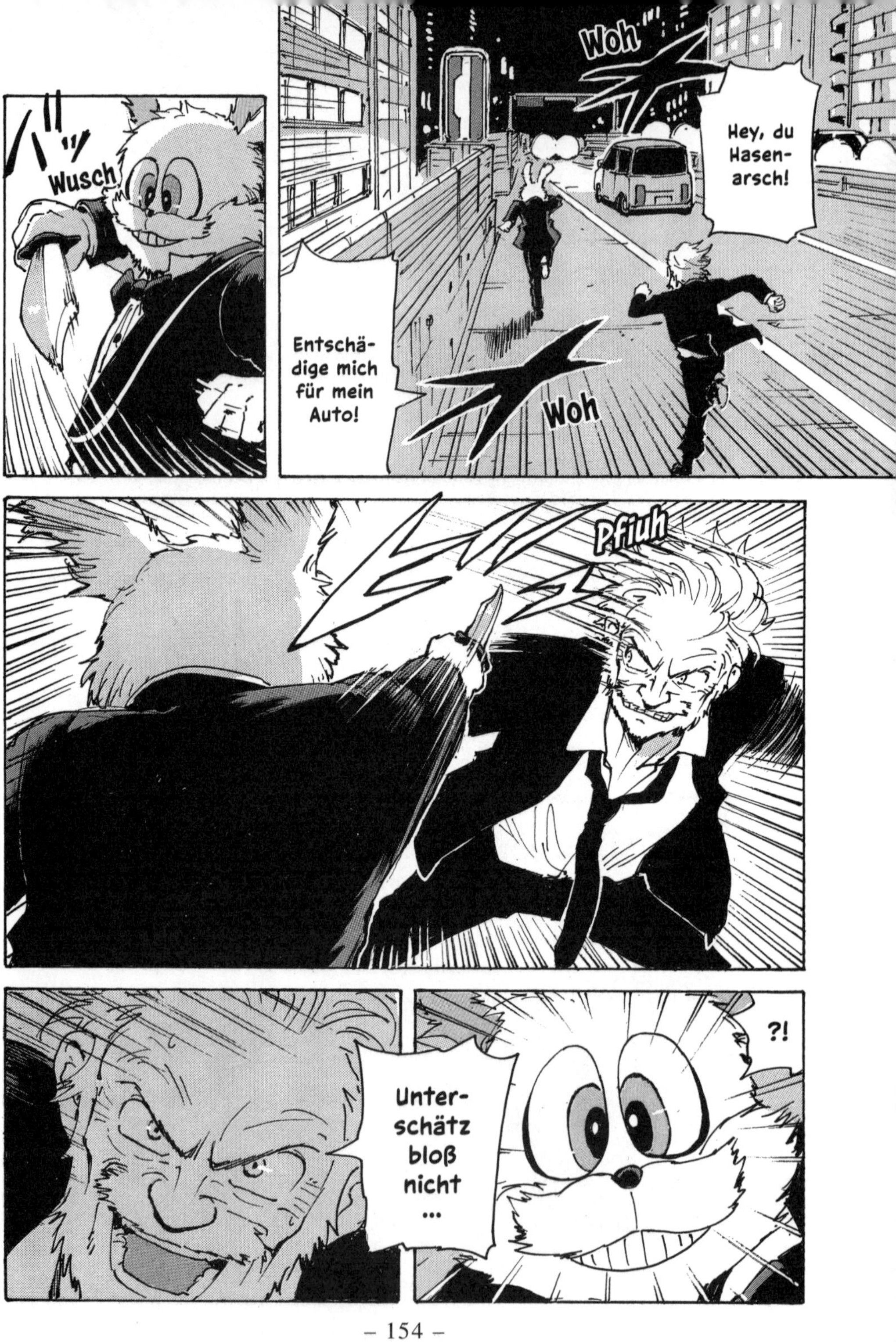
Woh
Hey, du Hasen-
arsch!
Entschä-
dige mich
für mein
Auto!
Woh
Wusch
Pfiuh
?!
Unter-
schätz
bloß
nicht
...

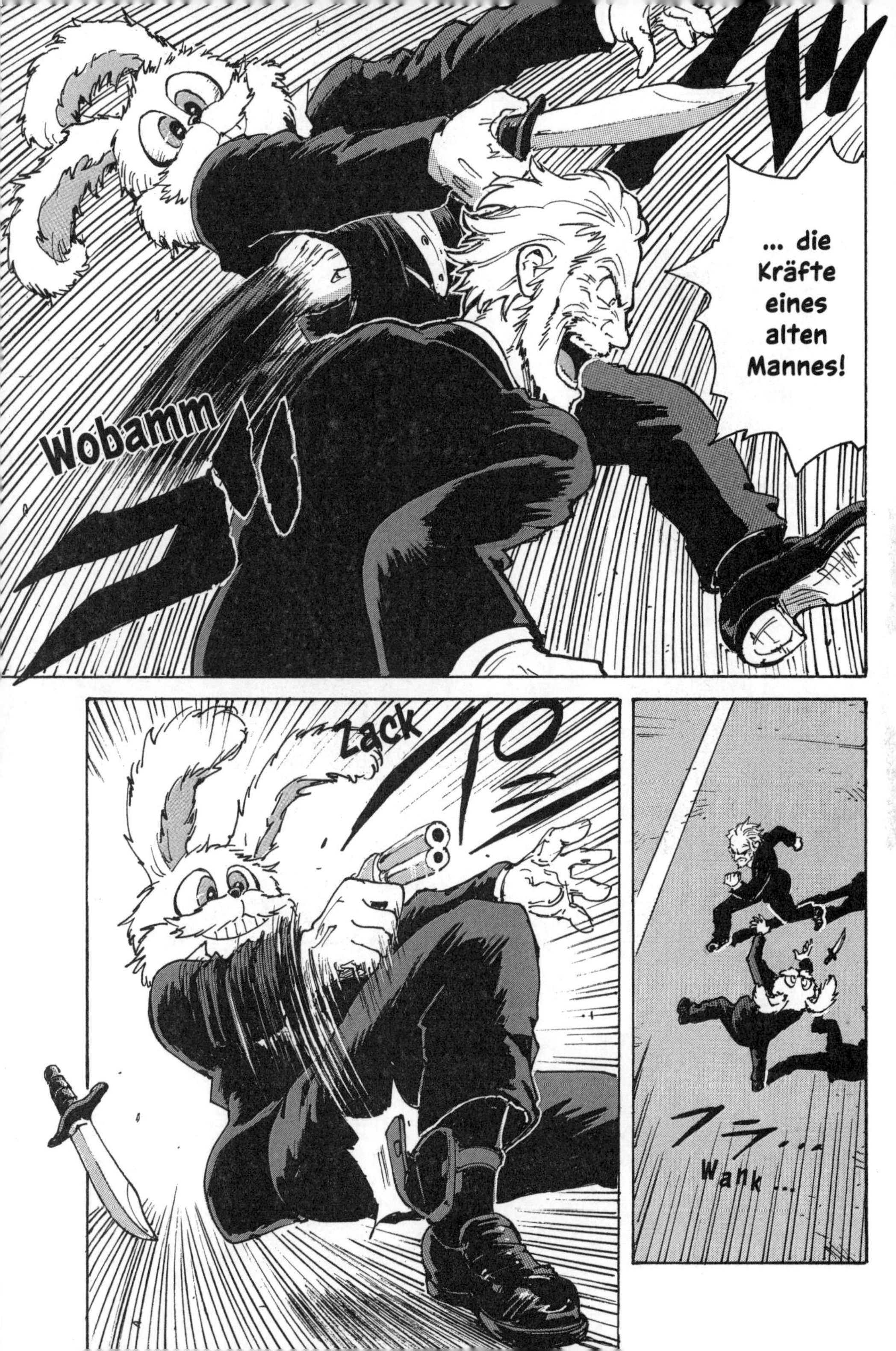
... die Kräfte eines alten Mannes!
Wobamm
Zack
Wank ...

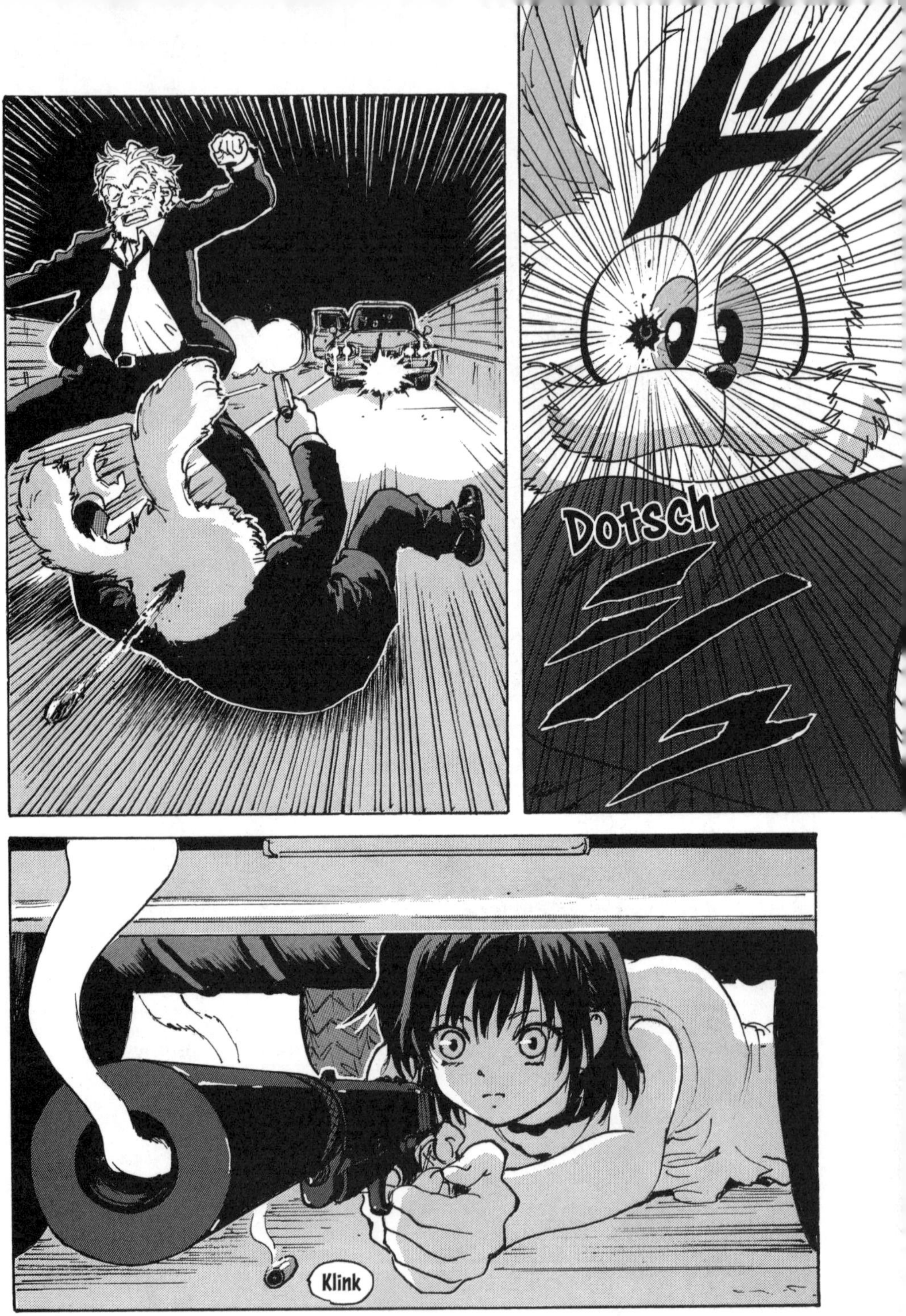
Dotsch
Klink

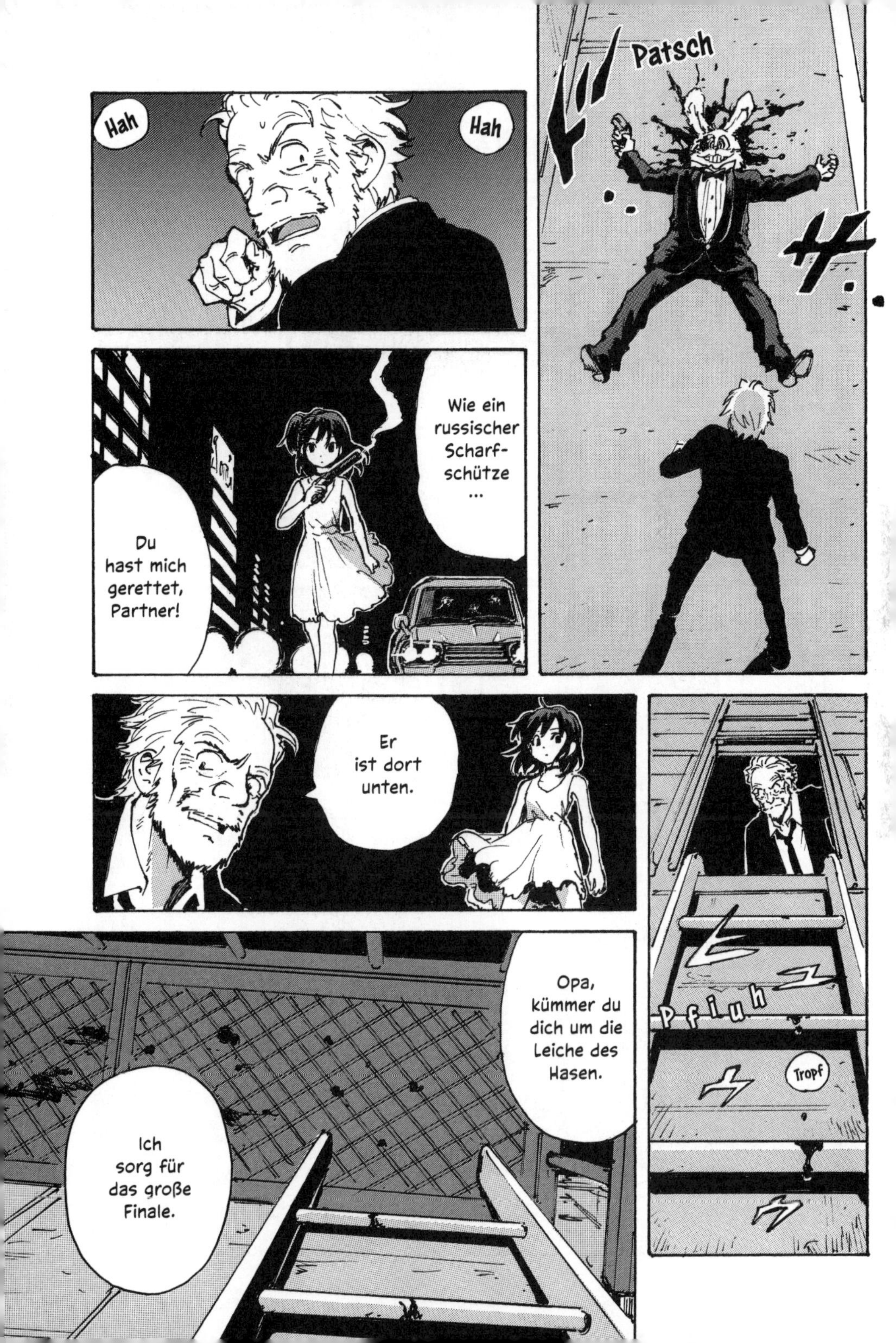

Patsch
Hah
Hah
Wie ein russischer Scharf- schütze ...
Du hast mich gerettet, Partner!
Er ist dort unten.
Pfiuh
Tropf
Opa, kümmer du dich um die Leiche des Hasen.
Ich sorg für das große Finale.

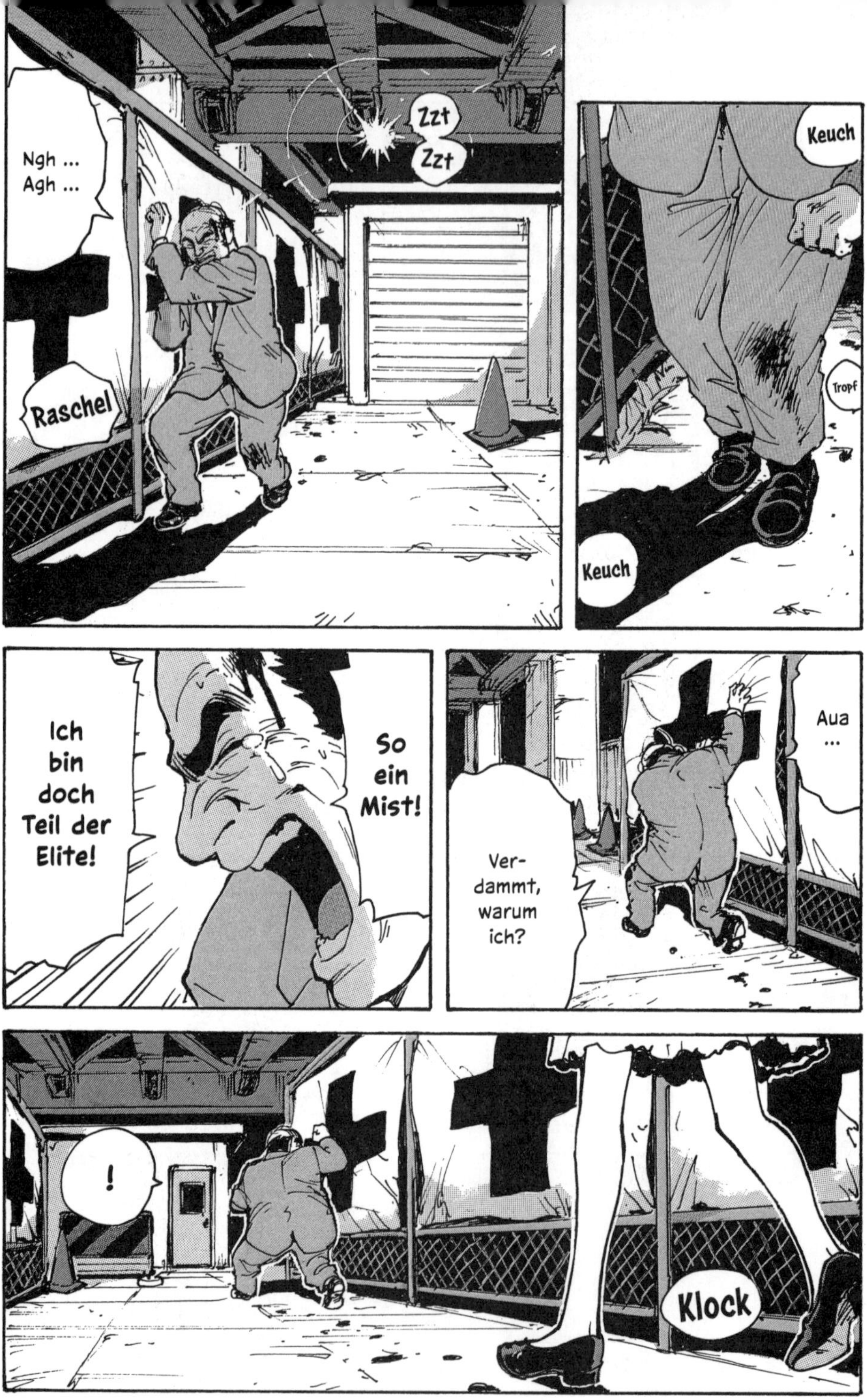
Keuch
Tropf
Keuch
Zzt
Zzt
Ngh ...
Agh ...
Raschel
Aua ...
Verdammt, warum ich?
So ein Mist!
Ich bin doch Teil der Elite!
!
Klock

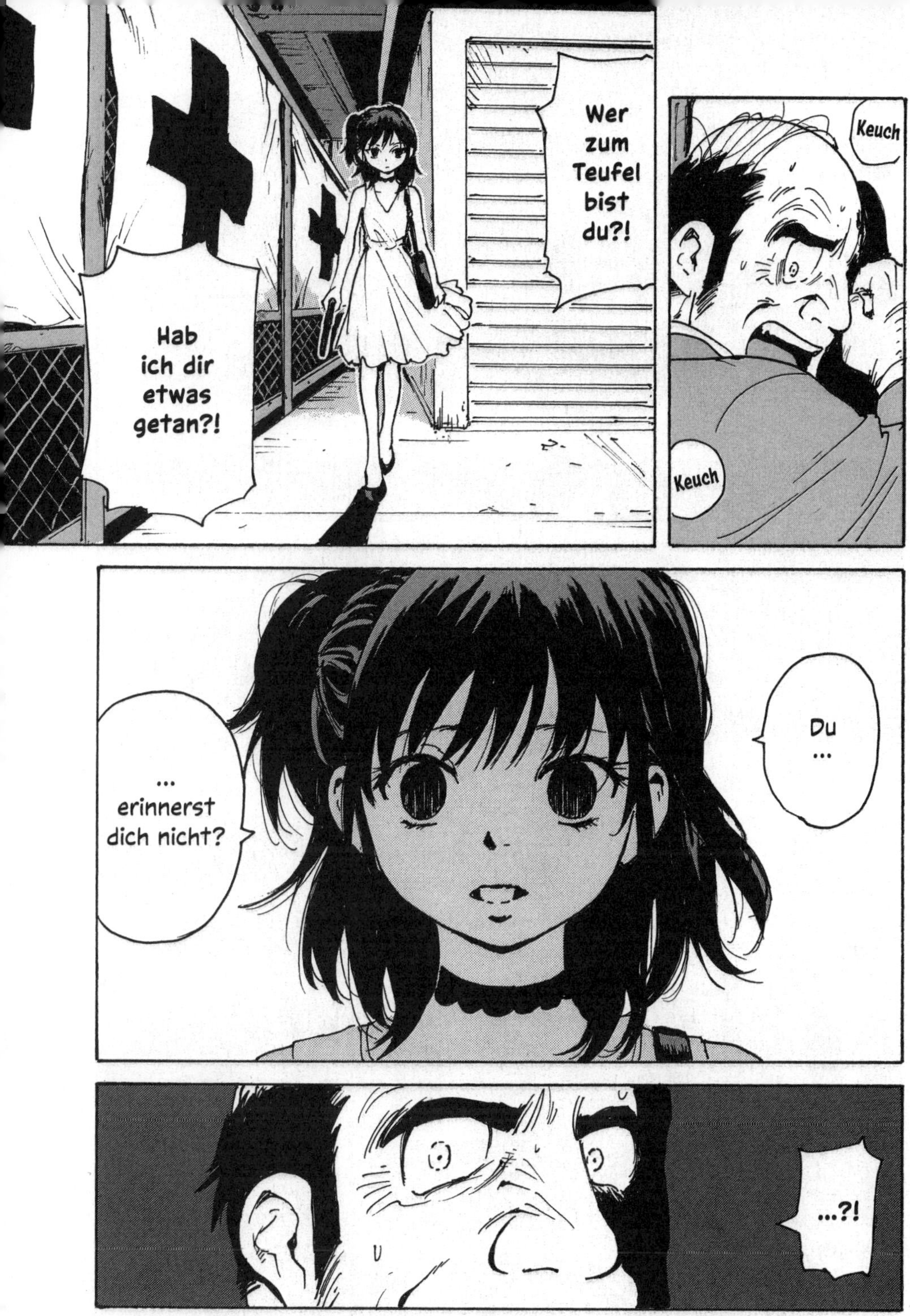
Keuch
Keuch
Wer zum Teufel bist du?!
Hab ich dir etwas getan?!
Du ...
... erinnerst dich nicht?
...?!

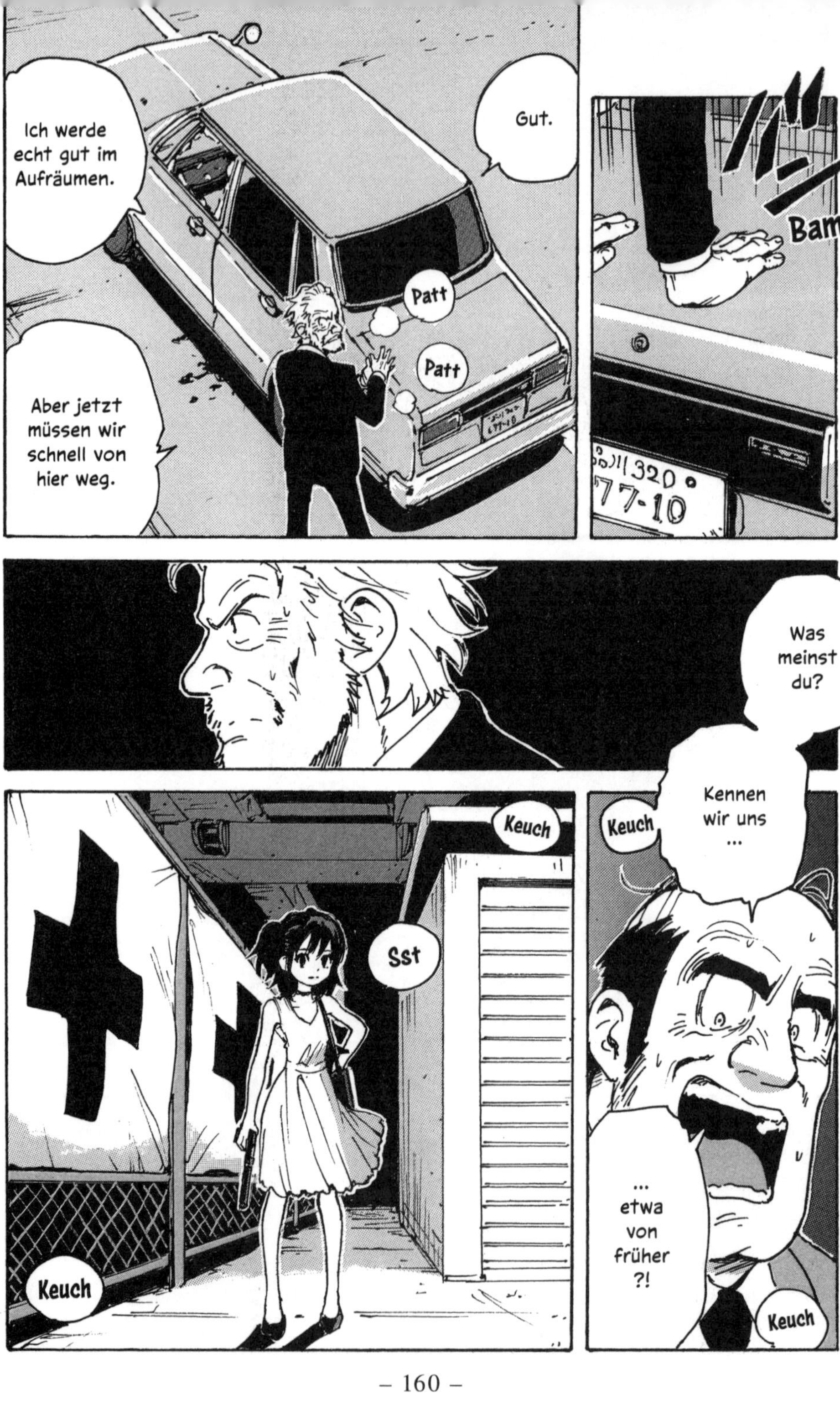
Bamm
Ich werde echt gut im Aufräumen.
Gut.
Patt
Patt
Aber jetzt müssen wir schnell von hier weg.
Was meinst du?
Keuch
Kennen wir uns ...
... etwa von früher ?!
Keuch
Keuch
Sst
Keuch

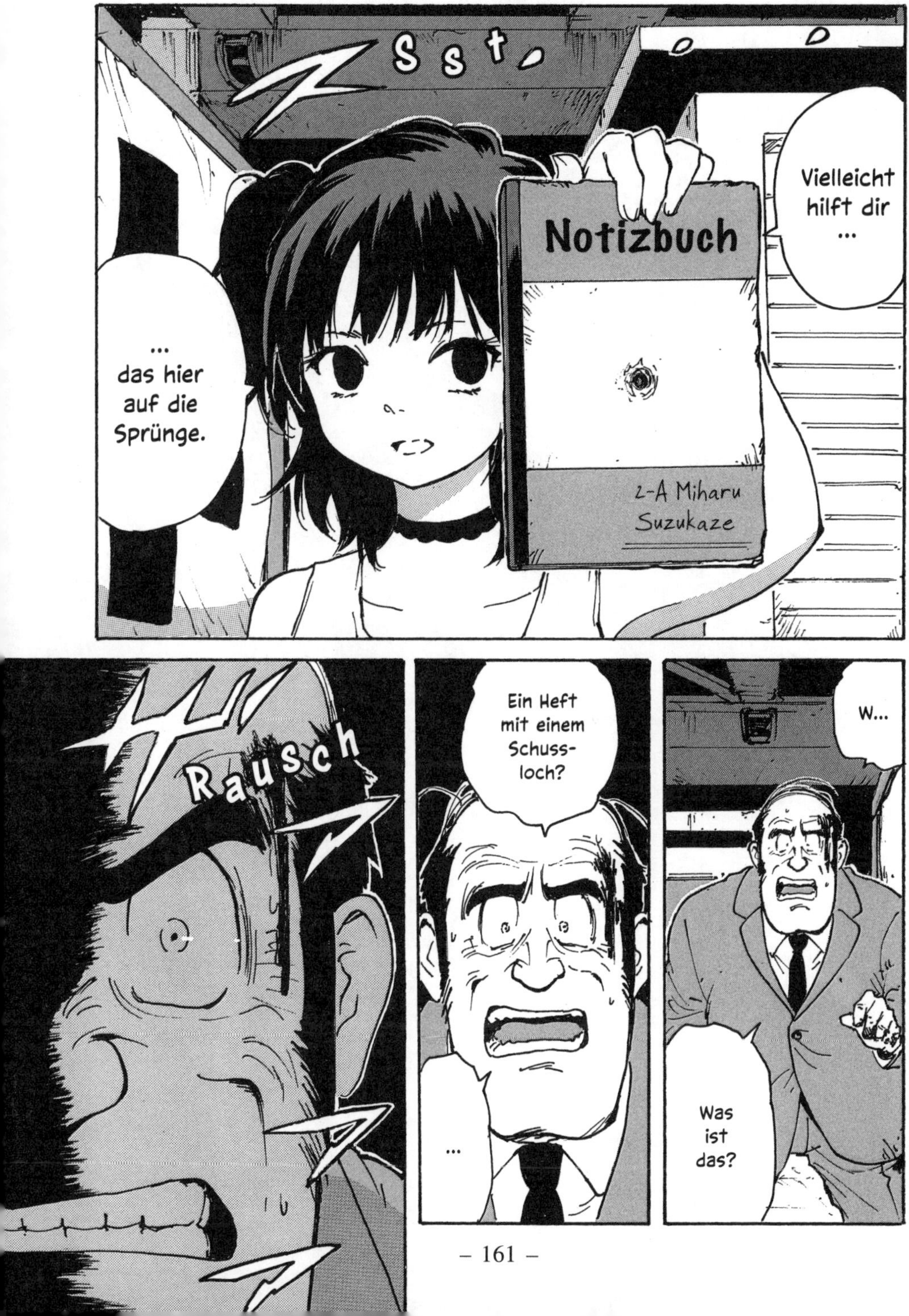
Sst
Vielleicht hilft dir ...
... das hier auf die Sprünge.
Notizbuch
2-A Miharu Suzukaze
W...
Was ist das?
Ein Heft mit einem Schuss-loch?
...
Rausch

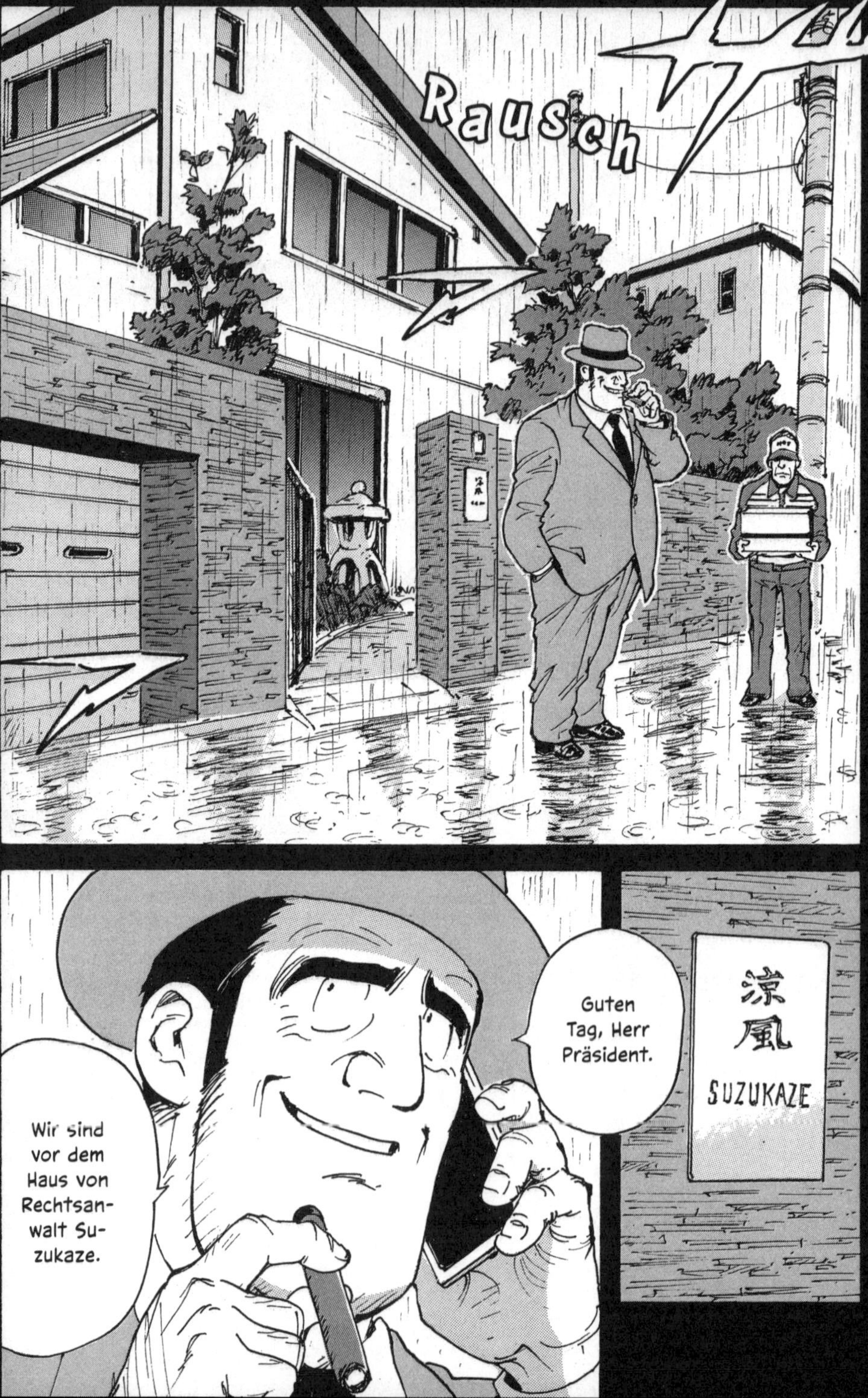
Rausch
涼風
SUZUKAZE
Guten Tag, Herr Präsident.
Wir sind vor dem Haus von Rechtsanwalt Suzukaze.

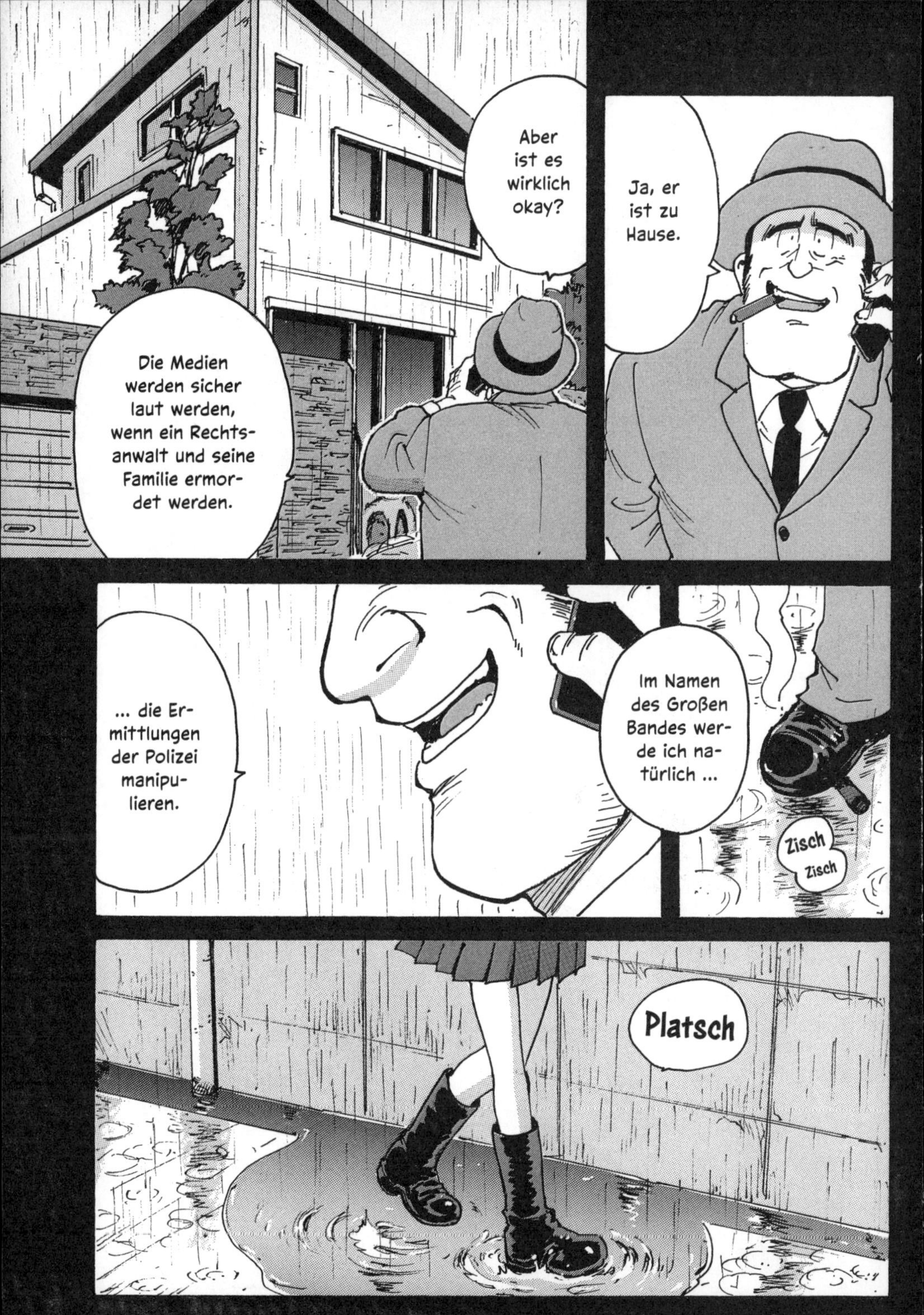
Ja, er ist zu Hause.
Aber ist es wirklich okay?
Die Medien werden sicher laut werden, wenn ein Rechtsanwalt und seine Familie ermordet werden.
Im Namen des Großen Bandes werde ich natürlich ...
Zisch Zisch
... die Ermittlungen der Polizei manipulieren.
Platsch

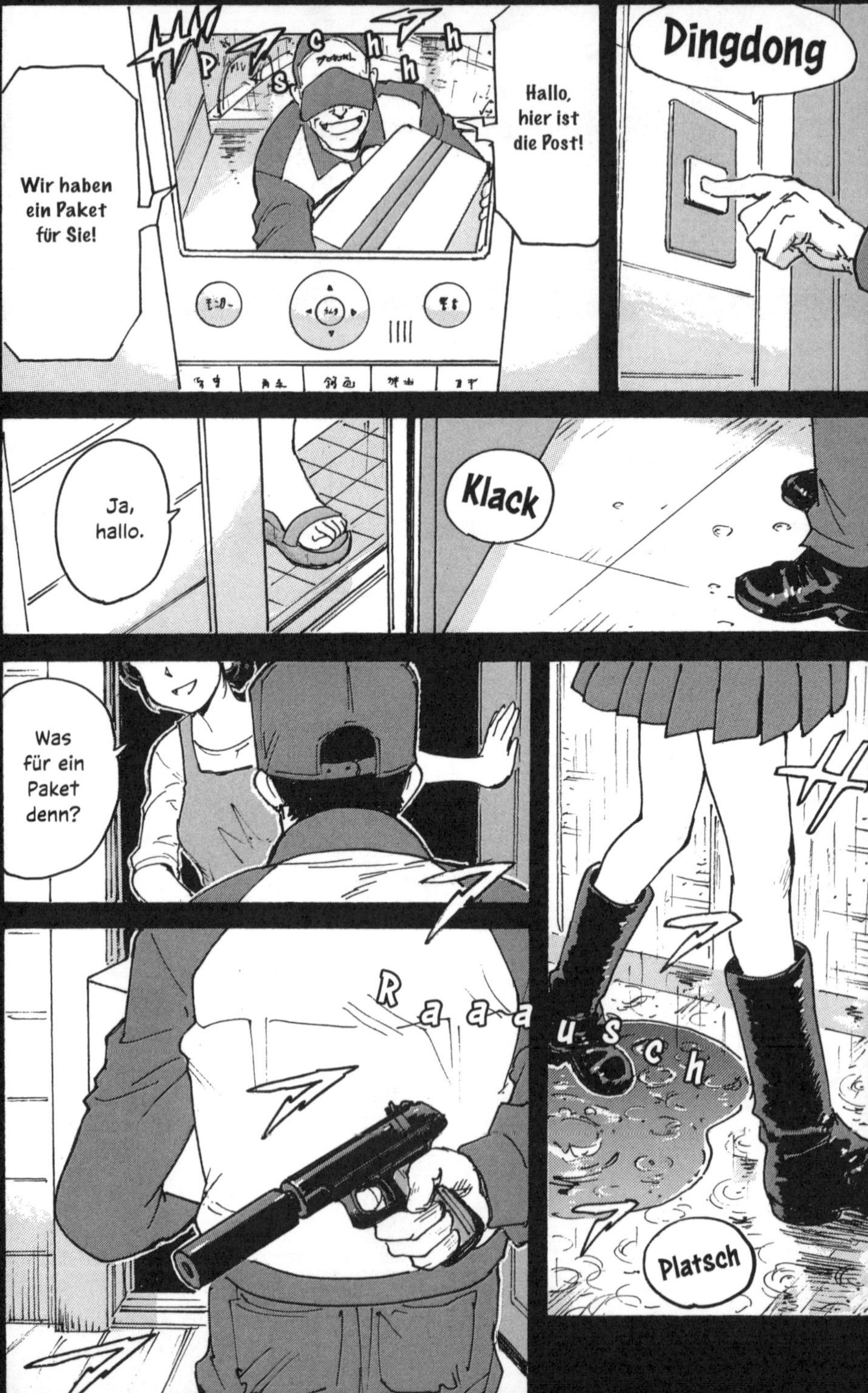

Dingdong
Pschhhh
Hallo, hier ist die Post!
Wir haben ein Paket für Sie!
Klack
Ja, hallo.
Platsch
Raaausch
Was für ein Paket denn?

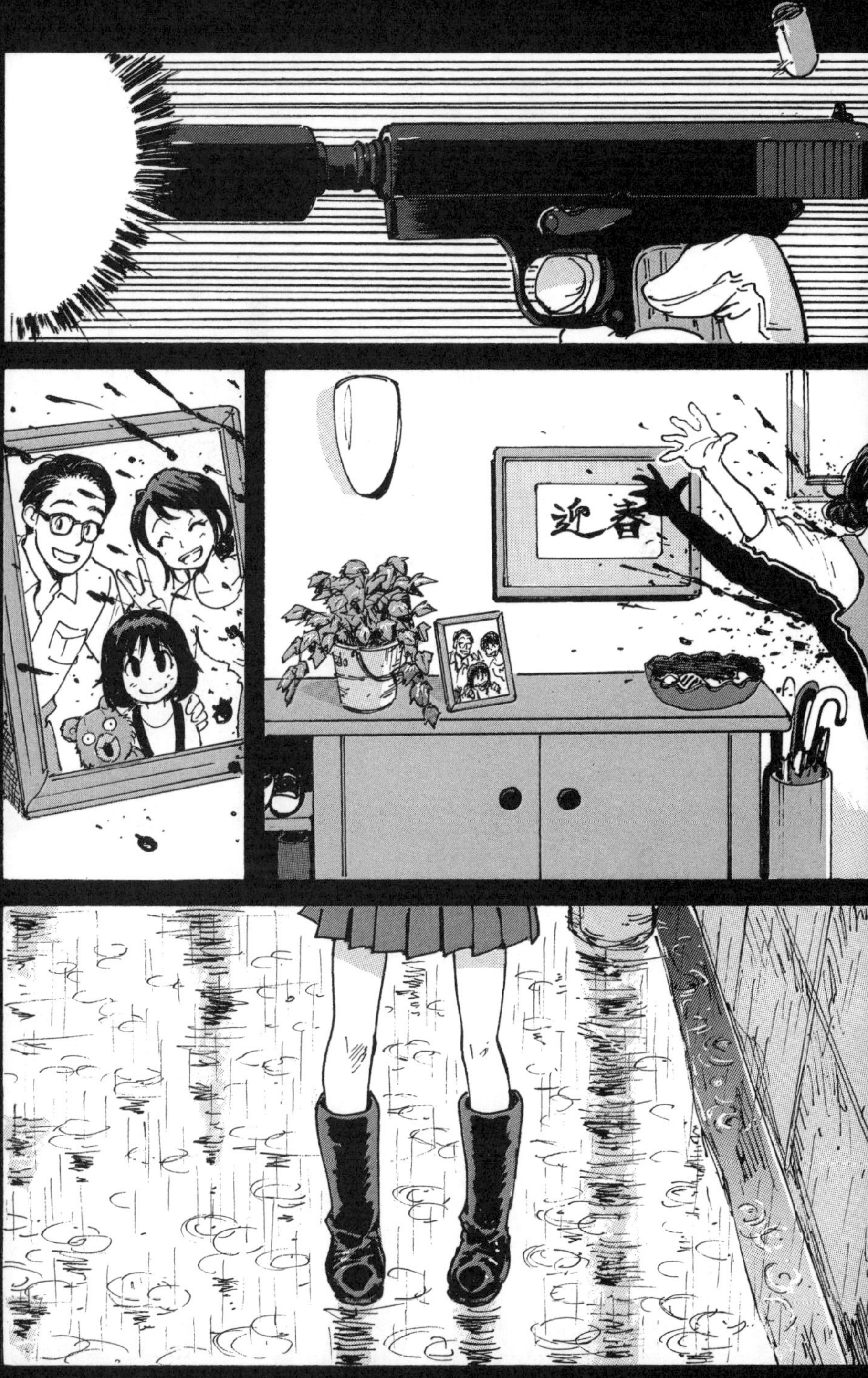
迎春

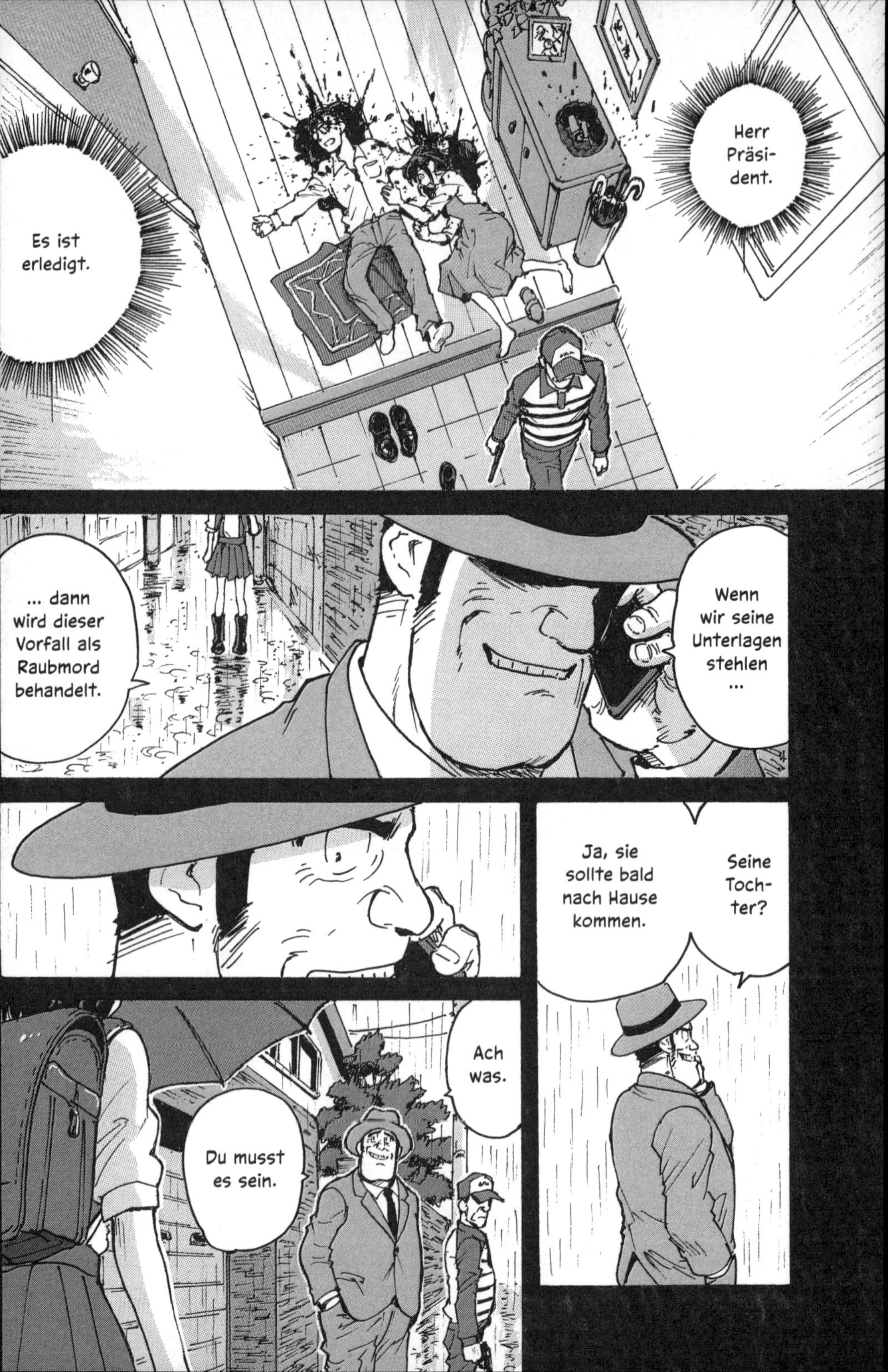

Herr Präsident.
Es ist erledigt.
Wenn wir seine Unterlagen stehlen ...
... dann wird dieser Vorfall als Raubmord behandelt.
Seine Tochter?
Ja, sie sollte bald nach Hause kommen.
Ach was.
Du musst es sein.

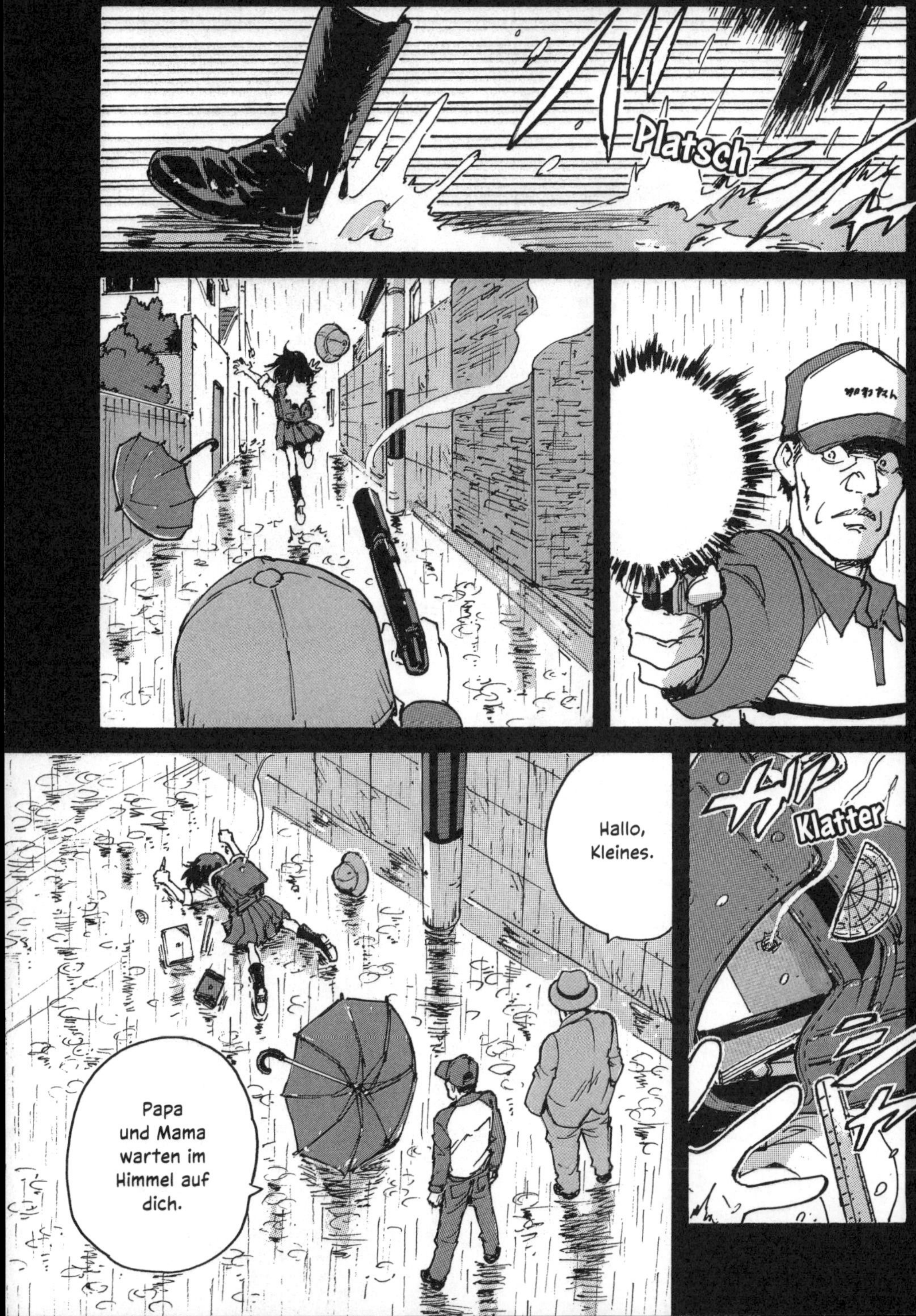
Platsch
Klatter
Hallo, Kleines.
Papa und Mama warten im Himmel auf dich.

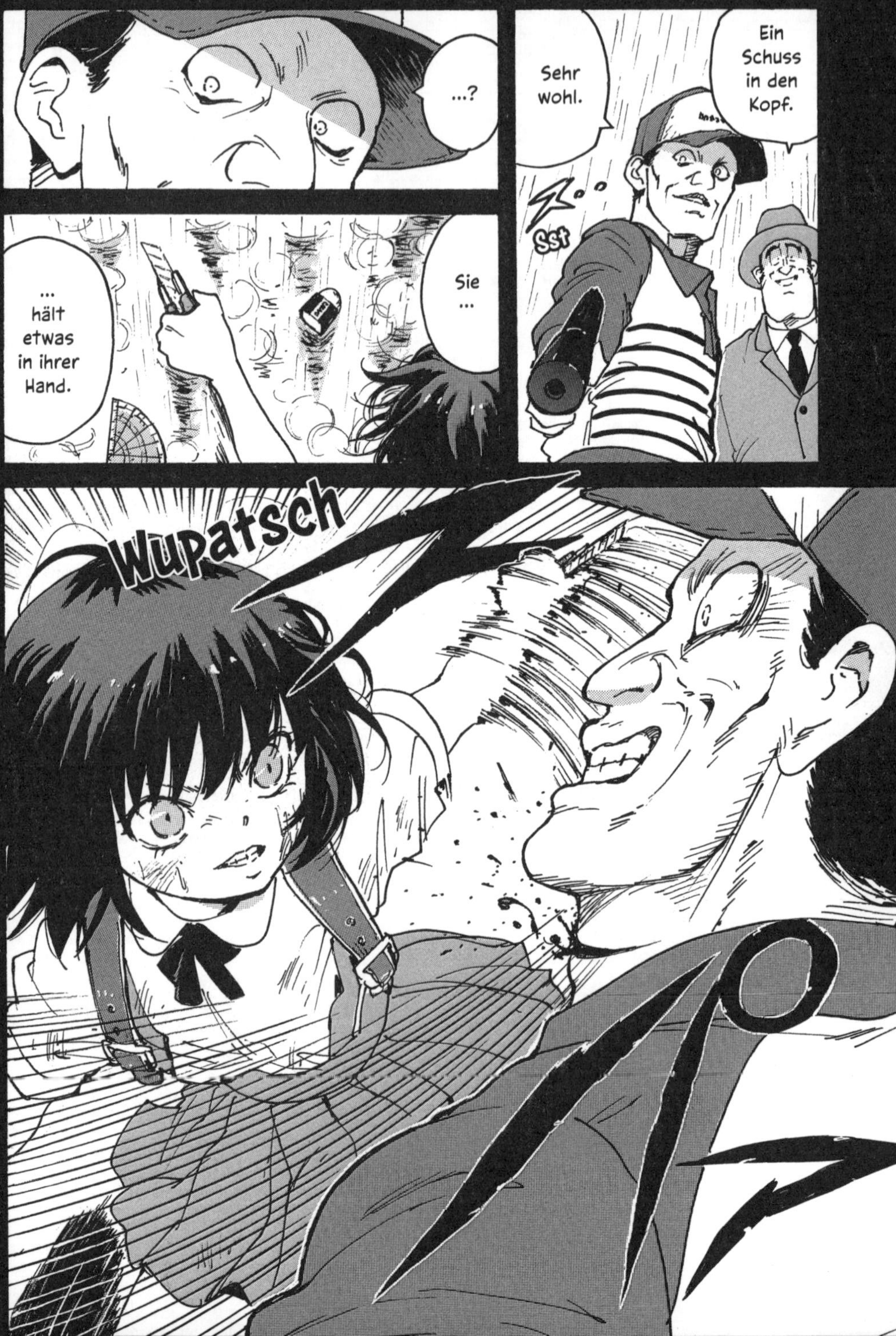
Ein Schuss in den Kopf.
Sehr wohl.
Sst
...?
Sie ...
... hält etwas in ihrer Hand.
Wupatsch

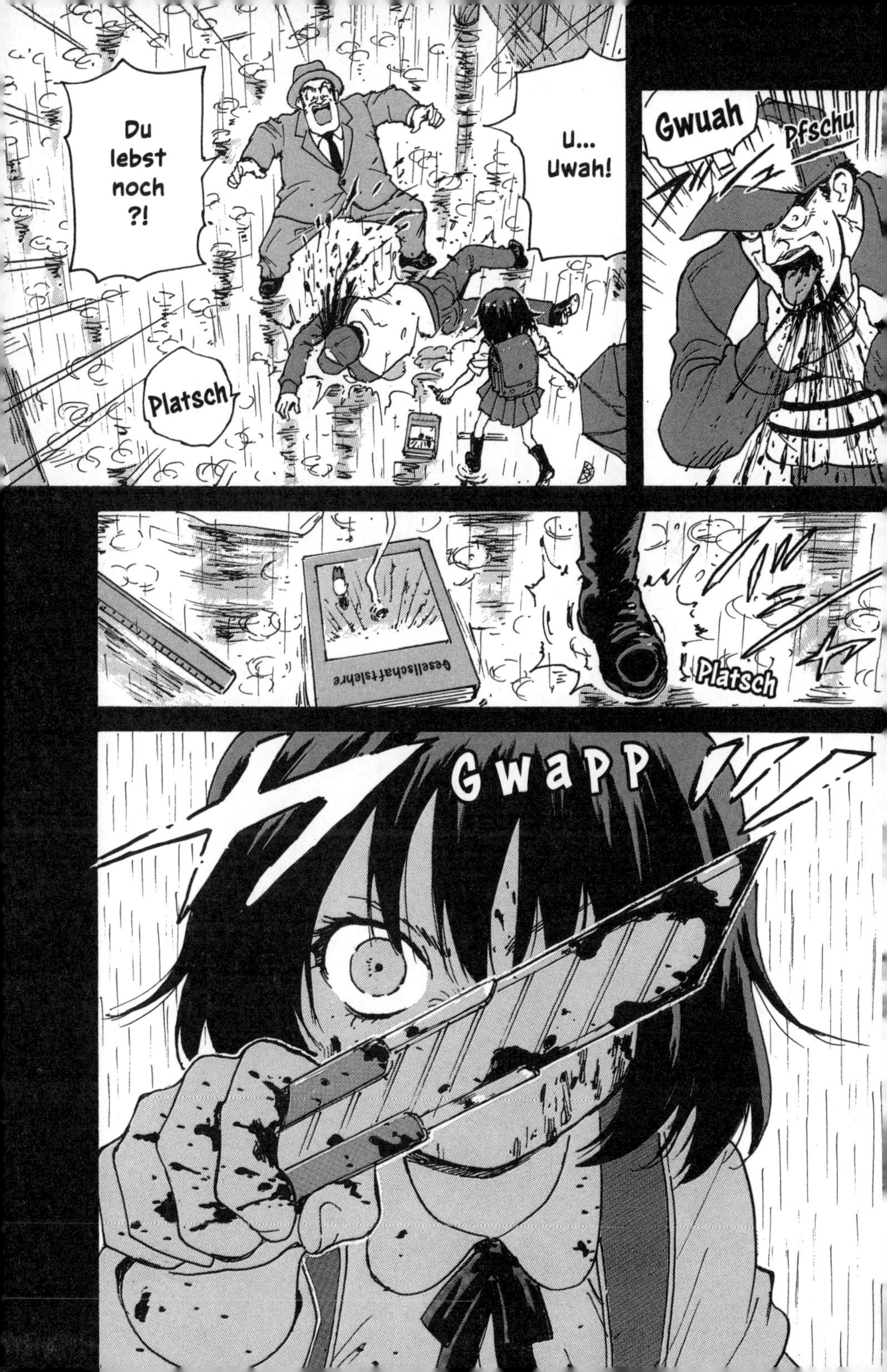
Gwuah
Pfschu
U... Uwah!
Du lebst noch?!
Platsch
Gesellschaftslehre
Platsch
Gwapp

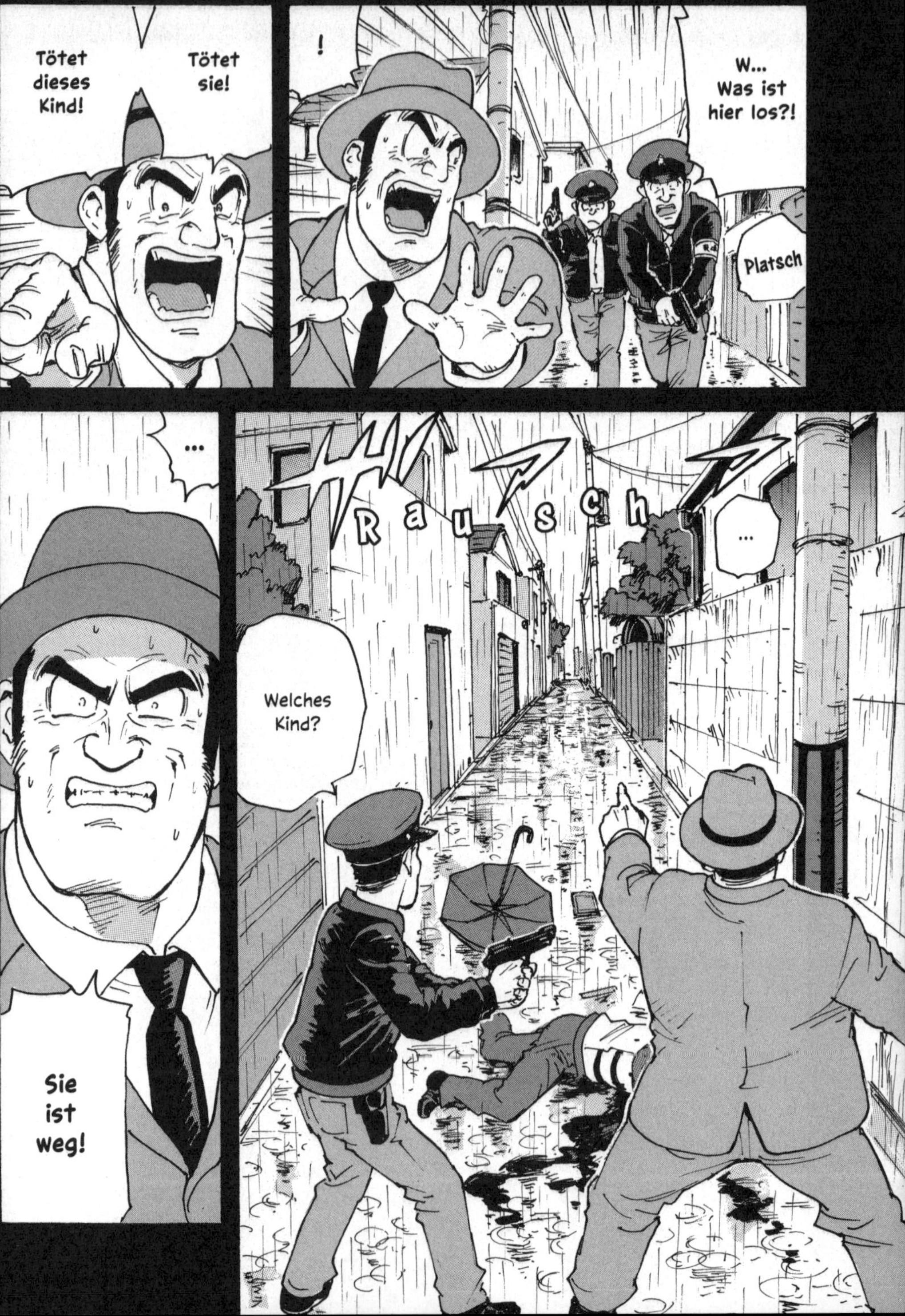
Tötet sie!
Tötet dieses Kind!
W... Was ist hier los?!
!
Platsch
...
...
Rausch
Welches Kind?
Sie ist weg!

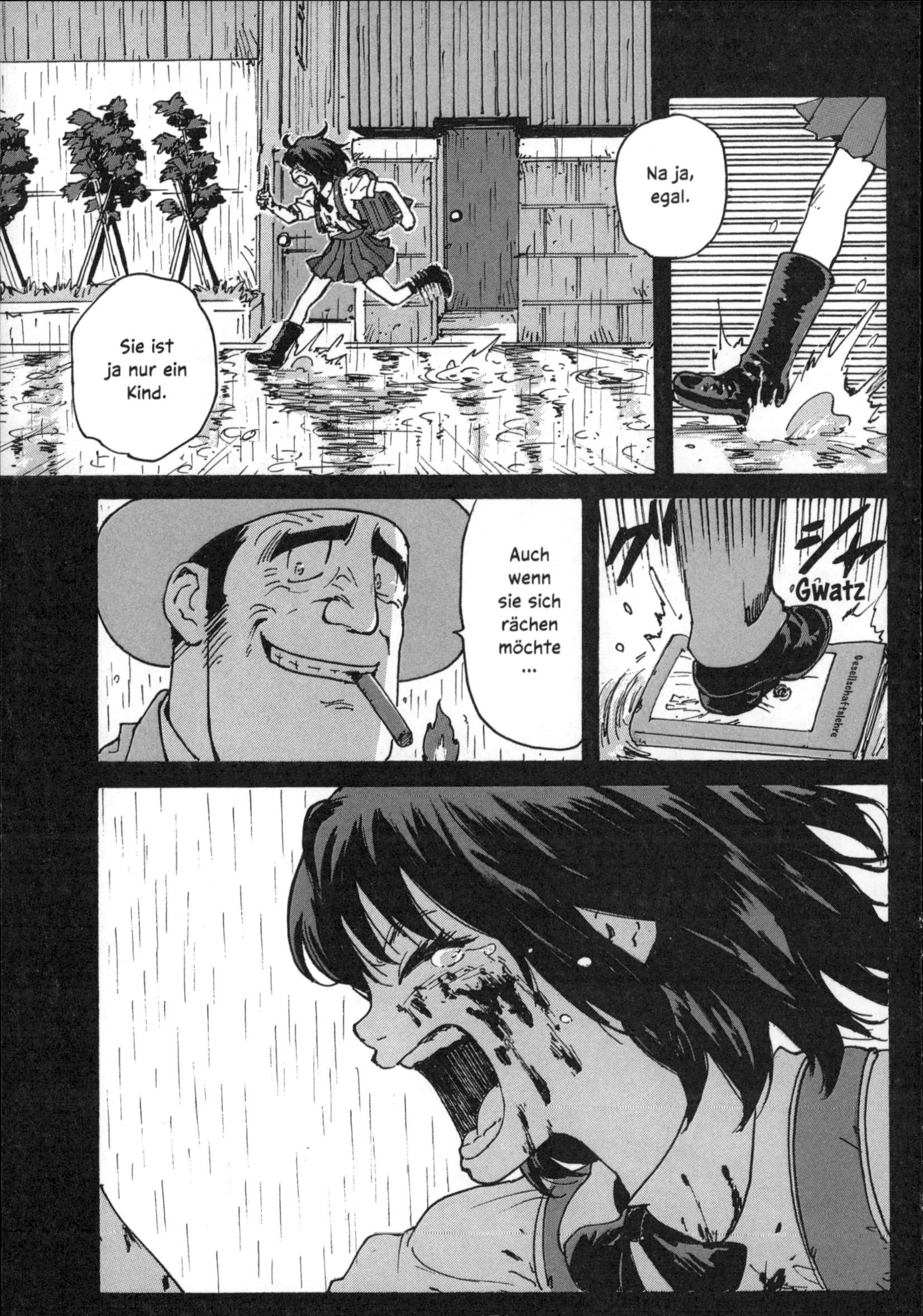
Na ja, egal.
Sie ist ja nur ein Kind.
Gwatz
Gesellschaftslehre
Auch wenn sie sich rächen möchte ...

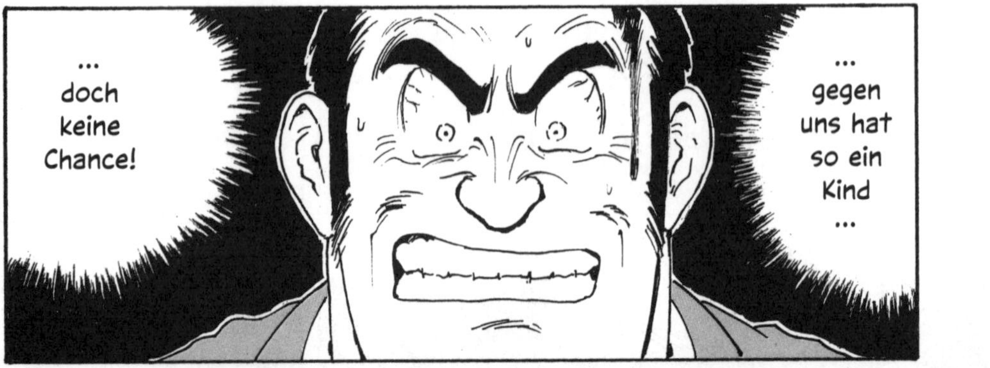
... gegen uns hat so ein Kind ...
... doch keine Chance!

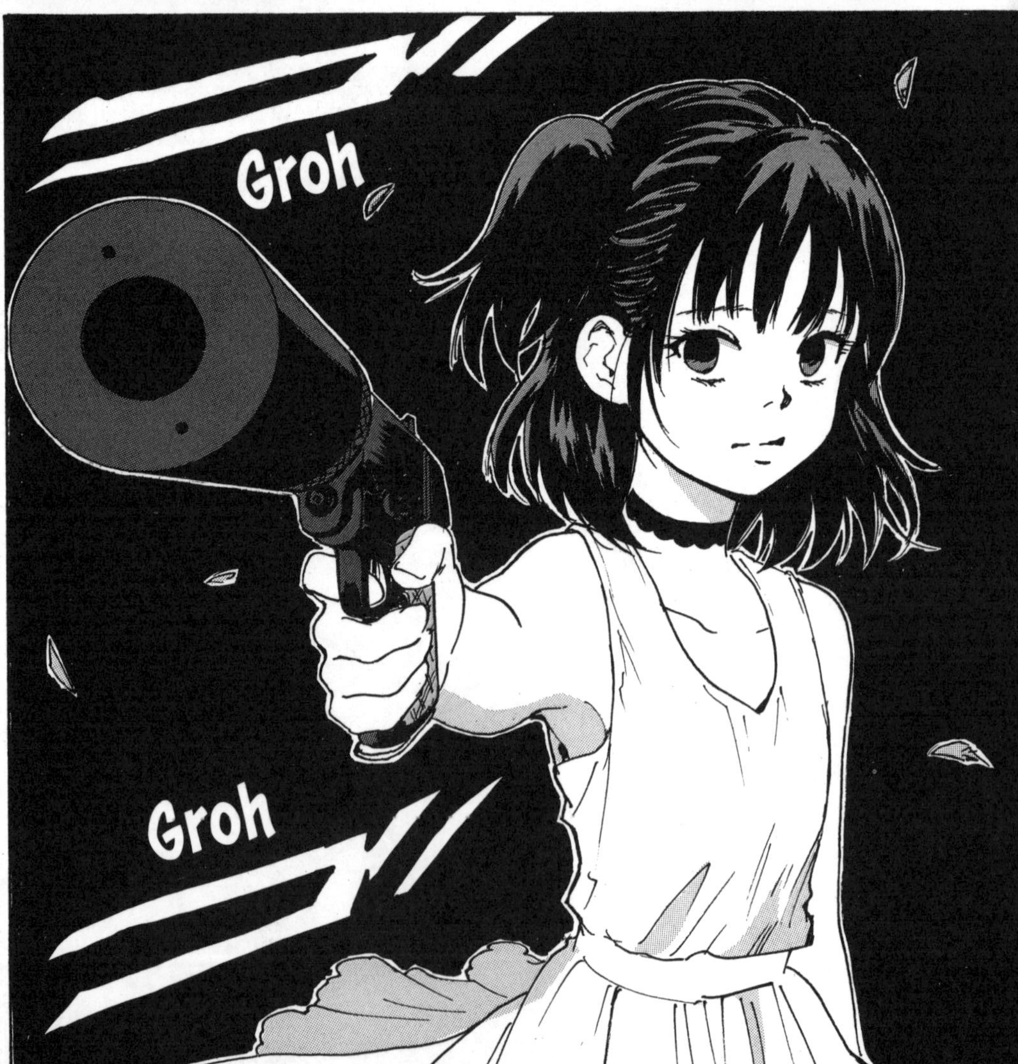
Groh
Groh

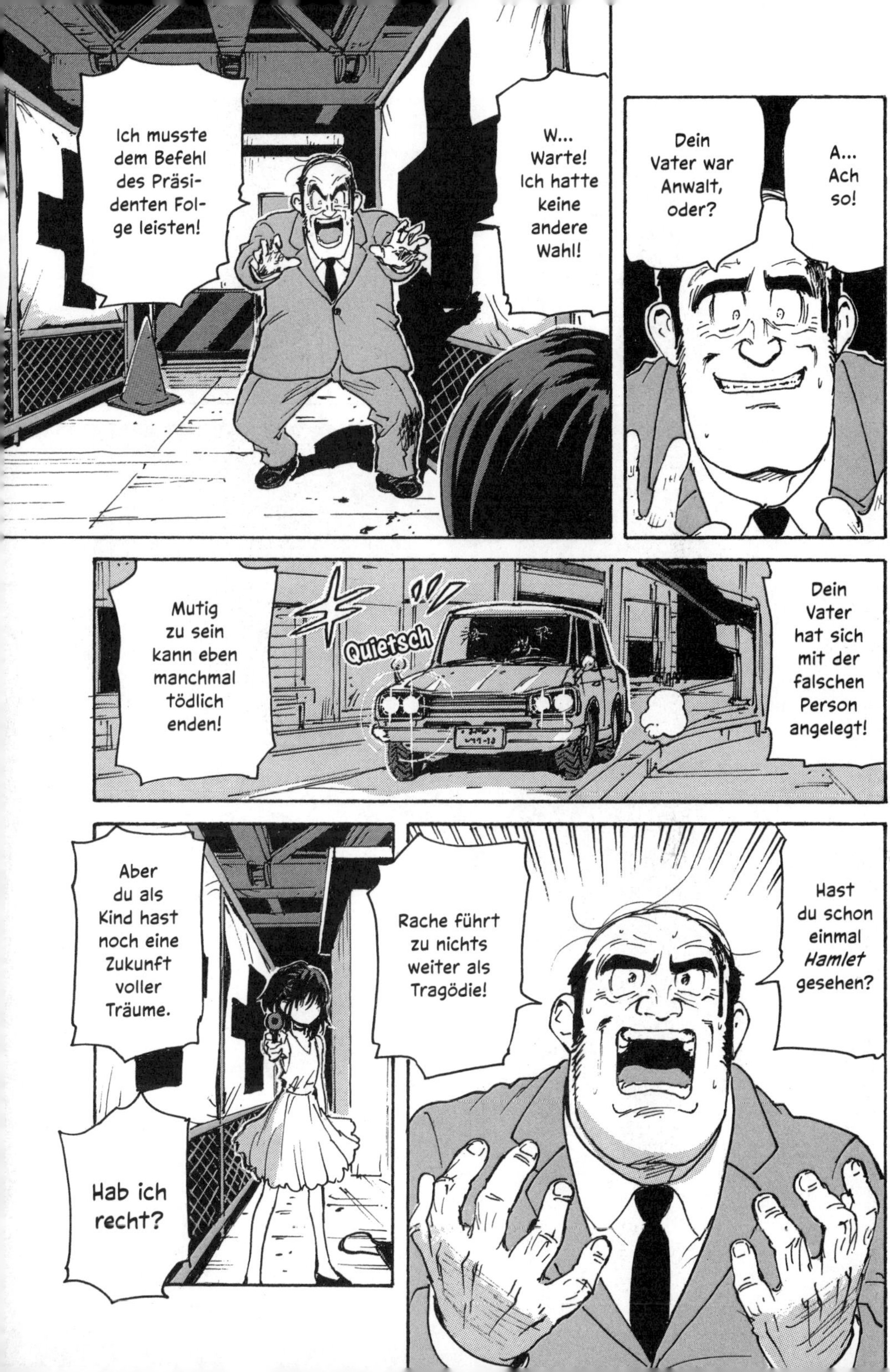
A... Ach so!
Dein Vater war Anwalt, oder?
W... Warte! Ich hatte keine andere Wahl!
Ich musste dem Befehl des Präsidenten Folge leisten!
Dein Vater hat sich mit der falschen Person angelegt!
Quietsch
Mutig zu sein kann eben manchmal tödlich enden!
Hast du schon einmal *Hamlet* gesehen?
Rache führt zu nichts weiter als Tragödie!
Aber du als Kind hast noch eine Zukunft voller Träume.
Hab ich recht?

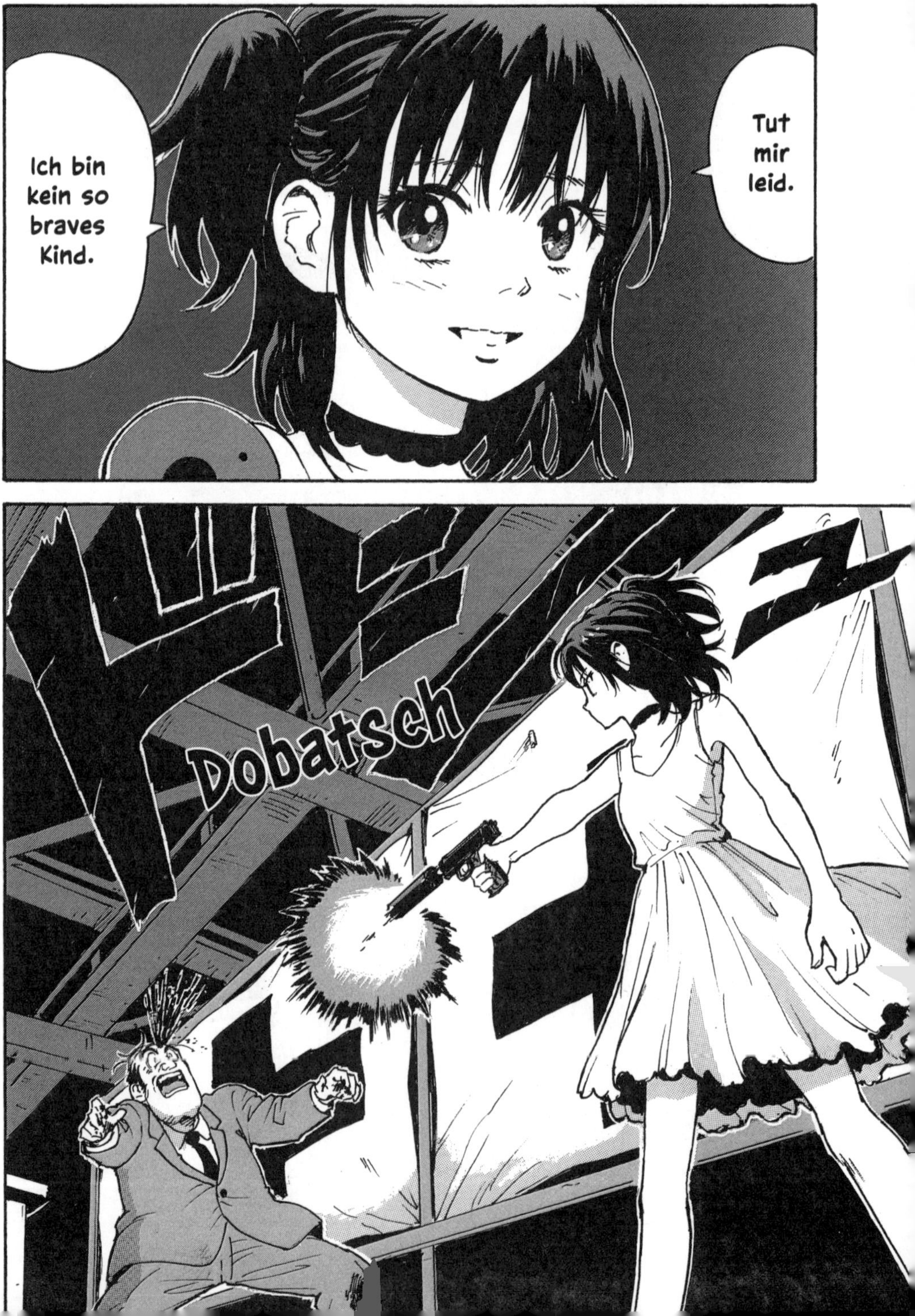
Tut mir leid.
Ich bin kein so braves Kind.
Dobatsch

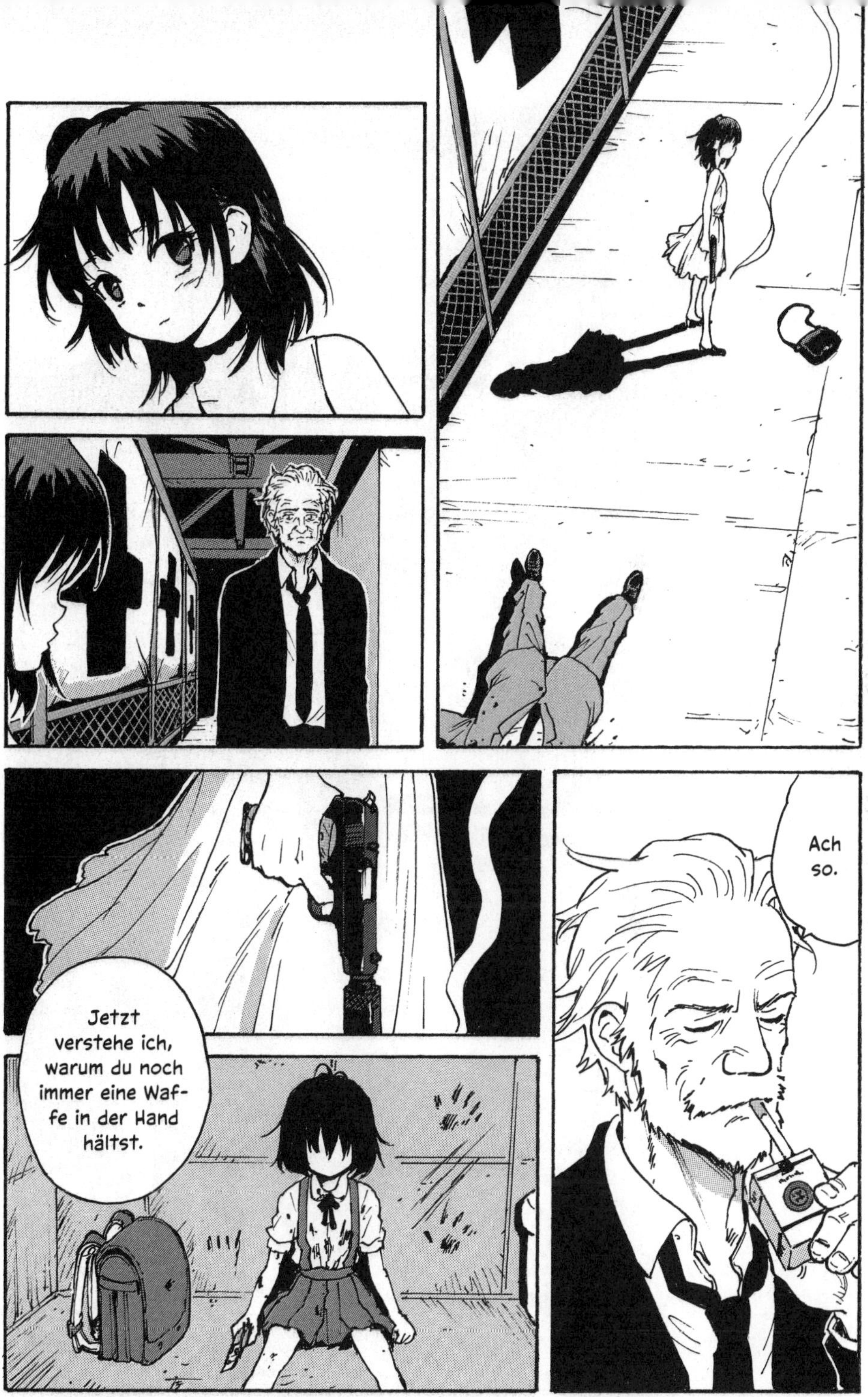
Ach so.
Jetzt verstehe ich, warum du noch immer eine Waffe in der Hand hältst.

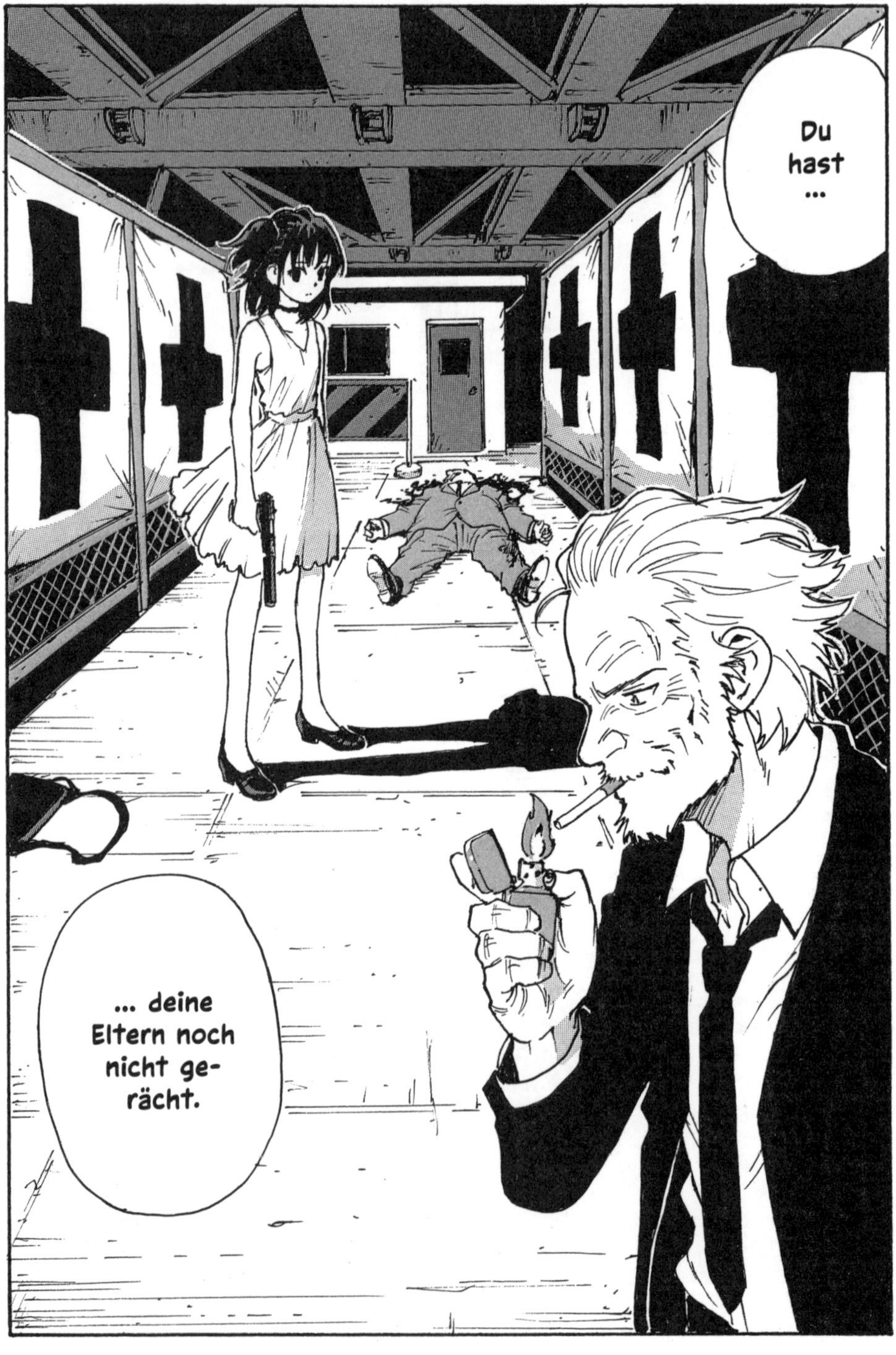
Du hast ...
... deine Eltern noch nicht gerächt.

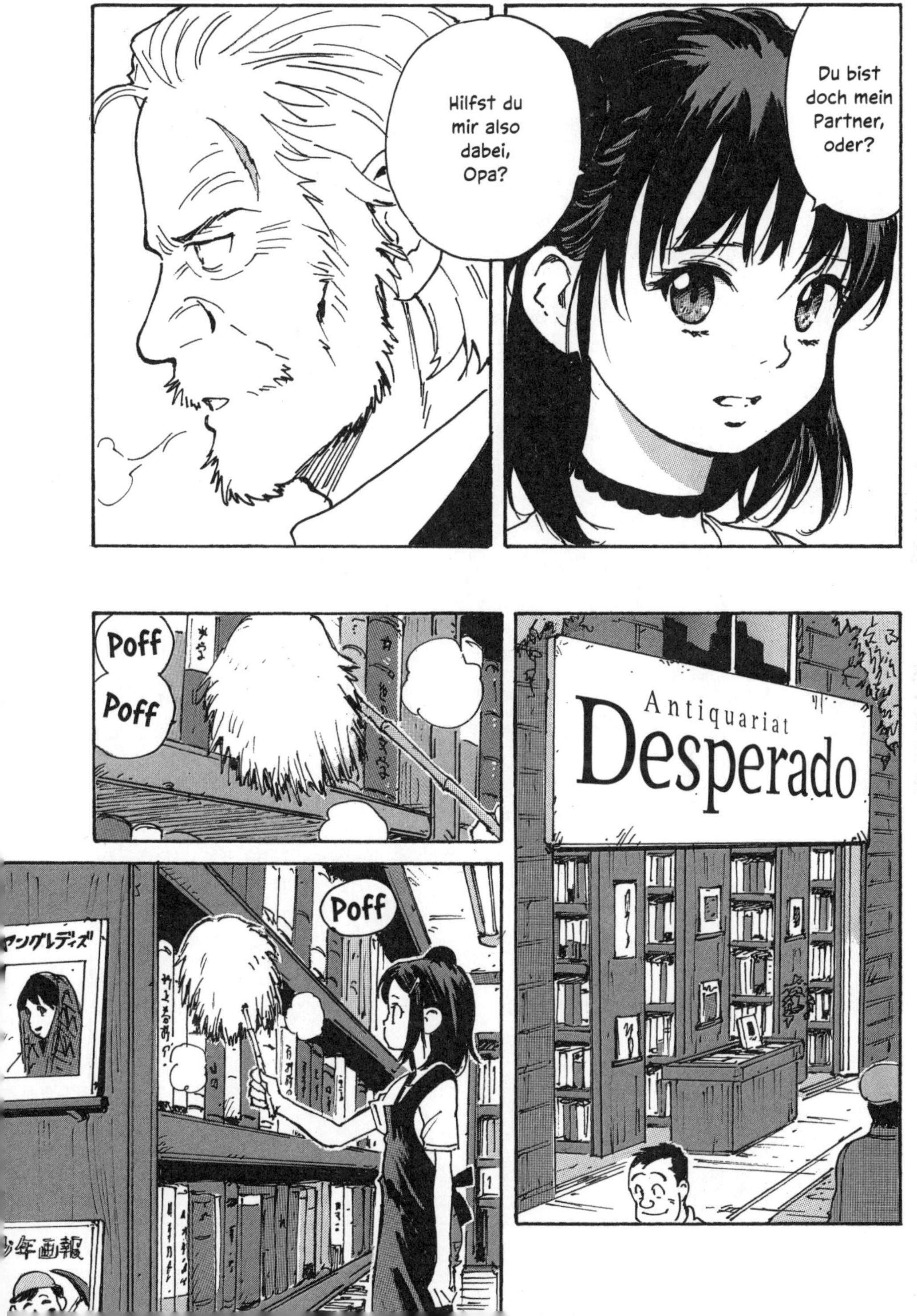
Du bist doch mein Partner, oder?
Hilfst du mir also dabei, Opa?
Antiquariat Desperado
Poff
Poff
Poff
ヤングレディズ
少年画報

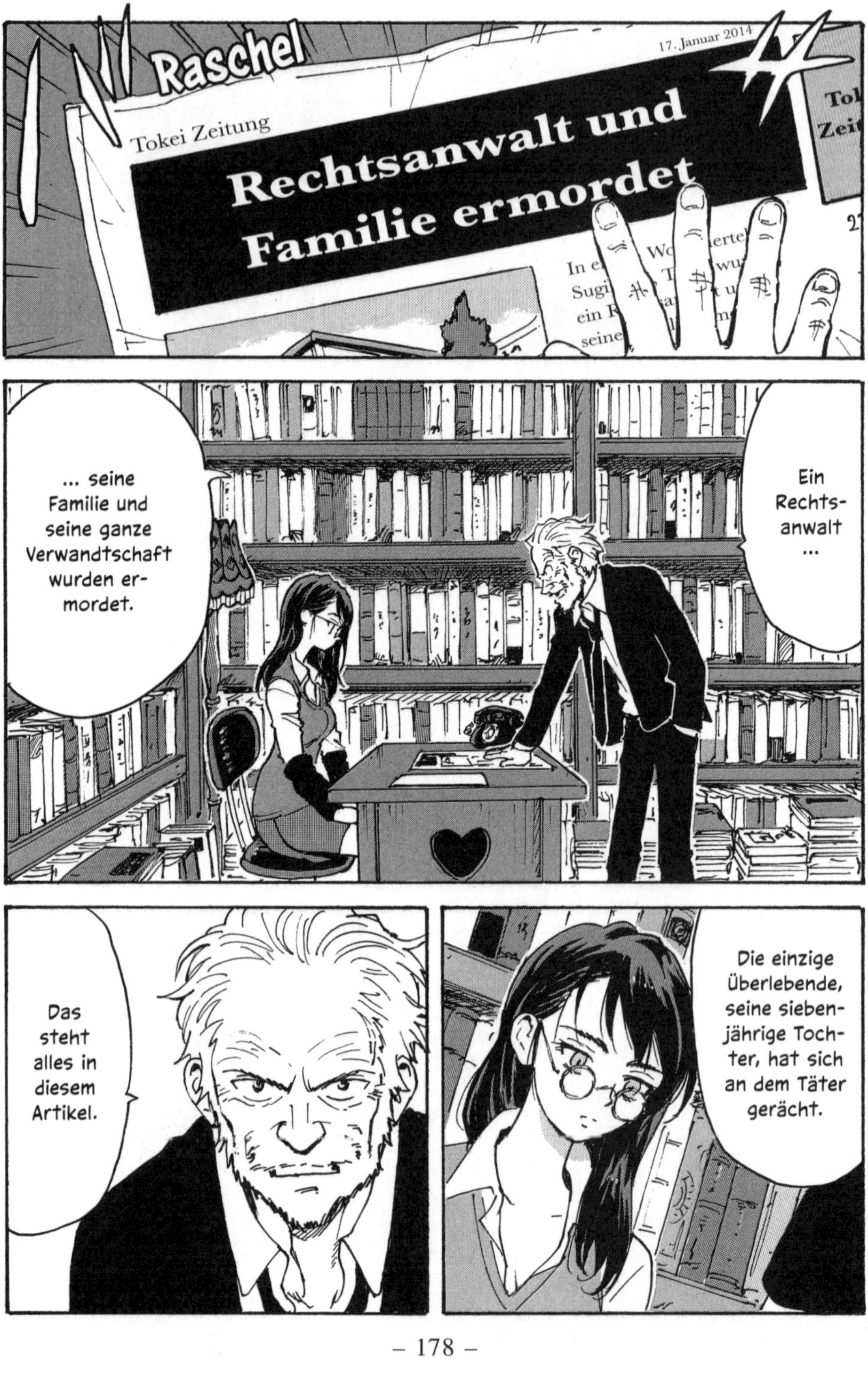
Raschel
17. Januar 2014
Tokei Zeitung
Rechtsanwalt und Familie ermordet
Ein Rechtsanwalt ...
... seine Familie und seine ganze Verwandtschaft wurden ermordet.
Die einzige Überlebende, seine siebenjährige Tochter, hat sich an dem Täter gerächt.
Das steht alles in diesem Artikel.

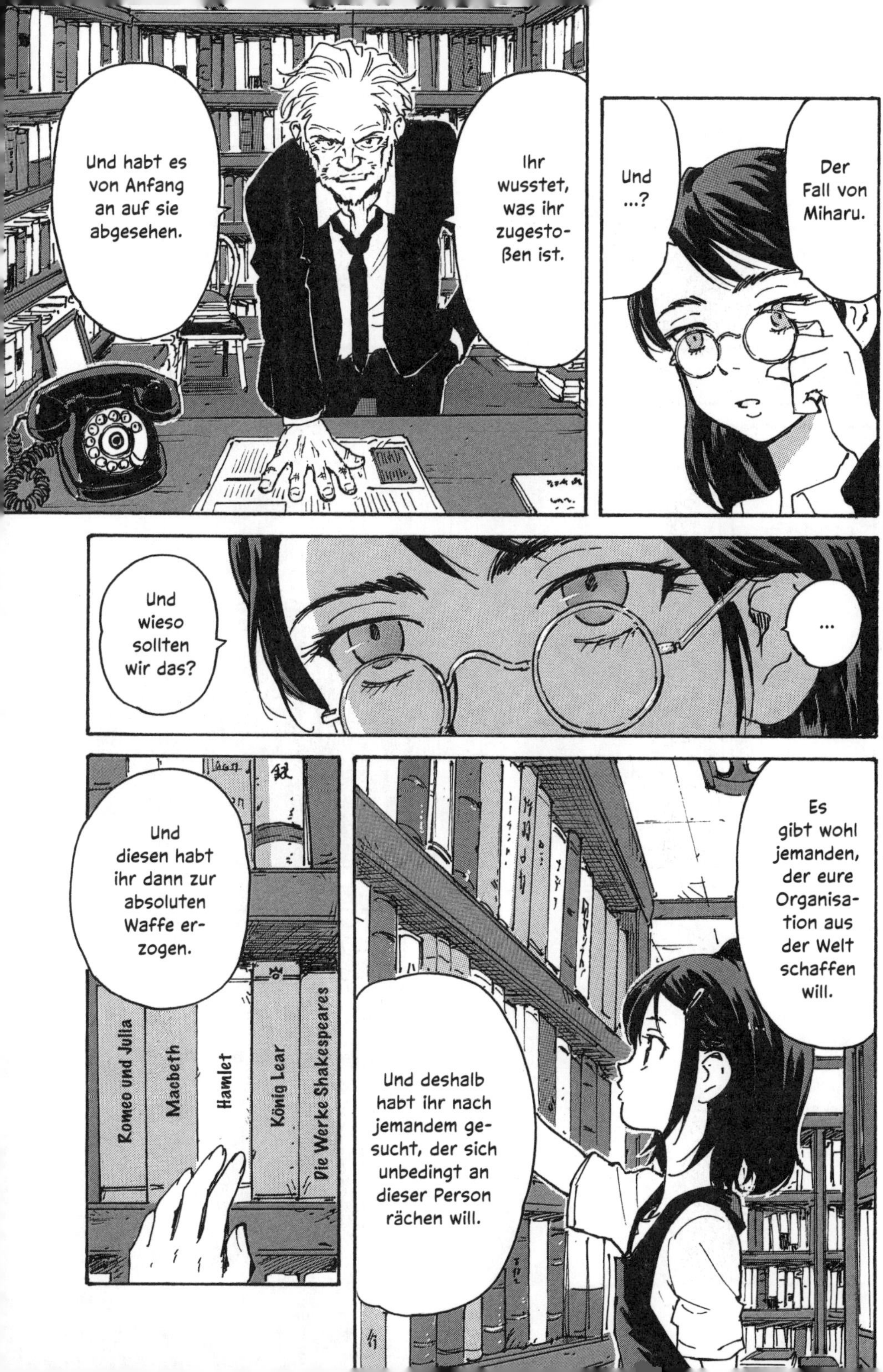
Der Fall von Miharu.
Und …?
Ihr wusstet, was ihr zugestoßen ist.
Und habt es von Anfang an auf sie abgesehen.
…
Und wieso sollten wir das?
Es gibt wohl jemanden, der eure Organisation aus der Welt schaffen will.
Und deshalb habt ihr nach jemandem gesucht, der sich unbedingt an dieser Person rächen will.
Und diesen habt ihr dann zur absoluten Waffe erzogen.
Romeo und Julia
Macbeth
Hamlet
König Lear
Die Werke Shakespeares

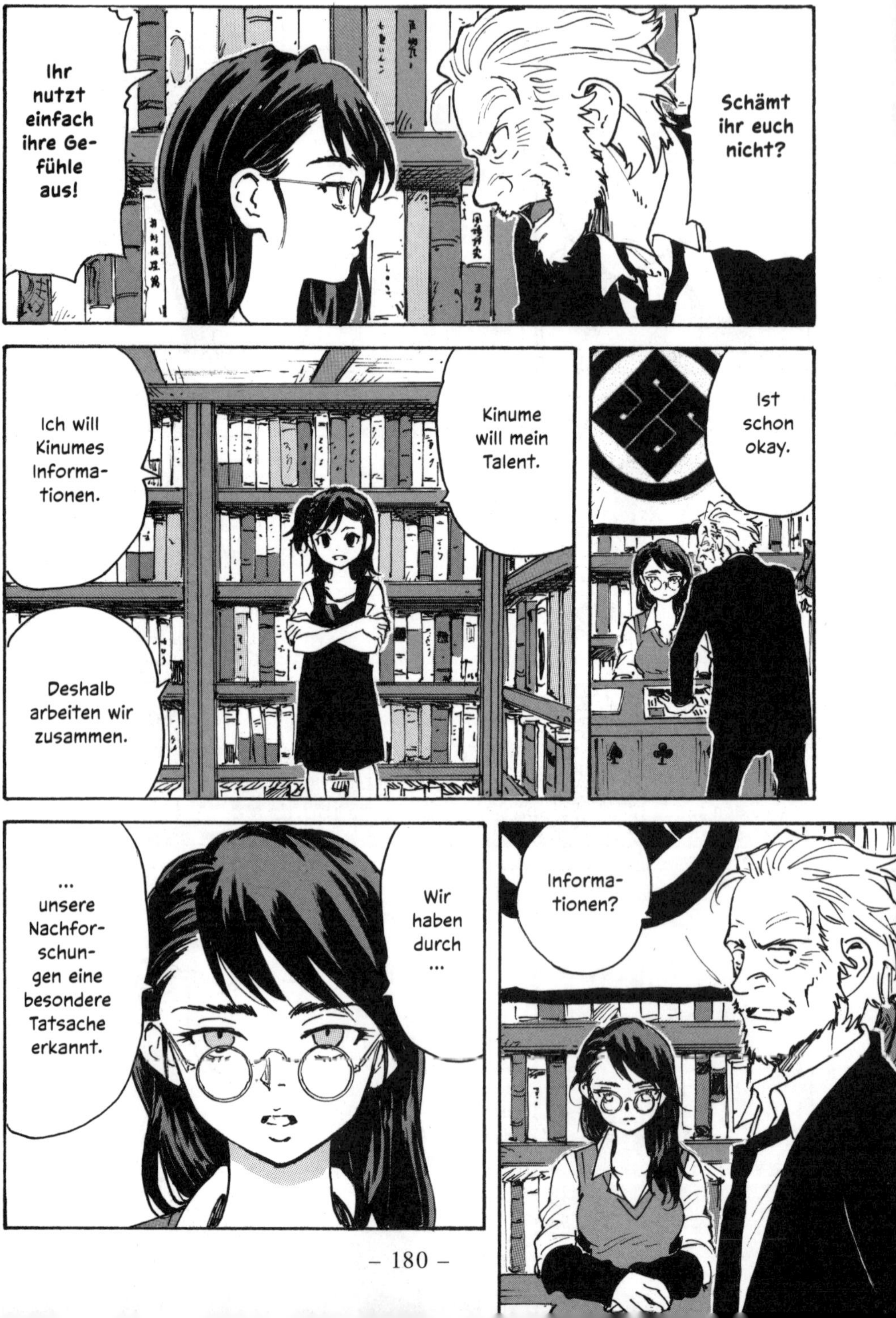
Schämt ihr euch nicht?
Ihr nutzt einfach ihre Gefühle aus!
Ist schon okay.
Kinume will mein Talent.
Ich will Kinumes Informationen.
Deshalb arbeiten wir zusammen.
Informationen?
Wir haben durch ...
... unsere Nachforschungen eine besondere Tatsache erkannt.

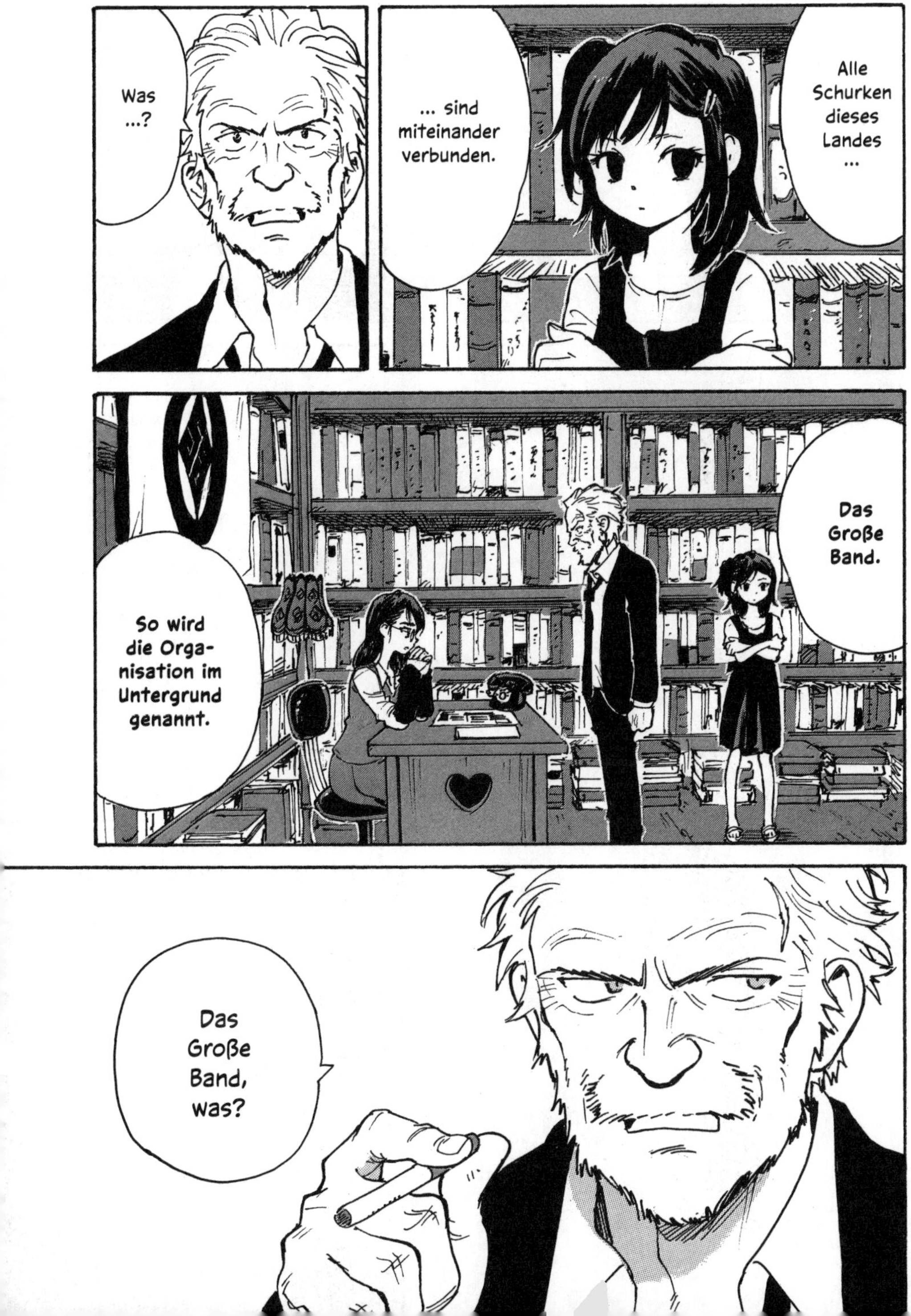
Alle Schurken dieses Landes ...
... sind miteinander verbunden.
Was ...?
Das Große Band.
So wird die Organisation im Untergrund genannt.
Das Große Band, was?

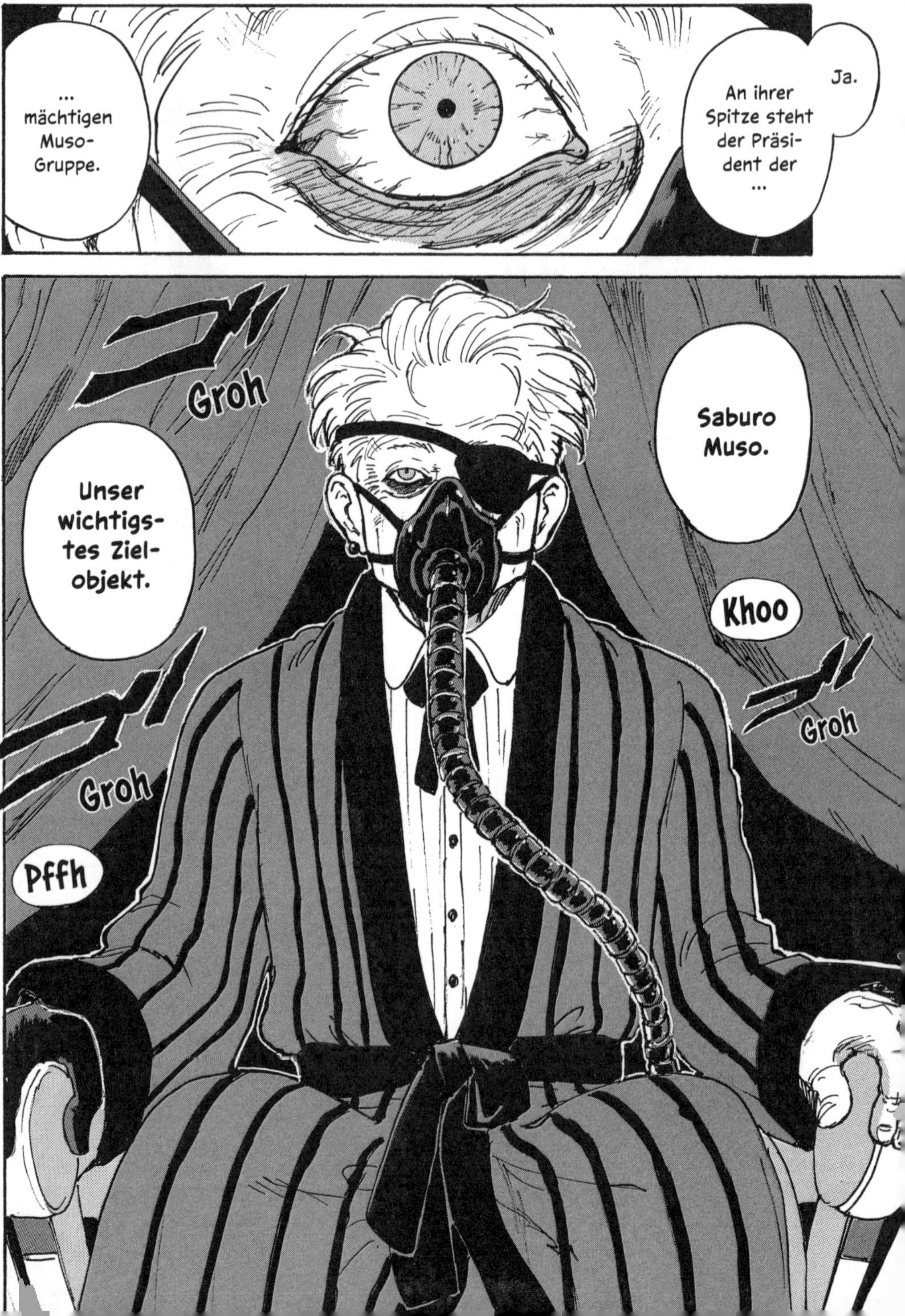
Ja.
An ihrer Spitze steht der Präsident der ...
... mächtigen Muso-Gruppe.
Saburo Muso.
Groh
Unser wichtigstes Zielobjekt.
Khoo
Groh
Groh
Pffh

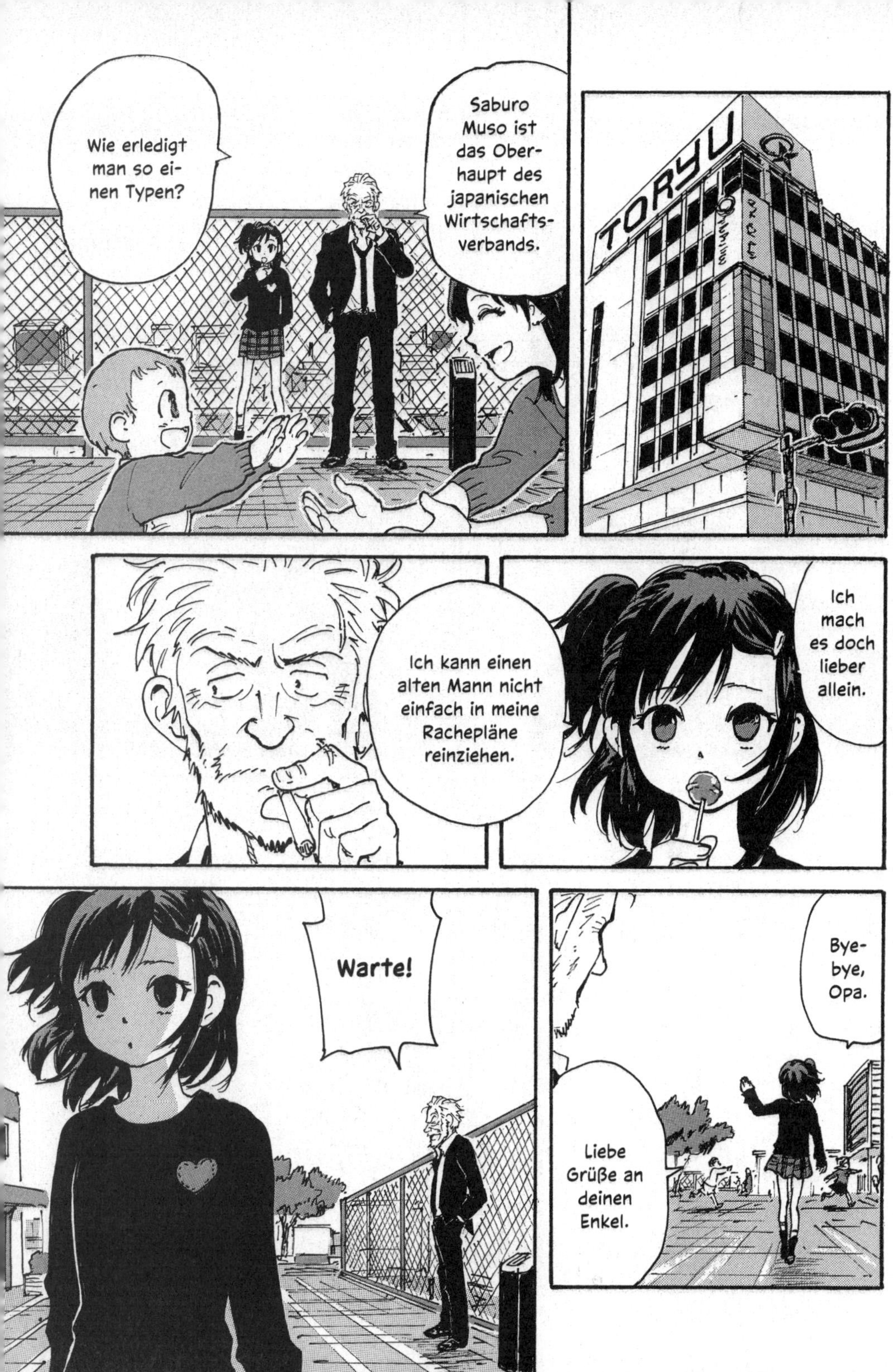
Saburo Muso ist das Oberhaupt des japanischen Wirtschaftsverbands.
Wie erledigt man so einen Typen?
Ich mach es doch lieber allein.
Ich kann einen alten Mann nicht einfach in meine Rachepläne reinziehen.
Bye-bye, Opa.
Liebe Grüße an deinen Enkel.
Warte!

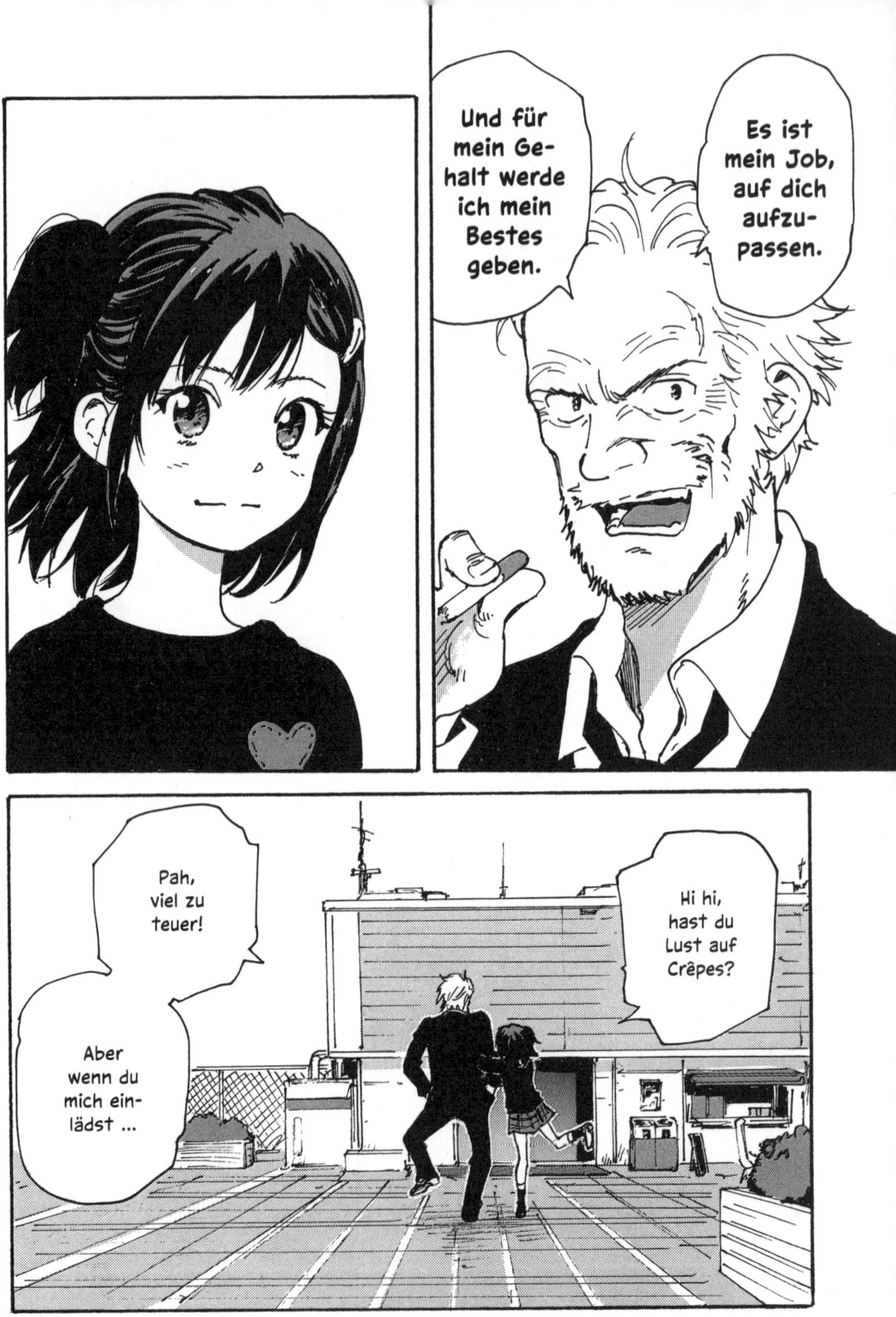
Es ist mein Job, auf dich aufzupassen.
Und für mein Gehalt werde ich mein Bestes geben.
Hi hi, hast du Lust auf Crêpes?
Pah, viel zu teuer!
Aber wenn du mich einlädst ...

CANDY & CIGARETTES

To be continued ...

Im nächsten Band

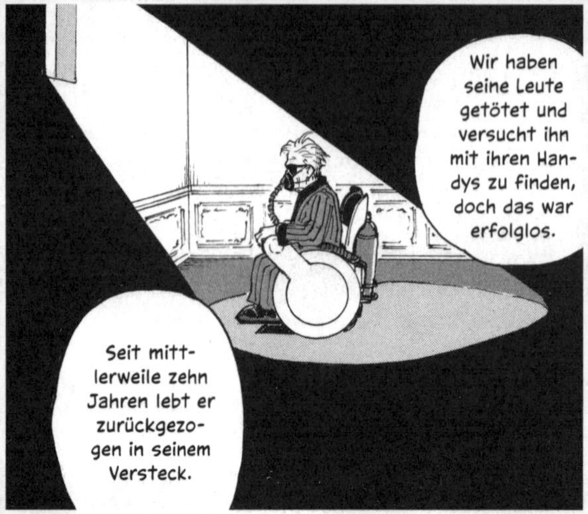

Das finale Ziel ist der Präsident der Muso-Gruppe und der Boss der Unter-grundorganisation das Große Band:
Saburo Muso!

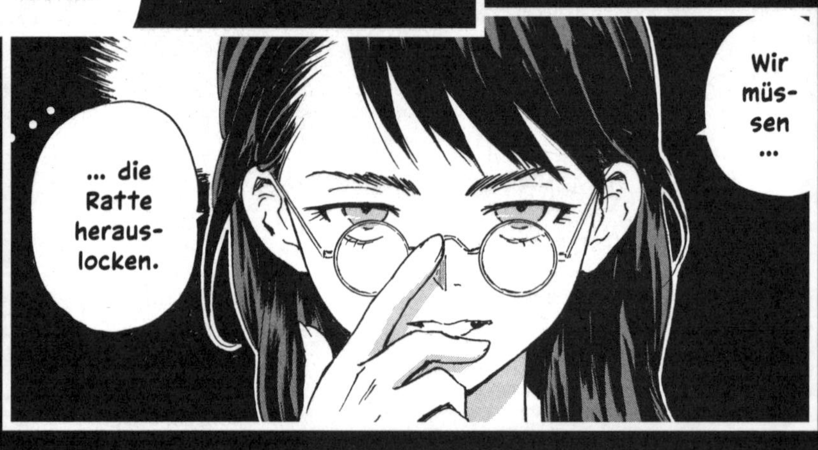

CANDY & CIGARETTES

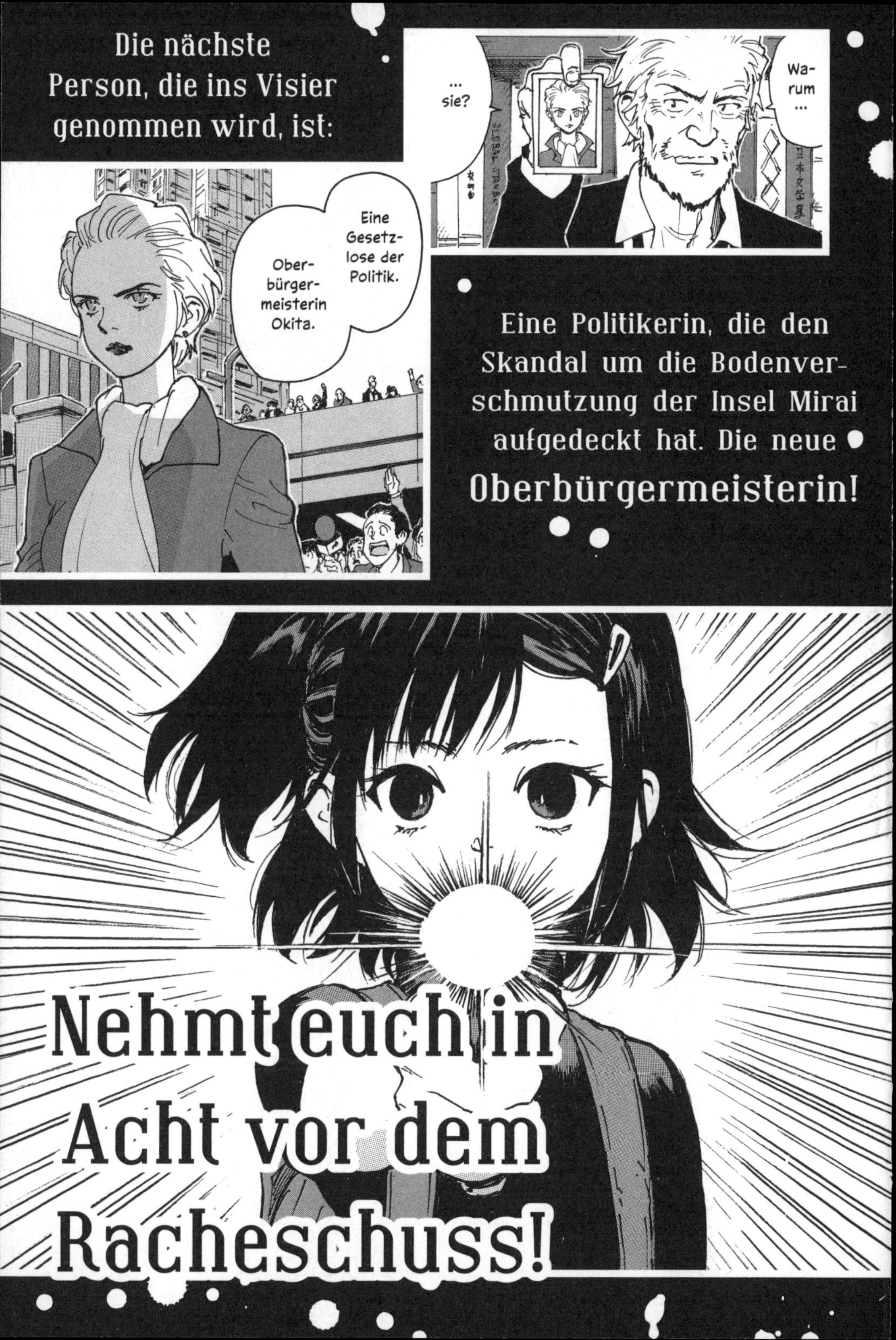
Die nächste Person, die ins Visier genommen wird, ist:
Warum …
… sie?
Eine Gesetzlose der Politik.
Oberbürgermeisterin Okita.
Eine Politikerin, die den Skandal um die Bodenverschmutzung der Insel Mirai aufgedeckt hat. Die neue Oberbürgermeisterin!
Nehmt euch in Acht vor dem Racheschuss!

Extra

Candy &
Cigarettes ①

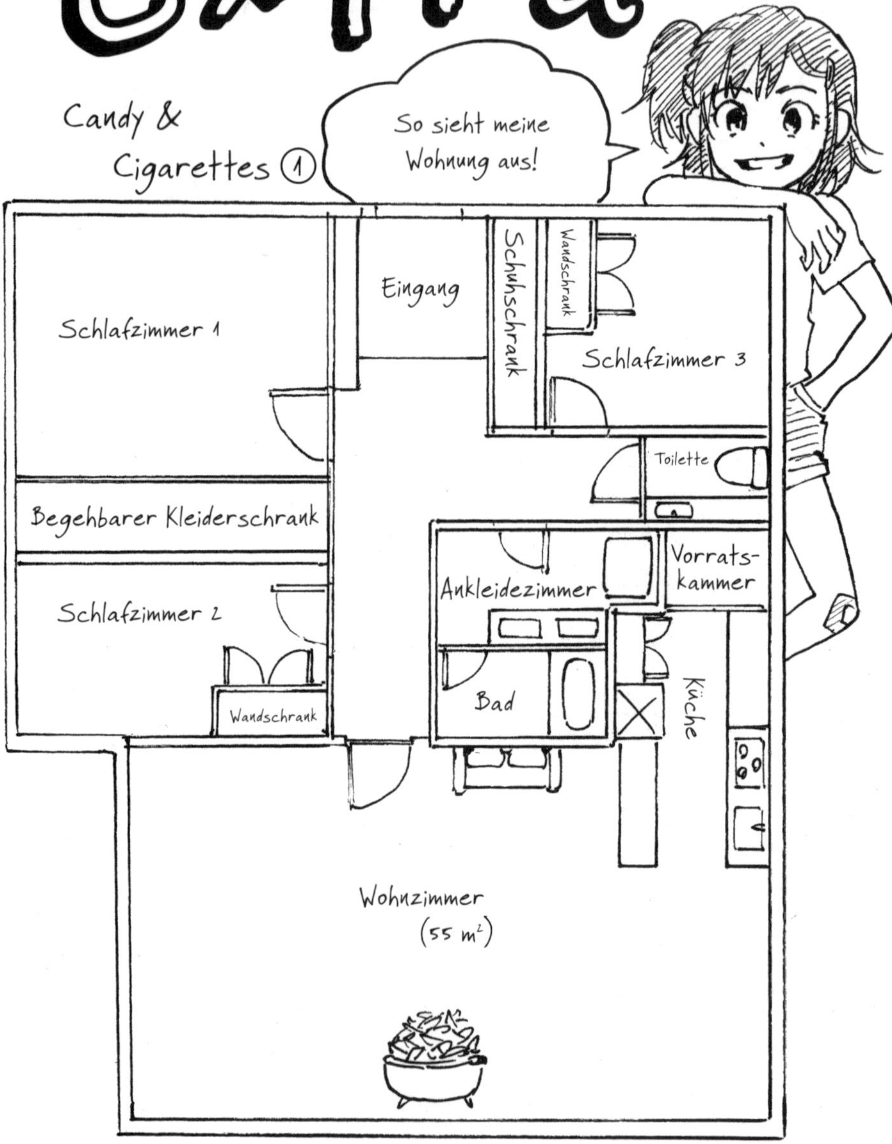

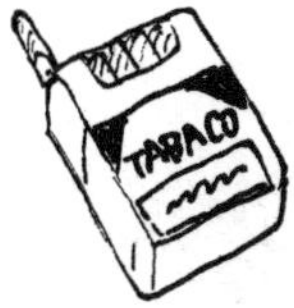

Raizos Wohnung

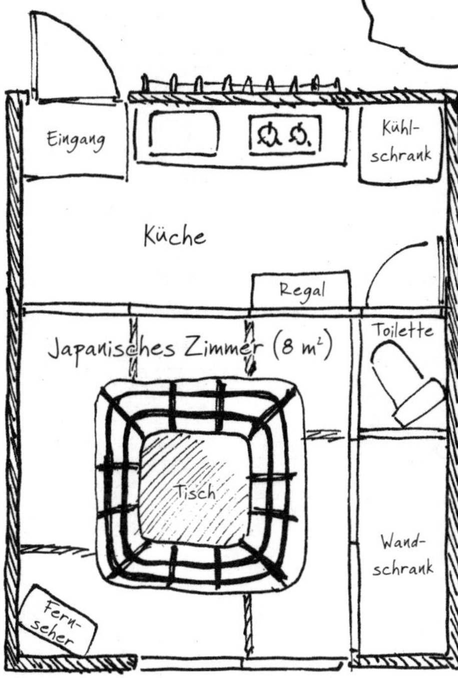

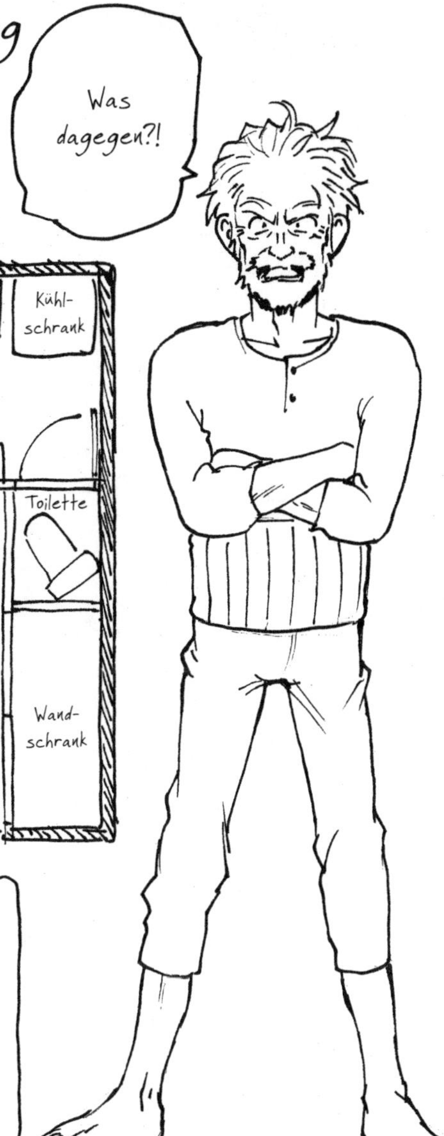

Hinter den Kulissen

Ich hatte schon immer eine Vorliebe für amerikanische Kriminalromane und Film noir. Mein Wunsch, einen Manga mit einer ähnlichen Stimmung zu zeichnen, hat mich zu dieser Geschichte bewegt. Bleibt bitte gespannt, wie es mit den beiden weitergeht! (Inoue)

Mystery 16 +

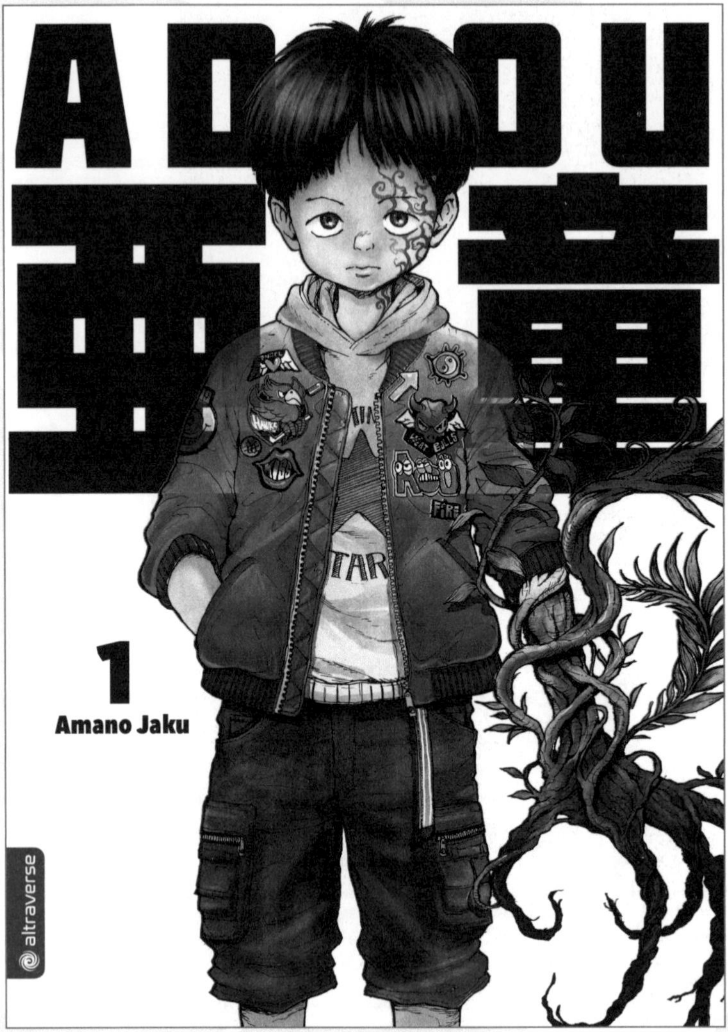

Adou

Amano Jaku

Durch die Straßen einer Stadt, die von Hektik und Lärm bestimmt ist, irrt ein Junge, der von kaum jemandem beachtet wird. Er wirkt hilflos und desorientiert, dabei geht von ihm die vielleicht größte Gefahr für die zivilisierte Welt aus ...

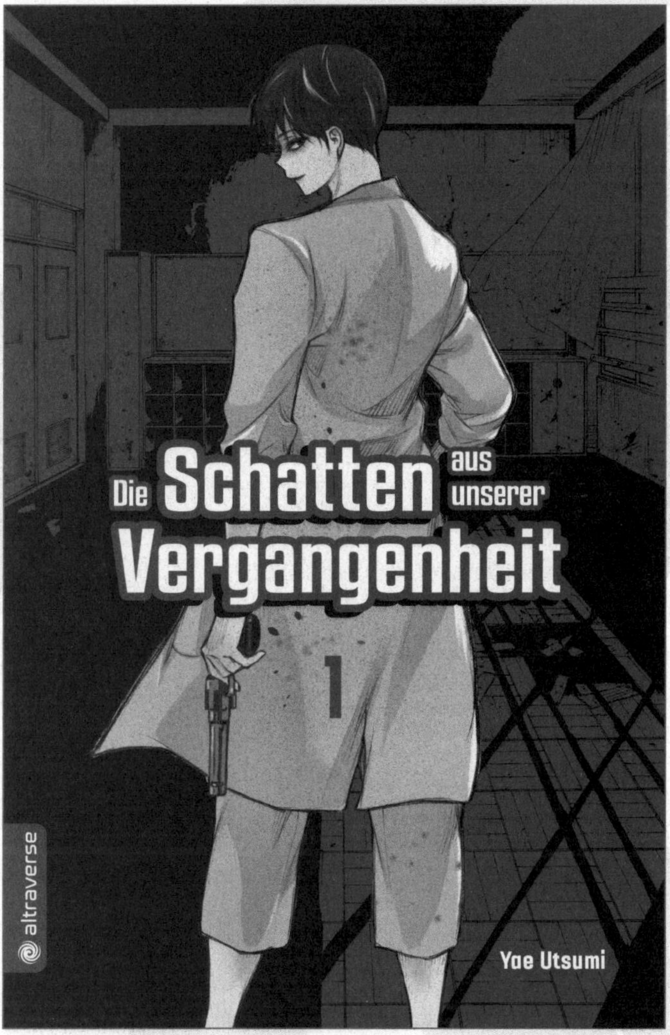

Die Schatten aus unserer Vergangenheit

Yae Utsumi

Der Strahlemann Mikio lädt die ehemalige Klasse 6b dazu ein, gemeinsam ein paar Tage in dem alten Schulgebäude zu verbringen, bevor es abgerissen wird. Voller Vorfreude auf ein Wiedersehen mit ihren alten Freunden nehmen Nezu und Mirai die Einladung an. Sie haben keine Ahnung, was für grausame Spiele Mikio mit ihnen und ihren alten Klassenkameraden treiben will.

altraverse

Deutsche Ausgabe / German Edition
Altraverse GmbH – Hamburg 2021
Aus dem Japanischen von Nana Umino

Candy & Cigarettes

First published in Japan in 2017 by Kodansha Ltd., Tokyo.
Publication rights for this German edition arranged
through Kodansha Ltd., Tokyo.

Redaktion: Johannes Marschallek
Herstellung: Stephanie Gieck
Lettering: Vibrant Publishing Studio

Druck: CPI books GmbH, Leck
Printed in Germany

FSC MIX Papier FSC® C083411

ISBN 978-3-96358-698-9
1. Auflage 2021

www.altraverse.de